Weite Wege

Während ganze Völkerschaften aufbrechen zu einem glorios verklärten Westen, begeben sich zwei Menschen auf weite Wanderungen in den Osten und beissen sich durch bis in das hinterste Afghanistan. Sie finden sich selbst dabei. Nach der Rückkehr leben sie mit der stetig wachsenden Familie einer quirligen Kinderschar in abgelegenen Gegenden und im Getriebe von Ballungsgebieten. Doch in das Schöne, das sie erleben, mischen sich dunkle Schatten. Was ist das für ein Verhängnis, das gerade sie treffen muss?

Erinnerungen an ein Leben, das ohne den Einbruch des Schicksals vielleicht nur wie ein Uhrwerk abgeschnurrt wäre ohne besondere Höhen und Tiefen.

Weite Wege

Jahre der Wanderung

© 2024 Klaus Dietze

Herstellung und Verlag:

BoD – Books on Demand, Norderstedt

ISBN 9783759704030

Revidierte Fassung "Leben auf Bewährung"

Inhalt

1. Leben und Überleben

"Was hattet ihr eigentlich alles so gemacht, im Frühling eures Lebens?" hatte eine Tochter, Melanie, einmal gefragt. Gute Frage! Was machte man, wenn man jung war? Genaugenommen hätte sich die Frage an zwei gerichtet, aber so wie die Dinge lagen und um überhaupt einen Anfang zu finden, musste man sie erst einmal allein auf sich selber beziehen. Wie also war es gewesen und wie hatte das alles begonnen?

Schlafend natürlich und sich in die Welt hineinträumend, in der man angekommen war. Alles Weitere überließ man lieben Menschen, die das "Abenteuer Leben" überhaupt erst ermöglicht hatten, Müttern zum Beispiel. Die wenigen Wünsche, die man hatte, beschränkten sich auf nahrhafte Intervalle im neuen Dasein und darauf, ausgiebig zu schlafen.

Genau da musste es in meiner neuen Existenz ziemlich gehapert haben, und es war meine Mutter, die sich mit dem Problem abzumühen hatte, wie sie mir nicht nur den Schlaf, sondern auch das Leben erhielt. Im 2. Weltkrieg geboren, war ich gerade rechtzeitig gekommen, den Bombenkrieg mitzuerleben. Die Flugzeuggeschwader hatten es auf die Stahlwerke am Rhein abgesehen, wo wir wohnten. Davor lagen die Fliegerabwehrbatterien, die ebenfalls mit Bomben belegt wurden. Und dazwischen unsere Siedlung.

Es muss ein ungeheures Getöse gewesen sein, die Abschüsse der Batterien und die Detonationen der abgeworfenen Bomben, aber Mutter beschützte mich, in einem Keller oder Bunker, wo die Anwesenden im ängstlichen Ausharren den Atem anhielten. Als die Krater in der Umgebung zahlreicher wurden und Häuser der Siedlung in Schutt und Asche fielen, wurde meine Mutter mit mir umgesiedelt in die Heimat meines Vaters, in die Nähe von Dresden. "Evakuieren" wurde das damals genannt. Halb Deutschland war evakuiert. Mein Vater allerdings war weit weg, im Krieg in Russland.

Auch am neuen Ort blieb es nicht friedlich. Nachts gingen die Sirenen, ein Ton, der mir heute noch in den Ohren ist. Man hob mich aus dem Bett und ab in den Keller. Die Hausbewohner saßen in Schockstarre, das bösartig anschwellende Dröhnen vieler Flugmotoren in der Luft, während das Entsetzen an den Wänden entlangkroch. Mich selber, so lange sie mich nur ganz fest an sich drückte, konnte Mutter vor der Panik beschützen. Doch meist blieb es beim Alarm, die Bomber flogen zu anderen Zielen.

Später dann wurden Angriffe am helllichten Tag geflogen. Einmal zur Mittagszeit, auf dem Weg durch einen Park, packte mich meine ältere Cousine. Die Sirenen heulten auf und sie rannte los, ob ich wollte oder nicht, und suchte Schutz für uns. Zur gleichen Zeit waren sie auch im Haus einer anderen Tante in den Schutzkeller geeilt. Alle, außer die beiden älteren Jungen. Die waren in den Garten entwischt, um den Anflug eines Bombergeschwaders in Echtzeit zu beobachten. Was sie erlebten, war der Volltreffer einer Bombe in ihr Haus. Es gab keine Überlebenden in den Trümmern. Alle Hausbewohner, die Familie der Tante – ausgelöscht. Nicht einmal die sterblichen Überreste wurden gefunden. Die beiden Cousins überlebten.

Es war nur ein Vorgeplänkel zu dem Angriff auf Dresden. Die lodernden Flammen, die über den Horizont schlugen, waren über hunderte Kilometer zu sehen, die Nacht verwandelnd in infernalische Taghelle. Es waren Hunderttausende gewesen, die dem Angriff zum Opfer fielen, Dresden war überlaufen von Flüchtlingen aus dem Osten, Frauen und Kindern.

Die Zahlen, die damals jeder kannte, wurden in den folgenden Jahrzehnten massiv nach unten korrigiert, aus was für Gründen auch immer. Als Jugendlicher war ich später einmal zurückgekehrt zu Besuch an die Stätte der frühen Kindheit. Meine liebe alte Großmutter lebte weiter dort, ebenso ein Onkel. Aber er war zum Sonderling geworden, kaum dass man ihn zu Gesicht bekam. In der gemeinsamen Wohnung waren Fotografien von ihm aufgestellt, Bilder, die mich ein Leben lang verfolgten, auch wenn sie von minderer Qualität waren.

Sie zeigten das nächtliche Dresden von Süden her, die Elbwiesen und den Fluss, der auf die Stadt zu floss, deren Silhouette mit den Kirchtürmen und historischen Gebäuden von einem geisterhaften Licht erhellt war. Am Himmel standen tausende von "Christbäumen". So wurden die Lichterketten genannt, die von den anfliegenden Bombergeschwadern zu Beginn eines Angriffs abgeworfen wurden, um das Zielgebiet zu beleuchten und die an Fallschirmen schwebten. In einem großen Bogen erschienen sie im fernen Westen und zogen sich hin über die Innenstadt bis in die südlichen Bezirke.

Auf einem weiteren Bild war die Silhouette verdeckt von einer Unzahl von Sprengwolken, die sich gegeneinander wälzten. Die 6 t schweren Fliegerbomben zerlegten die Stadt in einen Trümmerhaufen.

Danach das Ende: Nach einer Angriffswelle mit Brandbomben, die in das zersplitterte Chaos fielen, brannte Dresden von einem Ende bis zum anderen. Die Flammen vereinigten sich hoch auflodernd zu einem Feuersturm, der sich von den Außenbezirken mit Orkangeschwindigkeit zum Zentrum des Infernos bewegte und kilometerhoch in den Himmel schoss als glühende Lohe über den Resten der jetzt wieder sichtbaren Silhouette.

Dresden musste damals fast eine Millionenstadt gewesen sein mit all den Flüchtlingen, die in ihr Unterkunft gesucht hatten. Was blieb, war eine Trümmerlandschaft, abgefackelt bis auf die Grundmauern. Woher die Fotos stammten, war nicht herauszufinden; mein Onkel sagte nichts. Er sprach überhaupt fast nichts mehr. Und auch meine Mutter, selbst als sie schon eine alte Frau war, fast ein halbes Jahrhundert später, konnte bei einer Erinnerung daran die Tränen nicht zurückhalten. Mich selber hatte sie damals weiterschlafen lassen; wir waren weit genug weggewesen vom Schuss.

Die letzte Kriegszeit war grau und einsam; Spielkameraden, die Kinder der Tante in meinem Alter, gab es nicht mehr. Einige Erinnerungsfetzen aus der Zeit haben sich noch erhalten. Viele schwarz gekleidete und vermummte Gestalten stolpern hintereinander im Gänsemarsch kreuz und quer über ein Trümmergelände und schleppen auf Bahren unförmige Bündel mit sich. Es mochte eine Sanitätsübung gewesen sein. Auf Befehl mussten sie über Erdwälle und Reste von Ruinen setzen, bis sie durch ein Loch im Erdboden verschwanden. Jahrelang war die Erinnerung umgeben von einem inneren Entsetzen, als wäre ich in einem Alptraum und man schleppte mich auf einer Bahre davon.

Der Morgen, an dem der Krieg zu Ende ging, war dagegen hell und frühlingshaft. Ich saß auf einem Mäuerchen vor unserem Haus und blickte die lange Ausfallstraße entlang. In mehreren Reihen nebeneinander rasselte eine schier endlose Kolonne von Panzern mit ihren eisernen Ketten über die Straße, gleich ob auf dem Fahrdamm oder auf den Fußgängersteigen. Als sie vorbei waren, war die Straße übersät mit abgesplitterten Bordsteinkanten. Ich war empört – dass sie das auch alles so kaputt machen durften?

Nach Kriegsende wollte Mutter mit mir in ihre alte Heimat, doch es wurde Winter, bis die Reise auf einem desolaten Bahnsteig ihren Anfang nahm. In bitterer Kälte warteten wir stundenlang, bis ein Zug ging. Es waren viele, die in der Öde warteten. Kam ein Zug, füllten sich im Handumdrehen die Waggons. Die keinen Platz mehr fanden, kletterten auf die Dächer oder ritten gar mit auf den Puffern. Bei der Kälte war das sicher nicht lange auszuhalten, doch die Fahrt ging auch nie lange. Immer wieder war die Strecke unterbrochen. Für die Entfernung, die ein Schnellzug heute in wenigen Stunden zurücklegt, brauchten wir damals zwei oder drei Wochen. Wo die Gleise fehlten, ging es zu Fuß weiter.

Lichtblicke der Menschlichkeit waren die Rotkreuz-Schwestern in den Trümmern der Bahnhöfe, die das wenige, das sie hatten, an Bedürftige verteilten. Mir gaben sie einen Keks, einen kostbaren Schatz, den ich sorgsam hütete, bis er endlich doch aufgegessen war; die Verlockung beim frösteligen Kauern in einer halbwegs windgeschützten Ecke war zu groß gewesen.

In den Nächten, wenn es nicht weiterging, fanden die Menschen Schutz vor der Kälte in unterirdischen Bunkeranlagen mit übereinander getürmten Holzpritschen. Es waren Hunderte, die Platz suchten, dicht an dicht wie Ölsardinen. Die Feuchtigkeit der Atemluft schlug sich an den nackten Betonwänden nieder, von wo sie in kleinen Rinnsalen herabrieselte. Alles war dazu angetan, die Menschen unleidig und aggressiv zu machen, doch in Erinnerung sind nur Szenen der Hilfsbereitschaft geblieben, wenn kräftige Männerarme halfen, unser Bündel oder mich selbst an Ort und Stelle zu hieven und zu verstauen, was meine Mutter mit einem dankbaren Lächeln quittierte.

Das Ziel der Reise kam: Duisburg Hauptbahnhof. Noch lange Jahre später, bei einem gelegentlichen Zwischenhalt dort, wanderten meine Augen unwillkürlich über den Strom eiliger Menschen und an eleganten Geschäften entlang, wo der Ort gewesen sein mochte, an dem uns damals mitten in der Nacht, todmüde und erschöpft, eine Rotkreuz-Schwester aufgriff und uns an Trümmern und verbogenen Stahlträgern vorbei zu einem Krater brachte, wo es über eine eingestürzte Betondecke schräg abwärts ging. Unter der Schräge waren Feldbetten aufgestellt. Nicht dass es warm gewesen wäre dort unten, aber es war windgeschützt und das machte es fast gemütlich. Wir bekamen sogar eine Wolldecke, in die ich eingewickelt wurde, und so ging das Jahr mit einem freundlichen Ausklang zu Ende, denn es war die Silvesternacht 1945. Für diesmal gab es kein Feuerwerk, das hatte vorher stattgefunden.

Am nächsten Morgen saßen wir in dem Zug, der bei Tageslicht vorsichtig auf der Behelfsbrücke, Balken und zwei Schienen, über den Rhein balancierte. Drüben angekommen, stiegen wir aus und waren zuhause.

Das Leben kehrte zur Normalität zurück, was das in den Trümmerlandschaften auch heißen mochte.

Ich war nie richtig gesund, aber auch nicht richtig krank, sondern kränkelte nur vor mich hin. Eigentlich hätte mir aus dem Erbstrom der Familie eine robuste Gesundheit zugestanden; die meisten meiner Vorfahren hatten ein hohes Alter erreicht und waren stramm auf die Hundert zugegangen. Wie war mir nur mein Erbteil an Gesundheit abhandengekommen?

Nichts was in ihrer Macht stand, hätte Mutter unterlassen um mir aufzuhelfen. Sie hatte auch getan, was sie konnte – sie zeigte es mir später: Sie hatte mich impfen lassen. Wobei ihr auch nichts anderes übrig geblieben war dem Gesetz nach. Die Impfausweise bestanden aus grauem Kriegskarton, hochoffiziell bedruckt, beschrieben und mit Stempeln versehen. Keine Impfung war ausgelassen und damit war der Grund gelegt zu einem lebenslangen gesundheitlichen Einbruch. Ein Verhängnis schwebte über mir, wie es über jedem schwebt nach der Zwangsbehandlung mit Quecksilber – einem der stärksten Gifte überhaupt! Nur dass es nicht tötete im Augenblick, sondern es ließ sich Zeit, Jahre und Jahrzehnte.

Das Gift war als Zusatz enthalten in den Impfstoffen in Form von "Thiomersal". Selbst heute noch, geht man dem Suchbegriff nach, wird es manchmal als unverzichtbar bezeichnet und im Übrigen als vollkommen harmlos. Nicht, dass mir die Zusammenhänge schon bewusst waren damals. Dazu hatten erst die Erfahrungen von Jahren und Jahrzehnten kommen müssen. Niemand hatte es wagen dürfen, etwas gegen das Impfen zu sagen; das Dogma, den Körper zu vergiften, damit er gesund blieb, war unantastbar.

Meine Mutter durchschaute das nicht, sie hatte nur das Beste für mich gewollt. Man hatte auch nichts zu durchschauen, man hatte nur die obrigkeitlichen Maßnahmen zu befolgen, ob es um das Impfen ging oder um den Kadavergehorsam gegen das Regime überhaupt. Nur dass es mit Regimen und ihren Führern vorbei war von einem Tag auf den anderen, aber das Impfen weiterging. Allerdings nicht so heftig. In den Ruinen der ersten Nachkriegszeit haperte es mit der medizinischen Versorgung für eine geraume Weile. Vielleicht, dass mir das zugute kam.

Wir lebten in einer winzigen Dachmansarde, die abends spärlich erhellt wurde von einer Funzel von Glühbirne. Wenn sie überhaupt brannte, was eher eine Glückssache war. Und auch sonst war das Leben unglaublich einfach geworden. Aus alten Konservenbüchsen machte Mutter Trinkbecher, indem sie die gezackten Ränder gekonnt umbördelte. Kleider und Schuhe, wenn sie auseinanderfielen, wurden wieder zusammen gestichelt. Die Ernährung bestand aus den mehr als mageren Rationen, die es auf Essensmarken gab, oder auch nicht gab. Nebenher ging man "hamstern" – auf Fahrten ins Umland, um etwas einzutauschen bei den Bauern. Wir hatten nichts zum Tauschen, trotzdem gab es manchmal ein paar Kartoffeln, nicht zuletzt aus dem Gärtchen der Großeltern. Das war ein Fest, zusammen mit den Suppen aus Brennnesseln und Sauerampfer, die Mutter zu kochen verstand, dass sie fünf Sterne dafür verdient hätte. Sie kochte auf einem kleinen Gaskocher, der draußen auf dem Treppenabsatz mit einem Gummischlauch an einer Röhre angeschlossen war, die aus der Wand kam. Auch hier war es Glückssache, ob Gas kam oder nicht.

Für das, was nach der Verdauung der Köstlichkeiten schlussendlich übrigblieb, hatten wir einen Eimer, der jeden Tag hinuntergetragen wurde. Meine Aufgabe dabei war das Weichrubbeln von altem Zeitungs-, manchmal sogar von Packpapier, um es den speziellen Zwecken kompatibel zu machen. Dass es solch unerhörte Luxusgüter gab wie WC-Papier, kannte man nur vom Hörensagen.

Wenn es darum ging, die Felder hinter der Siedlung schon im ersten Frühling zu durchstreifen nach verwertbarem Kraut und Unkraut, war ich ein williger Helfer und erkundete interessiert die geborstenen Unterstände der Fliegerabwehr-Stellungen, in denen noch Reste von undefinierbarem Kriegsgerät lagen. In den Tümpeln der Bombentrichter wimmelten Kaulquappen und zwischen den Trümmern wuchsen Teppiche an Brennnesseln, von denen besonders die frischen Triebe zuhause hochbegehrt waren. Der Sommer war dann die Zeit des Ährenlesens auf den abgeernteten Getreidefeldern. Was zu Boden gefallen war, wurde gesammelt, entspelzt und durch eine alte Kaffeemühle gedreht – die Basis für ein weiteres Fünf-Sterne-Gericht.

Einmal hatten sich die Frauen der Nachbarschaft zusammengetan. Auf wundersame Art hatten sie eine Schubkarre voll Zuckerrüben an Land gezogen und waren dabei, alles klein zu schnibbeln. Im Keller wurde der große Waschkessel mit Wasser gefüllt und die Rübenschnitzel gekocht. Irgendwann wurden sie herausgefischt und der Sud weiter gesotten, bis er immer dicker wurde. Die Sache zog sich hin über Tage und sollte Melasse geben, "Rübenkraut", etwas Süßes, Klebriges, auf jeden Fall Leckeres. Wir Kinder, die da herumwuselten, mochten fast nicht warten und quengelten, ob wir nicht schon vorher probieren durften. Während das Ährenlesen eher eine dröge Angelegenheit war, erschien uns die Zeit der Kartoffelernte wie ein Fest. Waren die Bauern fertig mit ihrer Arbeit auf dem Acker, kamen Hinz und Kunz aus der Siedlung, um die Reste auszubuddeln. Alle kleinen Jungs buddelten mit, aber ließen die Fundstücke gleich in den Hosentaschen verschwinden. Das dürre Kartoffelkraut lag schon in Haufen herum; wir mussten nur noch die älteren Jungen, die Besitzer der kostbaren Zündhölzer, ganz lieb bitten, ob sie es uns anzündeten. Das Feuer versprühte Funken, aber noch besser qualmte es und ließ seine Rauchschwaden über das Feld ziehen. Wir liefen quietschend vor Vergnügen hinter ihnen her, nur um wieder zurückzurennen und zu schauen, was unsere Kartoffeln machten, die in der Glut lagen. Wir stocherten in der Asche, puhlten mit schwarzen Fingern die verkohlte Schale ab, verbrannten uns den Mund beim ersten Bissen und fanden es köstlich. In den herbstlichen Tagen war die Dunkelheit früh hereingebrochen, Gruppen von Menschen standen an ihren eigenen Feuern und wir mitten dazwischen. Unsere Mütter durften dann später ihre verräucherten Knaben in Empfang nehmen und ihnen eine Strafpredigt halten, dass sie sich in der Dunkelheit noch draußen herumtrieben. Am Tag darauf waren wir schon wieder auf dem Acker.

Es gab extrem kalte Winter. Wir hatten ein kleines Kanonenöfchen und Mutter kniete davor und schlug Späne ab von einem kleinen Stück Holz zum Anfeuern. Das scharfe Beil ging auf und ab und mit einer Gänsehaut schaute man zu: Uuuh! Vorsicht, die Finger! Aber es passierte nie etwas Schlimmes; meine Mutter konnte es eben. Bald brannte der Ofen mit dem, was wir nur irgend gesammelt hatten und wenn es gut ging, langte es, einen Feldstein zu erwärmen auf der Ofenplatte. Der wurde dann in mein Bett gelegt und das war für lange Zeit der Inbegriff kuscheliger Wärme.

Aber im Winter wurde Brennmaterial immer chronisch knapp. Bis meine Mutter aus der Not heraus nachts zusammen mit den Männern der Nachbarschaft auf Güterzüge kletterte, die bis oben mit Koks und Kohle beladen nach Westen ins Ausland rollten, während eine Brennstoffversorgung für die ansässige Bevölkerung praktisch nicht-existent war. Die Geleise führten hinter dem Haus vorbei. Es musste wohl ein geheimes Einverständnis zwischen den Wegelagerern, den Streckenwärtern und den Lokführern bestanden haben, die Durchfahrtsignale für kurze Zeit auf Halt zu stellen. Dann hatte es fix zu gehen: Schnell die oben offenen Waggons entern, soviel Kohlen wie möglich herunterwerfen und rechtzeitig abspringen, bevor der Zug wieder Fahrt aufnahm! Alles wurde in Säcke gefüllt, gerecht geteilt und in der Dunkelheit nachhause geschleppt. Und das von meiner Mutter, der Frau ohne den geringsten sportlichen Ehrgeiz!

Gegen Menschen wie sie hatte die Obrigkeit das abstoßende Bild des "Kohlenklau" geschaffen, heimtückischer Volksschädling ersten Ranges, der in den Medien und auf Plakatwänden öffentlich angeprangert wurde. Aber als es ums nackte Überleben ging, da lehnte sogar Mutter sich auf, die einfache treusorgende Hausfrau. Dank ihr hatten wir es warm, ab und zu wenigstens.

Hätte sie sich doch weiter aufgelehnt! Ich sehe mich in der Erinnerung, als die Zeiten wieder besser wurden, neben ihr herlaufen. "Du musst gar keine Angst haben, es tut überhaupt nicht weh!", sagte sie beschwichtigend. Wir gingen zu "Frau Doktor", die ihre Praxis wieder hatte eröffnen können. Das Wartezimmer war brechend voll, man setzte sich dazu und wartete. Angst hatte ich, großer Junge, natürlich keine. Als dann aber, Schulter oder Hinterteil oder was auch immer entblößt, die

Spritze kam, bei der man still halten sollte, rastete etwas aus in mir.

Es muss ein seltsames Bild gewesen sein: Ein kleiner Junge, der anfing, sich vehement zu wehren, entwischte, wieder eingefangen wurde, schrie und tobte wie eine kleine Wildsau und auf keine Art zu bändigen war, die beiden Frauen konnten anstellen, was sie wollten. Die Doktorin öffnete die Türe zum Wartezimmer und bat um Hilfe. Ein kräftiger Stahlwerker erhob sich und gegen seine eisernen Fäuste war gar nichts mehr zu machen. Ich kriegte meine Impfung!

"Wat war dat bloß für ein Gedöns, so ein kleiner Pieks nur! Ich dachte immer, du wärst doch jetzt schon groß", sagte Mutter, als ich neben ihr hertrippelte auf dem Weg nachhause, noch ganz benommen von dem inneren Aufruhr, der mir selber unverständlich war. Natürlich war ich schon ein großer Junge, aber warum solch eine Reaktion? Weiß ich es heute? War es mein höheres Ich gewesen, das sich hatte wehren wollen in einem Moment der Hellsichtigkeit gegen eine weitere Ladung Gift?

Später dann, als Schulkind, ging das nicht mehr so. Man hätte sich ja schämen müssen! Und gegen die Feldwebelinnen von der Sanität war eh kein Kraut gewachsen. Klassenweise mussten wir antreten zum Durchimpfen, Schulter oder Oberschenkel, Jungs wie Mädchen, Jahr für Jahr. Die graue Pappe von Impfausweis bekam viele weitere Stempel.

Ich war klein und wollte doch unbedingt groß sein. Mein Kummer war, nicht so zu können wie gewollt. Damals waren die Straßen noch voller Kinder. Die Jungens rotteten sich zusammen zum Fußballspielen. Die beiden Anführer standen inmitten des Pulks und wählten abwechselnd jemanden in ihre Mannschaft, natürlich immer die Besseren. Was am Schluss übrig blieb, war unnützes Fußvolk wie ich. Träumend davon, alle über den Haufen zu stürmen, fehlte mir die Puste dazu.

Bei anderen Spielen dagegen konnte man sich schon eher nützlich machen. Die Quartierstraßen waren autofrei, es gab einfach keine. Platz genug also für wilde Spiele. Eins davon war eine Art Kegeln mit schweren eisernen Kugeln. Zwei Mannschaften standen sich gegenüber und die Kugel musste mit aller Kraft gegen die Gegner losgekegelt werden. Von da, wo sie aufgehalten wurde, durfte sie zurückgefeuert werden. Gewonnen hatte, wer die andere Mannschaft zuerst bis ans Ende der Straße zurücktrieb.

Gestoppt wurde die Kugel, von den größeren Jungens, mit den Fußsohlen, doch es konnte dabei blaue Flecke und kaputte Schienbeine absetzen. Mein Trick war ein mitgeschleppter großer Backstein und der Versuch, ihn genau im richtigen Moment auf das anrollende Geschoss fallen zu lassen, möglichst in vorderster Front, damit wir einen Geländegewinn erzielten. Wie ich immer heil nachhause kam, ist mir ein Rätsel.

Natürlich gab es auch Mädchen. Die spielten ihre Hüpf- und Sing- und Reigenspiele, Ballprobe und Seilchenspringen. Manchmal allerdings brauchten sie bei ihren Spielen auch das männliche Element, ohne das es sich nicht tat, wenn sie ein "Fest" feiern wollten, im Anklang an frühere Straßen- oder Vereinsfeste, die bedeutende soziale Ereignisse gewesen waren. Mit einem alten Leiterwagen in der Mitte, in dem unter einer Blättergirlande die Königin des Tages saßen und ein König, zogen sie singend durch das Quartier. Einen Festschmaus wie in früheren Zeiten gab es nicht, dafür wurde umso ausgiebiger gesungen davon.

Singen war überhaupt das Element der Mädchen. Sie liebten Kreisspiele, bei denen es darum ging, dass zwei sich haben durften. Sie sangen das Lied vom Jüngling, der zum Militär einrücken und sich vor den Hauptmann stellen musste, während seine Liebste in Tränen aufgelöst zurückblieb. "Ach Jule, weine nicht ...", wurde sie unisono getröstet und mit dem guten Rat bedacht: "Putz dir die Tränen ab, mit Löschpapier!" Danach löste sich der Kreis und ein anderes Paar kam an die Reihe.

Die Mädchen konnten es stundenlang weitertreiben so, aber als Junge fand man das ein bisschen öde. Hingegen fanden die Mädchen total doof, was die Jungens machten – herumbolzen mit Fußbällen und Eisenkugeln oder noch Schlimmeres. Es war zum Beispiel ein Tag, als eine Unmenge von Jungens aus der Umgebung, mit Grabwerkzeugen bewaffnet, auf dem Nachbargrundstück auftauchten. Es hatte sich wie ein Lauffeuer herumgesprochen, dass dort von einem aufgeplatzten Bombenblindgänger, dessen Hülle längst weggeräumt worden war, noch eine Menge Sprengstoff-Pellets in der Erde lagen, über das Gelände verteilt. Es wurde wie wild gegraben. Die Pellets, etwa in Bohnengröße, waren heiß begehrt zu Feuerwerkszwecken; es durften nur nicht zu viele aufs Mal angezündet werden. Und Hosentaschen waren wohl auch nicht die idealen Aufbewahrungsorte. Was sich die Mädchen wohl dabei gedacht haben mochten?

Kam man zehn, fünfzehn Jahre später an die gleichen Orte, sah man keine Kinder mehr. Wo waren sie nur geblieben? Die Straßen waren leer und auch die hübschen Vorgärten vor den Häusern waren verschwunden. Plattgemacht und zugepflastert. Man wurde erwachsen, kümmerte sich vorrangig um Beruf und Karriere – aber Kinder? Sie wären eher lästig gewesen und außerdem wurden der Platz gebraucht für die schönen, neuen Autos, die man sich leisten konnte. Rechts und links auf den Straßen standen sie, und spielende Kinder – nicht auszudenken, wenn es Kratzer gegeben hätte an den edlen Teilen. Kam man allerdings noch einmal zehn Jahre später, gab es wieder Kinder, aber die redeten in einer anderen Sprache. Blieb man interessiert stehen zu schauen, was sie für Spiele trieben, wurde man misstrauisch, wenn nicht gar finster, beäugt.

Es gab auch Zeiten, da wurde ich aus dem Verkehr gezogen und musste liegen, eingewickelt in Decken. Kinderrheuma wäre es, wurde gesagt, und es drohten Komplikationen. Und ich hatte Asthma. Wirksame Medikamente gab es nicht; dafür Kräutermischungen, die, angezündet unter einem Tuch, eingeatmet werden mussten. Man erstickte fast daran. In der Arztpraxis wurde man mit Elektroden behandelt, die in einer glitschigen Masse auf dem Rücken herumgeführt wurden. Ekelhaft. Es wurden Atemübungen verordnet, mit preußischem Drill durchzuführen – ganz tiiief ein- und ganz tiiief ausatmen! Es machte alles nur noch schlimmer. Meine Mutter verzweifelte schier. Da wurde doch offensichtlich etwas falsch gemacht von mir, sonst hätte es ja helfen müssen!

Zuzeiten gab es einen grünen Auswurf und manchmal auch eitrige gelbe Kerne, die von den Mandeln herkamen. Zerquetschte man sie zwischen den Fingern, hatten sie einen üblen Geruch. Das brachte die Ärzte auf die Idee, an meinen Mandeln etwas zu machen. Es gab einen Wattebausch mit Äther auf die Nase und man versank ins Delirium. Aber nicht lange genug. Ich war schon wieder bei Bewusstsein, als ein Weißkittel mit einer Zange hinten in meinem Hals ein Stück von mir abzwackte. Aua, aua!

Aber warum war nur ich es, der krank war? Wobei das wohl nicht ganz stimmte, denn die noch kränker waren, sah man nicht oder nur selten. Antworten darauf fanden sich erst viele Jahre später: Das Quecksilber aus den Impfungen, mit denen ich so reichlich gesegnet war, wird nicht unbeteiligt daran gewesen sein. Es konnte eine Vielzahl an Krankheiten bewirken, je nachdem wo es sich im Körper einlagerte.

Es gab da die "Fass-Theorie": In ein Fass kann alles Mögliche eingefüllt werden, ohne dass viel passiert. Ist es aber voll, braucht es nur noch den einen speziellen Tropfen und es überläuft. Mein "Fass" jedenfalls musste schon frühzeitig voll gewesen sein. Es überlief immer wieder und ich lag flach und atmete schwer.

Meinen Vater lernte ich erst kennen, als ich schon fast ein Schulkind war. Eine Schar von uns Jungens spielte auf der Straße, als ein Mann um die Ecke kam. Bei Erwachsenen wusste man nie recht, ob wegrennen oder nicht. Was wir Interessantes in den Ruinen fanden und mitschleppten, konnte bei einem großen Menschen schon ein Anlass sein uns anzuschnauzen.
Der Mann, der kam, sah aber doch nicht danach aus. Brandmager, tiefbraun von der Sonne, zerfledderte Sandalen und ein langer blauer Steppm
Der Text ist die Überarbeitung einer früheren Publikation, denn auch Erinnerungen können wachsen, indem sich manchmal ein neuer Sinn hinter den Erlebnissen erkennen lässt und Aussagen geändert sein wollen.
Doch sie bleiben, was sie waren –antel, aus dessen vielen Löchern Wattefetzen herausschauten, in der Hand einen Blecheimer, kam er und musterte uns. Mich sah er besonders lange an, nannte dann meinen Namen und sagte: "Weißt du, wer ich bin?" Ein Glücksgefühl durchschauerte mich plötzlich. "Du bist mein Papa?" riet ich. Richtig, er war es! Mutter hatte immer wieder von ihm gesprochen, wenn Lebenszeichen von ihm gekommen waren über das Rote Kreuz. Jetzt nahm er mich an die Hand und wollte den Weg zur "Mama" wissen. Gemeinsam stiegen wir die Treppe hoch zu dem Dachzimmerchen. Schritt für Schritt, die Stufen knarrten. Das häusliche Willkommen nach den langen Jahren der Kriegsgefangenschaft allerdings war mir doch nicht vergönnt mitzuerleben. Auf der obersten Stufe drückte er mir den Eimer in die Hand mit den Worten: "Das ist für dich. Geh mal wieder spielen!" Verblüfft polterte ich die Treppe hinunter zu den wartenden Kameraden. Ich hatte wirklich und wahrhaftig einen Vater! Mein Ansehen stieg. Alle waren neugierig, was in dem Eimer war.

Es waren Kekse, eine Gabe vom Roten Kreuz, die gleich großzügig verteilt wurden und mein Ansehen noch höher steigen ließen.

Ja, es war etwas Besonderes, einen Vater zu haben. Nur fielen im Laufe der Zeit auch Schatten. Die harten Jahre im Dienste des Vaterlandes ("die besten Jahre meines Lebens haben sie mir geklaut," war sein oft und gern geäußerter Kommentar) hatten ihn etwas kantig und schroff werden lassen. Ich hingegen, kränklich und mager, war ihm vielleicht zu wenig kantig. Dabei gab es durchaus Dinge an ihm, die mir Eindruck machten: die Einschusslöcher in seinem Körper zum Beispiel. Eines war gut sichtbar am Oberarm, ein runder Krater, bei dem sich das Fleisch nach innen senkte bis dahin, wo sich am Grund ein glattes neues Häutchen gebildet hatte. War mein Vater ein Held gewesen, da wo er hatte sein müssen im Krieg? Zu meiner Enttäuschung wollte er nie davon erzählen.

Auch wenn wir es manchmal nicht ganz einfach hatten miteinander, plante er eine große Zukunft für mich: Ich sollte es einmal viel, viel besser haben als er! Angesehene Stellung, gediegene Verhältnisse. Am besten Beamter! Nur war nicht ganz klar, was das sein sollte. Irgendetwas mit Recht und Ordnung, aber die Welt sah in den ersten Nachkriegsjahren nicht sehr nach Ordnung aus.

Manchmal tat sich allerdings auch etwas zum Guten. Wir hatten zwei Zimmer als Wohnung bekommen über einen Lebensmittelladen, in dem die Regale meistens leer waren. Eines Morgens aber schaute ich aus dem Fenster und sehe was? Eine riesige Menschenschlange vor der Ladentür, die sich in Windungen über die Straße hinzieht, sicher etwa hundert Leute! Es hatte sich herumgesprochen, dass Zitronen angeliefert worden waren. Doch die Aussicht, am Ende der Schlange noch ein letztes Exemplar der gelben Wunderdinger zu ergattern, war trübe. Mutter sah es ein, dass meine Motivation sich in Grenzen hielt. Man stand sich sonst schon genug die Beine in den Bauch beim Einkaufen.

In den hintersten Kellerecken lagen Stapel von Altpapier aus vergangenen Zeiten. Ich hatte mir selber die Anfangsgründe des Lesens beigebracht und buchstabierte zwischen verstaubtem Spinnengeweb beim Schein einer Funzel: Volk und Vaterland schienen dabei einen ziemlichen Stellenwert zu haben. Als ich meine Funde an den Tag brachte und draußen im Licht ausbreitete, erschrak meine Mutter, nahm sie mir weg und steckte sie einfach in den Ofen. Alles, was nur irgendwie an das verblichene Regime erinnerte, schien brandgefährlich zu sein.

Es ging eh nicht mehr lange und es gab zeitgemäßere Literatur. An jedem der neueröffneten Kioske – unmittelbar nach der sogenannten Währungsreform, als es wieder richtigeres Geld gab – wurde sie feilgeboten: Bunte Heftchen, die uns die Errungenschaften der befreundeten Schutzmacht nahe brachten und, anstelle von verpöntem Vaterlandsgeschwätz, ein neues moralisches Wertesystem offerierten: "Kaubois", die neuen Lichtgestalten, verwegene Reiter auf galoppierenden Pferden im Kampf mit den Bösen. Sie schafften Ordnung mit ihren Pistolen und es gab niemanden, der nicht geradeso tapfer werden wollte wie sie. Die Bösen waren immer leicht zu erkennen an ihrer roten Haut.

Das Instrumentarium dazu lag bereit, die Wiederbewaffnung Deutschlands, keine vier Jahre nach einem verheerenden Krieg, war im vollen Gange. Vorerst in den Kinderzimmern, aber wer wusste, wozu es gut war. Es gab einen erz-bösen Feind, wie es uns die Medien tagtäglich glaubhaft einbliesen: Russland. Da konnte es nicht falsch sein schon einmal zu üben. In entsprechenden Läden warteten jedenfalls ganze Arsenale an Spielzeugpistolen auf ihre jugendlichen Anwender, dass sie sich schon einmal damit vertaut machen sollten. Vielleicht, erwachsen geworden, würde es wieder genug Militärköpfe unter ihnen geben, die aufs neue nach Osten marschieren wollten.

Auf den Spielplätzen nahm man sich begeistert mit wildem Kriegsgeschrei gegenseitig unter Feuer, peng peng. Was die Mädchen solange machten, ist mir entfallen; Barbiepuppen waren noch nicht erfunden. Die Versorgung mit Grundnahrungsmitteln allerdings war inzwischen sichergestellt, es ging also eindeutig aufwärts.

Auf der Straße waren die bunten Heftchen beliebte Tauschartikel, man zeigte sich gegenseitig seine Schätze und clevere Händlernaturen waren im Besitz ganzer Stapel. Wohl dem, der schon lesen konnte! Aber auch die Kleineren wurden nicht außenvor gelassen: Die neue Bilderliteratur hieß Komix, war für 10 Pfennige zu haben im Kleinformat und passte in jede Hosentasche, dass sie auch stets griffbereit war.

Mutter allerdings bewies gerade so wenig Verständnis für den neuen Zeitgeist wie für den alten. Was sie erwischte an dem, was ich mühsam eingetauscht hatte, nahm sie ebenfalls weg und steckte es auch in den Ofen. Es war wirklich nicht einfach, sich zurecht zu finden in Bezug auf die wahren Werte des Lebens.

Überhaupt, was für Werte! Volk und Vaterland also jedenfalls bloß nicht. Geld verdienen? – vielleicht. Ich wünschte, ich hätte welches gehabt. Am Kiosk gab es Lakritzstangen, doch meine Hosentaschen waren chronisch leer. Mein Großvater winkte beim Thema Geld sowieso ab. Er hatte einen Schrebergarten und das war sein Ein und Alles. "Geld?", sagte er, "da, kuck mal!" Aus einer hinteren Schublade kramte er ein paar Papierfetzen hervor. Sahen aus wie altes Zeitungspapier, aber es war eine 1 darauf mit vielen Nullen. Bis 100 kannte ich mich aus, alles darüber war noch zu hoch für mich.

Bei den weiteren "Banknoten" war es etwas einfacher, obwohl sie noch schäbiger aussahen. Man brauchte keine Nullen zu zählen, es stand einfach drauf: 1 Million Mark! Oder 1 Milliarde, oder 1 Billion ... (12 Nullen wären das gewesen!) "Aber Oppa, da kannze ja wat damit kaufen", sagte ich und dachte an meine Lakritzstangen. Mein Großvater schnob verächtlich durch die Nase: "Kappes! Nich mal en Brot ham se einen dafür gegebn." Schlussendlich hatte er mit dem ganzen Geldsegen sein Klo tapeziert.

Auf einer der Banknoten hatte übrigens auch eine Jahreszahl gestanden: 1923. Das war weit vor meiner Zeit gewesen, aber mit den Werten des Lebens muss es auch damals schon gehapert haben. Wie auf zeitgenössischen Fotos zu sehen ist, mussten bei Lohnauszahlungen für die Arbeiter und Angestellten ganze Schubkarren voller Geldbündel herangekarrt werden für den damaligen Zahlungsverkehr.

Aber immerhin, sie hatten noch Arbeit. Nur wenige Jahre später hatten sie keine mehr in der Grossen Weltwirtschaftskrise. Ein ganzes Volk nagte am Hungertuch, wie der Rest der zilisierten Welt ebenfalls. Was dann nahtlos überleitete in die Ereignisse der folgenden Jahrzehnte. Seltsam wie die Dinge transparent werden, wenn man sie mit genügend zeitlichen Abstand betrachtet.

2. Suche nach sich selbst

Für meine Mutter gehörte zu den wahren Werten ein kernfester Pragmatismus, mit dem sich der Alltag meistern ließ: Aus einem Nichts machte sie immer noch ein Etwas. Einer Unkrautstaude sah sie an, ob sie für die Suppe taugte, einem rostigen Nagel die Brauchbarkeit für ein auseinander fallendes Möbelstück und ein alter Bindfaden war für das, was nicht halten wollte, aber doch provisorisch halten musste.

Das färbte ab auf mich und so wurde aus mir ein Tüftler, was auch meiner Leidenschaft zugute kam, Drachen steigen lassen. Kein Junge, der nicht im Herbst bei gutem Wind auf den abgeernteten Stoppelfeldern zeigte, was er hatte und konnte. Am Himmel war einiges zu sehen an exotischen Fluggeräten.

Das größte Problem war die Beschaffung geeigneter Schnur, jeder hatte den Ehrgeiz seinen Windvogel mindestens an die Wolken anstoßen zu lassen. Wehe, man verließ sich dabei auf Omas Häkelgarn! Mehr als einmal machte es: ratsch – und Drachen ade. In der Höhe segelte er über fremde Dächer und Gärten, und auch wenn man hinterher rannte, war nie sicher, ob man ihn wiederbekam. Die Zeit, in der sich bequem Qualitätszutaten zum Drachenbau kaufen ließen, kam erst später, aber dann war es schon nicht mehr so spannend.

Eine grandiose Probe ihrer Improvisationskunst hatte Mutter geboten bei meiner Einschulung. Es gab auch für mich I-Dötzchen, so hießen die Schulanfänger, diese große Schultüte und sie war voll gewesen mit – Marzipan. Marzipan! Unglaublich! Dieses Schleckwerk, den meisten nur vom Hörensagen bekannt, war im allgemeinen Bewusstsein fest verankert als eine sagenhafte Gaumenfreude. Und es war köstlich!

Dass man dann auch die etwas ernüchternde Herstellungsart kennenlernte, tat der Sache keinen

Abbruch: Es war aus Pellkartoffeln gemacht. Püriert, gesüßt mit Rübensirup und versetzt mit Aromen und Essenzen aus geheimnisvollen winzigen Glasampullen, die noch Vorkriegsware gewesen sein mussten und sich über die Zeiten gerettet hatten. Das Original hätte nicht besser sein können!

Als zweite Improvisation ist mir in Erinnerung, stolz den Schritt ins neue Schul-Leben getan zu haben mit Schulheften, die Mutter kunstvoll aus Tapetenresten zusammengeklebt hatte. Es ging noch eine Weile, bis wir wieder beglückt wurden mit den Segnungen der Zivilisation in Form richtiger Hefte.

Vom Unterricht der ersten Jahre ist nicht viel geblieben, eher von den wilden Spielen und manchmal Raufereien auf dem Pausenplatz. Wir hatten etwas ältliche Fräuleins als Lehrerinnen, die es in den zurück liegenden Kriegsjahren nicht einfach gehabt haben mochten und gewohnt waren, sich ihrer Haut zu wehren. Das färbte ab auf den Unterricht in einer Klasse, die nicht nur aus Engeln bestand. In Notfällen gab es Ohrfeigen, damals eine noch gebräuchliche Erziehungsmethode. Wir Lausebengel hatten sie wohl verdient, aber sie nützten nicht viel. Zwar gab es an der Schule auch eine nette junge Lehrerin; ob wir uns allerdigs bei ihr zu Musterknaben gemausert hätten, war nicht herauszufinden, weil sie keinen Unterricht bei uns hatte.

Die Nachwirkungen des Krieges waren immer noch allgegenwärtig, ohne dass jemals die Frage nach den Zusammenhängen gestellt wurde. Wir waren dafür wohl zu klein und erlebten die Zeit einfach, wie sie war. Zum Beispiel die sogenannte Schulspeisung. Deutschlandweit, (was sich später daraus schließen ließ, dass an anderen Orten das gleiche Programm gelaufen war), wurde davon ausgegangen, dass Schulkinder nicht solche genialen Mütter hatten wie ich, die hervorragende Brennnesselsuppen zu kochen verstanden.

Deshalb mussten sie zusätzlich verköstigt werden und vor die Schule fuhren Lastwagen mit riesigen Suppenkesseln. Die Schüler mussten antreten und jeder erhielt vom Fahrzeug herab eine Kelle voll in eine bereitzuhaltende Blechbüchse.

Allzu großen Anklang fand die Sache allerdings nicht, die meisten gingen nur mit langen Zähnen an die undefinierbare Zusatzkost. Selbst ich, der wahrhaftig nicht verwöhnt war, fand geschmacklich einiges daran auszusetzen: Es war einfach nicht fein! Was wunder, dass wir auf andere Gedanken kamen. An den Henkeln des Suppengeschirrs ließen sich Schnüre anbringen, mit denen man das Ding hin und her pendeln lassen konnte, bis es dann mit einem zusätzlichen Schwung im Kreis herumschleuderte. Hurra, die Suppe blieb im Topf, auch wenn sie kopfüber in der Luft war! Wir entdeckten die Gesetze der Fliehkraft auch ohne das Fach Physik. Einmal stolperte ich dabei und schlug der Länge nach hin. Es gab einen ziemlichen Erklärungsnotstand, wie die große Suppenpfütze auf den Schulhofplatz gekommen war.

Auch sonst holte uns die Vergangenheit ein. Der Luftschutzbunker neben der Schule, ein riesiger Betonquader, wurde gesprengt, weil nicht mehr in Gebrauch; eine Angelegenheit, die sich über Wochen hinzog. Einzelne Betonbrocken flogen durch die Luft bis in die Klassenzimmer. Die Schüler mussten derweilen klassenweise hinter dem Gebäude antreten. Dreimal ertönte das Trompetensignal, bis es rumpelte. Die Fetzen der dünnen, roten Leitungsdrähte, mit denen die Sprengladungen gezündet wurden, waren sehr begehrt. Aber warum das alles so hatte kommen müssen – keine Ahnung.

Im vierten Schuljahr bekamen wir einen schon ergrauten Lehrer, der uns seine Kenntnisse vermittelte mit der Gabe, alle Dinge neu und interessant darzustellen. An den Geschichten des Lesebuches zeigte er uns die Besonderheiten, sogar die Schönheiten der

Sprache, und die Grammatik wurde zu einer lebendigen Angelegenheit. Er ließ uns kleine Streifen machen aus Karton, beschriftet mit den Wortarten und den möglichen Satzteilen, die sich aneinanderreihen ließen als Haupt- und Nebensätze in immer neuen Varianten. Diejenigen, die überhaupt empfindsam waren für solche Dinge, staunten über die unerschöpflichen Möglichkeiten der Sprache. Meine Anteilnahme war geweckt, sogar meine Begeisterung und es endete damit, dass er mich weiterschickte auf das Gymnasium.

Eine der letzten Erinnerungen ist die aus der Weihnachtszeit, als wir tagelang mit ihm rund um einen Adventskranz saßen, groß wie das Wagenrad eines Pferdefuhrwerks, und jeder arbeitete bienenfleißig mit an seiner Entstehung, bis wir ihn endlich stolz unter der Decke der Eingangshalle aufhängen durften.

Nach dem Wechsel auf das Gymnasium ging es anders zu. Es wurde gepaukt. Beispiel Geographie. Zuhause war ein alter Erdkundeatlas eines meiner liebsten Bücher. Beim Betrachten der Ströme der Welt, der Gebirgsketten und Wüstengebiete geriet ich ins Träumen: Einmal würde auch ich all diese Wunder selber entdecken, wenn man mich holte zu den Expeditionen, zu geheimnisvollen Flussfahrten in tropischen Nächten oder zum Kampf mit den eisigen Elementen am Südpol. In der Schule aber mussten Bevölkerungszahlen gebüffelt werden und die Rohstoffvorkommen und Exportleistungen der Länder.

Meine Seele verkümmerte dabei. Es ließ sich nicht genau sagen, was fehlte, außer dass es mich im Inneren nach etwas anderem hungerte in einer Lebensphase von erwachenden Gefühlen, die man weder einordnen konnte, noch wusste, was tun damit; unterschwellige Gefühle vielleicht aus Zeiten, in denen wir noch anderen Welten angehörten und die erst in Einklang zu bringen waren mit der Realität des Hier und Jetzt.

An Hilfestellungen, den richtigen Weg zum Lebensglück zu finden, war allerdings kein Mangel. Eine der ersten Anschaffungen meines Vaters nach seiner Rückkehr aus der Kriegsgefangenschaft war ein Radioapparat gewesen. Von dann an gab es keinen Tag, an dem sich nicht die Flut der Schlagermusik in den neuen Morgen ergoss. Alle Register zum Thema Zweisamkeit wurden gezogen bis in den siebenten Himmel hinein. Man wurde mit Gefühlsmustern zugepflastert, gebrauchsfertig zu übernehmen. Die Schlagerfabrikanten verstanden ihr Handwerk, auf der Klaviatur der Seele zu spielen, um Gefühle hervor zu kitzeln. Wo man sich auch befand, man war den Produkten der Musikindustrie ausgeliefert, bis sie sich als Ohrwürmer eingebrannt hatten zur ewigen Erinnerung.

Was in der Schule fehlte an Innerlichkeit, gab es hier im Übermaß. Doch es war immer das gleiche Muster, mit dem in der Seele der Hebel angesetzt wurde, um sie auf die Welt der synthetischen Gefühle einzustimmen. Das Ganze erledigte sich allerdings bald, indem es unterging in den hämmernden Rhythmen einer neu entstehenden Beat- und Rockkultur.

Überhaupt tat sich einiges, um uns auf weitere Ebenen des Innenlebens zu geleiten. Man war erwacht für die Tatsache, dass es zweierlei Arten von Menschen gab, die mehr miteinander zu tun hatten, als manchmal zusammen auf der Straße zu spielen. Von jedem Bild- und Zeitungsblatt schauten sie einen an, die Verführerinnen, von jeder Plakatwand herab hielten sie ihr entzückendes Lächeln bereit oder ihre reizenden Körperteile. Dabei ging es ja eigentlich nur um Zahnpasta oder Unterwäsche, aber eben, immer mit dieser einen höchst bemerkenswerten Zugabe.

Dass nicht nur mir das auffiel, ließ sich ablesen an den Reaktionen der Schülerkollegen, wo manchmal etwas überhitzte Vorstellungen aufkamen, bei denen die jeweiligen theoretischen Standpunkte mehr oder weniger forsch vertreten wurden. Die Schulen waren noch getrennt nach Geschlechtern und damit ohne die Gelegenheit, die "andere" Seite auch im Alltag zu erleben und nicht nur auf Plakatwänden.

Ich hielt mich sowieso eher zurück. Mag sein aus Schüchternheit, doch vielleicht hatte das auch seine guten Seiten: Man verbrannte sich weniger schnell die Finger an Dingen, mit denen man noch nicht umgehen konnte. Aber auch wenn es sich äußerlich nicht zeigte, so war die Angelegenheit doch dazu angetan, über Gebühr im Inneren zu rumoren.

Vielleicht war es ja Absicht, junges Volk flächendeckend mit erotischen Inhalten zu beschäftigen. Da kamen sie wenigstens nicht auf dumme Gedanken! Bei der vorherigen Generation war es noch "Volk und Vaterland" gewesen, das auf diese Art eingetrichtert wurde. Da hatten die Plakate anders ausgesehen.

Eigentlich war es die Lebensphase, in der man nach neuen Idealen lechzte. Nach Menschen aus Fleisch und Blut, die sie vermitteln konnten, selbst wenn sie selber nicht mehr unter den Lebenden weilten. Der Geschichtsunterricht hätte wie geschaffen sein können dafür: Namen aus versunkenen Kulturen mussten ja einmal lebendige, blutvolle Menschen gewesen sein, die die Geschicke der Menschheit prägten und die man begeistert als Vorbilder angenommen hätte oder gegen die man im Kampf gegen das Böse angetreten wäre. Doch was wir lernten, waren Jahreszahlen und altertümliche Kriege, neue Grenzverläufe und Staatsverträge. Mich hungerte nach anderem.

Dass jedoch der Zweite Weltkrieg überhaupt stattgefunden hatte und warum, war nirgendwo ersichtlich. Dabei waren es keine zehn Jahre, dass die Lehrer ihn miterlebt haben mussten und bestimmt hätten sie einiges zu erzählen gewusst. Aber es wäre vielleicht nicht im Einklang gewesen mit der neuen Geschichtsschreibung und da sagten sie lieber überhaupt nichts. Jahrzehnte später erst wurde das von anderer Seite nachgeholt. Ein mediales Trommelfeuer setzte ein, das weniger die Zusammenhänge beleuchten, als jedem einbläuen sollte, wer der Schuldige war, ein Zustand, an dem sich bis heute kaum etwas geändert hat.

Meine Noten waren nicht schlecht, aber irgendwann wollte ich nicht länger die Schulbank drücken, sondern am "richtigen" Leben teilhaben. Mein Vater sah seine schönen Pläne davonschwimmen, aus mir einen Beamten zu machen. "Du wirst noch einmal an mich denken!" grollte er, "du Dickschädel!" Doch der Dickschädel musste ja wohl ein Erbteil von ihm selber gewesen sein.

In der Stahlindustrie am Ort gab es Lehrstellen. Ein Onkel arbeitete dort und mein Großvater hatte 31 Jahre seines Lebens in ihr verbracht. Die Belegschaft bestand aus mehreren tausend Mitarbeitern, davon 400 Lehrlinge. Nach Bestehen des Eignungstestes zählten sie auch mich dazu. Die Ausbildung war solide, nach dem Motto: Eisen erzieht! Die Industrie war stolz auf ihren qualifizierten Facharbeiterstamm.

Von der Picke auf wurde uns das Grundwissen zum Thema Stahl- und Maschinenbau beigebracht, in Theorie und Praxis, ab 6 Uhr morgens – Punkt, und keine Minute später! Probearbeiten, die wir in den ersten Monaten anzufertigen hatten, gingen unnachsichtig zurück, stimmten die Maße nicht auf den Zehntel Millimeter genau. Jeder lernte es oder er war irgendwann nicht mehr dabei. Rückgrat und Aufrichtigkeit wurden eingefordert, auch bei selbstverschuldeten Fehlern. Wir sollten zu unseren Verfehlungen stehen, selbst wenn wir dabei Rüffel kassierten!

Besonderer Wert wurde auf die Beachtung der Unfallverhütungs-Vorschriften gelegt. Ein verletztes Auge oder zerquetschte Gliedmaßen waren noch lange nicht das Schlimmste, was passieren konnte. Unser Meister wurde fuchsteufelswild bei groben Verstößen. Früher einmal war er zur See gefahren und hatte in der Lehrwerkstatt eine Schiffsglocke. Wenn die ging, war Alarm: Alle Mann an Deck!

Vor versammelter Mannschaft las er dem schwarzen Schaf die Leviten, dass es rauchte. "Ich hab schon Pferde vor der Apotheke kotzen sehen, aber so etwas noch nicht!" donnerte er los. Seine Art war sehr einprägsam und hilfreich, dass wir – auch wenn wir dafür hatten zusammengestaucht werden müssen – unsere Lehrzeit unbeschadet überstanden. Wenigstens die meisten von uns. Ein abgetrennter Finger, der einmal unter einer Werkzeugmaschine lag, hatte mich gelehrt, dass es auch mein eigener hätte sein können.

Zu Anfang gab es noch die 48-Stunden Woche: Montag bis Samstag, voll. Ein Tag war dabei der Berufsschultag, an dem wir die Schulbank drückten. Einmal fiel ein Unterrichtsblock aus und wir hatten frei. Mit einem Kollegen zusammen ging es mit dem Fahrrad in die Rheinwiesen. Auf der anderen Seite des Stromes waren die Schlote der Ruhr-Industrie mit ihren gewaltigen Rauchfahnen.

Was wollten wir anfangen? Baden ging nicht, das Wasser, damals noch eine ekelhafte Chemiebrühe, war zu dreckig. Wir kamen auf die Idee, unsere Kräfte zu messen im Ringkampf. Mein Kollege war kleiner aber muskulöser. Es endete damit, dass er mich auf den Rücken legte und ins Gras drückte. Und da ich die Niederlage nicht glauben wollte, noch mal und noch mal.

In der Nacht war an Schlaf nicht mehr zu denken, mein Rücken brannte und juckte. Um 5 Uhr war es an der Zeit, sich wie jeden Morgen, etwas schlaftrunken noch, auf den Weg zu machen ins Werk. Beim Umkleiden im Waschraum dämmerte mir, dass etwas nicht in Ordnung war. Die Kollegen fingen an zu lärmen: "Mensch! Dein Rücken!" Bei einen Blick in die Spiegel waren dort auf einmal dicke, prall mit Flüssigkeit gefüllte Blasen zu entdecken, gross wie Markstücke, dicht an dicht. Der Vorarbeiter, angelockt vom Lärm, kam dazu. Er sah mich, kriegte einen roten Kopf und brüllte: "Rausss hier!! Willze, datte mich dat ganze Personal anstecks mit deine Pest!"

Pest? Pestbeulen? Wenn das mal nicht eher Chemie-Beulen waren! Man beorderte mich zur Sanität und zum Arzt und sie schienen Bescheid zu wissen, hängten es aber nicht an die große Glocke. Kommentarlos schrieben sie mich krank. Mein Ringkampf-Kollege war weniger glücklich, er hatte nicht genügend "Beulen". Er hatte auch nicht auf dem Rücken gelegen. Offen blieb die Frage, was das für ein Teufelszeug war, das die Schlote in den Himmel pusteten und über das Land verteilten, dass man nicht einmal mehr im Gras liegen durfte. Dass in manchen Wohngebieten, die in der Hauptwindrichtung der Schornsteine lagen, die frisch gewaschene Wäsche auf der Leine sich dunkel färbte, noch ehe sie trocken war, passte dazu.

Es waren ein paar freie Tage für mich. Unser Baggersee, abseits der Schornsteine, war wie geschaffen, sich in die Sonne zu legen und auf die glitzernde Wasserfläche zu blinzeln. Baden war auch hier nicht. Das Wasser war zwar sauber, aber mein Rücken eine einzige Wunde.

Von meinem Platz aus war die Stelle zu sehen, wo ich als Kind einmal fast ertrunken wäre mit meinem unbändigen Hang zum Wasser. Wo nicht mehr gebaggert wurde im See, war der Grund ganz flach geworden. Man brauchte nicht schwimmen zu können, um weit hinaus zu gelangen und das Wasser ging trotzdem nur bis an den Bauch. Nach langem Herumpladdern da draußen kehrte ich um – und verlor von einem Schritt auf den anderen den Boden unter den Füßen. Unter Wasser waren in dem Blau um mich herum nur noch verschwommene Luftblasen, die meine Hilfeschreie hätten sein sollen. Wild mit den Armen rudernd, sank ich nach unten. Vielleicht, dass meine Hände noch zu sehen waren, die verzweifelt an der Oberfläche im Wasser spritzten.

Es ging noch einmal gut. Jemand war aufmerksam geworden und losgespurtet, um mich im letzten Moment beim Schopf zu packen. Wasser spuckend, saß dann ein Häufchen Elend am Ufer. Doch weiter war mir anscheinend nichts passiert. Mein Retter fand, dass er nicht mehr gebraucht wurde und ging. Wohin ging er, und wie hatte er überhaupt ausgesehen? Er war weg, und ich hatte ihm nicht mal Danke sagen können, was mir bis heute leid tut. Oder – war es etwa ein Schutzengel gewesen, urplötzlich aus dem Nichts aufgetaucht und geradeso wieder dorthin zurückgekehrt? Früher im Kindergottesdienst hatten sie davon erzählt. Dass es eine höhere Macht gab, die auf einen aufgepasste.

Wie man so schnell in bodenlose Tiefen hatte fallen können, wurde mir erst nachträglich bewusst. Es war ein Unterwasser-Bombentrichter gewesen mit immer noch steiler Böschung. Man hatte gehört, dass es das gab, es aber nicht ernst genommen.

Zu der Ausbildung gehörte das Durchlaufen der Abteilungen des Betriebs. Zwei Monate Schmiede: Element des Feuers, Hammer und Amboss und Hände, die zu schwieligen Fäusten wurden. Die Schweißerei, bei der praktischen Arbeit in den Stahlbauhallen. Überall die grellen Lichtbögen der Schweißer und die Funkengarben der Schneidbrenner, die durch den Raum spritzten. Koksöfen brannten, in denen Nieten glühend gemacht und mit langen Zangen im Bogen hoch geschleudert wurden wie feurige Meteore zu den Stahlkonstruktionen, auf denen die Stahlbauer arbeiteten. Kaum einmal, dass eine daneben ging. Der Fänger oben fing die glühende Niete mit einem Blechtrichter, packte sie mit der Zange, schob sie durch das Nietloch, wo sie dann unter ohrenbetäubendem Lärm mit dem Presslufthammer vernietet wurde.

Im Maschinenbau wurde an wahren Monstern von Geräten gearbeitet. Die Getriebekästen der Großraumbagger für die Braunkohlenreviere waren so groß wie kleinere Lastwagen. Auf so einem Koloss arbeitete man tagelang, um bei der Fertigstellung zu helfen. Die Hebekräne fuhren mit tonnenschweren Maschinenteilen über einen hinweg. Bewegte man sich dagegen unten auf ebenem Boden, war man in einem uneinsehbaren Labyrinth von Stahlteilen.

An solch einem Ort, hatte ich da eine weitere Begegnung mit dem Schutzengel? Mir war aufgetragen worden, ein 380 Volt-Kabel zu legen und eine Maschine anzuschließen. Als ich Stecker und Kupplung gleichzeitig packte, durchfuhr mich wie ein glühender Blitz ein Stromstoß, der durch alle Glieder ging und mein Gehirn in ein Flammenmeer auflöste. Die Hände waren unfähig loszulassen und verkrampften sich wie Schraubstöcke; unerträgliche Vibrationen rasten durch den Körper, die Beine gaben nach und ich fiel nach hinten.

Auch diesmal war es gut gegangen. Man erzählte mir später, ich hätte einen unmenschlichen Schrei ausgestoßen. Im gleichen Moment war jemand, der mich unmöglich hatte sehen können, an den entfernten Hauptschalter gesprungen und hatte den Hebel herumgerissen, mit dem aller Strom im Werkstattbereich abgeschaltet wurde. Es blieb unergründlich, wie er so hatte reagieren können, nur auf einen Schrei hin und gleichzeitig wissen, wo sich der Hauptschalter befand. Er hatte intuitiv gehandelt und in Sekundenschnelle das Richtige getan. Mein Erdenweg sollte noch nicht zu Ende sein.

Die Ursache? Ein Reparateur hatte Pluspol und Erdung an den Kabeln vertauscht. Die Kabelstecker waren aus Metall und geerdet, also voll elektrisch leitend.

Das Erlebnis ging mir noch lange nach, änderte aber

nichts an meiner Motivation. Jeder neue Arbeitstag begann weiterhin am Morgen um sechs an der Stempeluhr. Doch meine Gesundheit machte nicht mit. Manche Werkhallen waren nicht gerade Kurorte, was die Luft betraf. Oft fühlte ich mich fiebrig, ohne Fieber zu haben. Ich fror eher, besonders an den Extremitäten, als ob die Lebenswärme nicht mehr auslangte für Finger und Füße. Manchmal ging ich schon früh zu Bett. Meine Mutter seufzte, sie hatte sich so viel Mühe gegeben mit mir als Kind.

Mein Vater dagegen, der den Russland-Feldzug mitgemacht hatte, fand das lächerlich. "Warte ab", sagte er, "bis du zum Militär kommst, da bringen sie dich auf Vordermann." Er wünschte niemandem Krieg, aber ein bisschen Abhärtung konnte nicht schaden, war seine Meinung.

Als aber später meine militärische Musterung war, horchten sie meine Lunge ab und stellten mich als untauglich zurück: Meine Lunge rasselte. Manchmal mehr, manchmal weniger, aber auch zuzeiten gar nicht.

Beim Gang zum Arzt behandelte er mich gegen alles Mögliche, ohne dass es jemals genutzt hätte. Im Betrieb fiel mein öfteres Kranksein auf. Man bestellte mich zur Ausbildungsleitung und legte mir nahe, die Lehre abzubrechen und den Beruf zu wechseln. Ich sperrte mich und wollte unbedingt die Ausbildung zuende machen. Wegen meiner guten Noten in der Berufsschule gingen sie darauf ein und ermöglichten eine Erholungskur an der Nordsee. Kurz vor Weihnachten kam der Bescheid zum Einrücken in ein Sanatorium in Westerland auf Sylt.

Das Sanatorium hatte eine hauseigene Sittenpolizei, zuständig für Kurgäste, die das schöne Geld der Krankenkassen weniger zu ihrer Gesundung als zum Besuch der Vergnügungs-Etablissements am Ort nutzten. Mit mir hatten sie keine Probleme; der frühe

Morgen schon sah mich auf dem Weg ans Meer.

Das Wetter zeigte sich von eindrücklicher Seite, indem die Winterstürme gewaltige Wogen gegen das Land anrennen ließen. Weit lief man am Strand an der Brandung entlang und fütterte die Möwen. Ein Stück Brot aus der Tasche, und schon waren sie da. In dem scharfen Wind, ab und zu korrigierende Flügelschläge, positionierten sie sich knapp über einem und warteten auf Nahrhaftes. Die Brocken mussten nur leicht hochgeschnippt werden und weg waren sie. Einzelne Flugakrobaten kamen so nah, dass sie sie aus den Fingern zu picken versuchten. Auch wenn man nach einem plötzlichen Regenguss durchnässt zurückkam, schien sich meine Gesundheit zunehmend zu festigen.

Ich hatte viele Bücher verschlungen über Seefahrt und Abenteuer und tapfere Männer, aber die Wochen vergingen und nichts davon war in Sicht. Nur der ewig gleiche, schnurgerade Sandstrand bis an den Horizont. Unzufrieden mit der Situation, fuhr ich mit der Inselbahn durch die Dünen zur Nordspitze der Insel, wo der Ort List lag mit seinem Hafen.

Der Hafen war klein und überschaubar und ich der einzige Fremde. Ein halbes Dutzend Fischerboote lagen am Kai vertäut und mehrere kleine Kutter. Der Geruch nach Fisch und Salzwasser lag in der Luft. Die Fischer waren beschäftigt, Fische zu sortieren, Netze durchzusehen und sie zusammenzulegen. Alles war wie in meiner Seefahrt-Lektüre – Masten und Taue, Klüverbaum und Kajüte, Anker und Winden. Die Fischer mochten sich wundern, was das geben sollte mit meiner Neugier.

Ab und zu fasste ich mir ein Herz und stellte hochdeutsche Fragen. Sie antworteten auf Platt. "Büst jo man bannig en fixen Kirl", sagten sie. "Weest, wat vör und achter is annen Schipp", und ließen mich rätseln, wie das gemeint sein sollte. Die Dämmerung setzte ein und die Fischer verzogen sich in die gegenüberliegende

Seemannskneipe. "Kumm man mit rin", meinte einer gutmütig.

Die vollbusige Wirtin stellte vor alle einen steifen Grog. Die Männer tauten auf und Scherzworte flogen durch den Raum. Von mir wollten sie wissen, was mich überhaupt hierher verschlagen hatte. Sie lachten über meine Aussage, viel gelesen zu haben von der Seefahrt. Wäre ich am Meer großgeworden, so meine Rede, würde ich auch zur See gegangen sein. Sie lachten noch mehr.

Einer der Seebären stand plötzlich auf, er müsse noch einmal hinaus in seinem Kutter, ob mir danach wäre mitzukommen? Es verschlug mir fast den Atem! Richtig auf See? Es ging um irgendetwas, was mir nicht ganz klar wurde, aber glühend vor Begeisterung folgte ich ihm auf seinen kleinen Kahn. In der Dunkelheit schaltete er einen Scheinwerfer ein auf dem Kajütendach, warf den Motor an und beorderte mich nach vorne in die Bugspitze, scharf aufzupassen, ob etwas zu entdecken war. Solange wir an der Mole entlang tuckerten, blieb es ruhig. Als wir sie hinter uns ließen, hatten wir den Wellengang der offenen See.

Der Kutter tanzte auf und ab wie wild. Gut festhalten war das Gebot der Stunde. Die Wellen rollten an mit ihren weißen Schaumkronen. Erwischten sie uns in einem Wellental, flog die Gischt hoch über den Bug. Dafür war der Schutzschild ganz vorne gedacht! Duckte man sich dahinter, ging das Wasser über einen hinweg. Bei jedem größeren Brecher wurde man trotzdem nass. Ich merkte es nicht einmal! Die Wellen spülten mitschiffs über Bord. Davon ging doch kein Schiff unter! Wendete der Schipper bei seinem Hin und Her-Kreuzen, rutschte der Kahn quer in ein Wellental und kriegte eine klatschende Breitseite ab, die bis zur Kajüte spritzte. Der Schipper würde schon wissen, was er machte! Bei der nächsten Welle lag er wieder richtig auf Kurs.

Die tosenden Elemente brandeten ununterbrochen

an aus der Dunkelheit und gleissten auf im Scheinwerferlicht. War ich in einem Film oder war mein Abenteuer real? Klatsch! der nächste Brecher. Das musste pure Wirklichkeit sein: Ich wurde schon wieder nass.

Irgendwann mochte dem Schipper die Angelegenheit bedenklich vorkommen. Er pfiff aus seinem Ruderhäuschen und beorderte mich zurück. Ich balancierte nach hinten den schmalen Bord entlang und prüfte jeden Griff, der sich als Halt anbot auf den schwankenden Planken. Die hochgehenden Wellenberge spülten fast über meine Füße.

Der Blick aus der Kajüte dann war nicht mehr ganz so aufregend, dafür war es trockener. Nach was der Schipper eigentlich Ausschau gehalten hatte, ist mir bis heute nicht klar. Ein Walroß vielleicht; neben dem Steuerrad lag eine Donnerbüchse. Er kreuzte noch eine Weile weiter in der wütenden See. Als er nicht fand, was er suchte, peilte er das Leuchtfeuer an und lief wieder ein in das ruhige Wasser hinter der Mole. Wir legten im Hafen an und stiegen hoch zur Kneipe.

Die Wirtin nannte Hinnerk, oder wie der Schipper geheißen haben mochte, einen Dösbattel. "Mit dem Jung na buten, bi dem Wedder!" Sie schüttelte den Kopf. Hinnerk streckte die Beine von sich und griff nach einem neuen Grog. Er ließ sich den Duft in die Nase steigen, begutachtete die Farbe, indem er das Glas gegen das Licht hielt, trank es leer, leckte sich die Lippen und ächzte zufrieden: "So, nu geiht dat irst mol."

Die Wirtin war besorgt und befahl mir, soweit schicklich, die nassen Kleider auszuziehen und an den Ofen zu hängen, der mitten im Raum stand. Sie kam mit einem alten Seemannspullover, in dem ich dasaß wie ein Seebär unter Seebären, ebenfalls mit einem Glas heißen Grogs.

Der Rum ging wie ein feuriger Nebel durch mein Gehirn. Das war nun ein Kindheitstraum, der in Erfüllung gegangen war, Gesundheit hin oder her!

Vielleicht brauchte man so etwas, um es hinter sich zu lassen und einen neuen Schritt zu tun. Ich musste nicht länger mehr zur See fahren wollen, das war ja jetzt gewesen. Ich saß in der Kneipe, hörte den Gesprächen der Männer zu und fühlte mich wie einer von ihnen. Bis die letzte Inselbahn fuhr, nachts um zehn. Im Sanatorium ging es auf leisen Sohlen zurück zu meinem Krankenbett. Die Oberschwester kriegte es trotzdem mit. Sie hatte das Abendessen warmstellen lassen. Zu später Stunde klang das Abenteuer aus mit Grießbrei und Birnenkompott.

Manchmal werden einem Dinge erst so richtig bewusst, wenn sie schon lange vorbei sind. Nicht auszudenken, wenn ich auf dem rutschigen Deck des Kutters ausgeglitten wäre. Wäre ich bei dem Höllentanz über Bord gegangen, hätte es mir nicht einmal zu einem Stoßgebet gelangt in der eisigen Flut in der Finsternis. Erst nachträglich, in der Erinnerung nach vielen Jahren, lief mir ein kalter Schauer über den Rücken. Es war schon so, dass jemand gut aufgepasst haben musste auf mich. Und das nicht nur einmal.

Immerhin, der Kuraufenthalt hatte gut angeschlagen. Ich war zurück in den Werkstätten. Das Ende der Lehre war absehbar. Im letzten Lehrjahr wurden wir mit anspruchsvollen Arbeiten betraut, der Montage von ganzen Maschinen, bei der alles bis in die Einzelheiten eigenständig bedacht werden musste. Man bereitete sich auf die Prüfung vor. Ich hatte keinen Zweifel sie zu bestehen und würde dann, noch keine 18, ein richtiger Facharbeiter sein.

Aber war ich damit auch ein richtiger Mensch? Im Spiegel zeigte sich mir ein pickeliger, etwas schlacksiger Jüngling, dem ich manchmal selber nicht richtig in die Augen blicken mochte. Was war es, das noch fehlte? Es hieß, dass der Mensch aus Leib und Seele bestand. Der Leib dabei war bekannt, manchmal nur zu gut, wenn er mich mit seinen Defiziten konfrontierte. Was aber war die Seele?

War ich der Einzige, der sich mit solchen Gedanken herumschlug? In der langen Menschheitsgeschichte musste es sicher genug schlaue Köpfe gegeben haben, die etwas Wesentliches dazu zu sagen hätten! In der öffentlichen Bibliothek befand sich die Abteilung Psychologie, Seelenkunde. Diese Spezialisten der Seele – wer sonst als sie konnte eine Antwort dazu haben?

Doch was bei ihnen zu finden war als Seele war ein Konstrukt, das analysiert und manipuliert wurde, mit oder ohne Unterbewusstsein. Weder das eine noch das andere wurde mir verständlich. Der Nebel verstärkte sich nur noch mehr.

Andere Bücher sprachen von einer Seele, die mit dem Körper verbunden war, doch darüber hinausging ins nicht mehr Fassbare, ins Unendliche. Bis dort, wo was war? Gott? Aber hatte ich Gott nicht schon zu den Akten legen wollen? Die Paukerei von Bibelstellen im kirchlichen Konfirmanden-Unterricht hatte nur bewirkt, dass ich im Sinn hatte, so schnell wie möglich aus der Kirche auszutreten.

Meine Eltern waren entsetzt: Man würde ja nie kirchlich heiraten können! Heiraten? Hähh? Frauen? Die Sache war mir nicht ganz geheuer. Ich hatte gerade erst eine Erfahrung besonderer Art hinter mir: Ich war verliebt gewesen. In meinen Ohren hörte sich das Wort ähnlich an wie "verklebt", und das wäre für den wahren Sachverhalt eigentlich auch zutreffender gewesen.

Von mir selber war das nicht gekommen, es war einfach geschehen: Ein Bild war in meine Seele gefallen und hatte sich darin verhakt, mehr und mehr. Dabei hätte es nie auch nur den leisesten Anschein eines Happyends geben können, kaum dass man "sie" anders als nur von Weitem sah. Als endlich der Mut gefunden war zu einem Annäherungsversuch, war die Romanze zu Ende, bevor sie überhaupt angefangen hatte. Der Blick, der mich traf, der erste vielleicht und der letzte, war deutlich genug: Tausendmal Nein! Ich Trottel! hatte ich etwas anderes erwartet? Man hätte gerade so gut nach den Sternen greifen können.

Trotzdem war es eine meiner heilsamsten Erfahrungen im Leben. Ich war "verklebt" gewesen mit einem Phantasiebild, das nichts gemeinsam hatte mit dem wirklichen Menschen, und nur ein wahrhaftiger Knall konnte mich davon befreien. Als er verhallt war, der Knall, befand sich dort, wo soeben noch ein Scherbenhaufen war, auf einmal Licht und neuer Lebensmut. Ich war wieder ich selber! Meine Gedanken waren nicht mehr besetzt von einem Traumbild. Frei von Fesseln und Phantomen, liess sich das Dasein wieder neu entdecken.

Es war die Zeit, in der mein Großvater starb. Sein schöner Schrebergarten, den er in Pacht hatte, mit den Beeren und Früchten, an denen wir Enkelkinder uns sattessen durften – man hatte ihn dort hinausgetrickst. In seinem Alter (er war 84) hätte er endlich doch Ruhe verdient und all die anfallenden Arbeiten wären doch so beschwerlich und überhaupt nach Paragraph soundso ...

Mein Großvater war der gesündeste Mensch. Als man ihn draußen hatte, waren seine Seele und sein Lebensglück zurückgeblieben. Er wurde zu einem ruhelosen Wanderer. Man sah ihn an vielen Orten in der Stadt, gedankenverloren und weit weg von zuhause. Eines Tages fiel er auf der Straße um und war tot.

Ein Kommissar kam vorbei, ob alles mit rechten Dingen zugegangen sei. Das war der Fall und die Akte wurde geschlossen. In der Aufbahrungshalle saß ich bei der leblosen Hülle und versuchte den Menschen darin zu erkennen, der mein Leben mitgeformt hatte.

Ob das Wälzen von Büchern zur Lebenskunst und -kunde jemals Antworten brachte, blieb offen. Vielleicht hätte die Bibel mehr Substanz vermitteln können, doch nach all der Paukerei war sie mir verleidet. Aber mein

Stöbern in der Psychologie hatte aufgezeigt, was Menschen an seelischen Verkrüppelungen mit sich schleppten. Ich meinte, Züge von mir selber zu erkennen – diese Ecken und Kanten eines Charakters, die Unvollkommenheiten und Fehlentwicklungen, das also war auch ein Teil von mir? Mit den Kollegen im Betrieb brauchte man sich darüber nicht zu unterhalten. Gute Berufsleute waren sie ja alle, aber sie fanden es abartig, sich überhaupt mit solchen Fragen zu beschäftigen.

Man musste seinen Weg selber finden. Zuzeiten begegneten mir Menschen unter den Tausenden von Mitarbeitern des Werkes, die anders waren, gestandene Männer, die eine innere Ruhe ausstrahlten, eine Kraft, die nicht aus dem Gleichgewicht zu bringen war. Was war es, das mir fehlte, um so zu werden wie sie?

Das Ruhrgebiet hatte als das wirtschaftliche Rückgrat Deutschlands gegolten, mit seinen Schloten und Hochöfen, Monstern von Werkhallen, Fördertürmen und Gasometern. Gemacht für die Ewigkeit – dachte man.

"Junge", hatte meine Oma immer gesagt, "bleib bei Krupp, da hasse dat gut für dat ganze Leb'n. Kuck ma dä Oppa. Wat dä jetz für ne schöne Rente hat, nä!" Nach Bestehen der Facharbeiterprüfung hätte auch ich dort meinen Weg machen können.

Doch der Wind drehte sich. Schon in der nächsten Generation verschwanden viele der gewaltigen Industrieanlagen von der Bildfläche. Mehr und mehr Werke wurden stillgelegt, demontiert und nach Asien verkauft. Der Prozess vollzog sich innerhalb weniger Jahre und es war mitzuerleben, wie Zehntausende, einstmals eine Elite der Nation, gegen die Schließungen demonstrierten, die sie arbeitslos machten; wie sie monatelang Mahnwachen unterhielten in den Stadtzentren mit Tag und Nacht brennenden Koksfeuern, und doch das Schicksal nicht aufhalten konnten.

3. Neue Horizonte

Meine Gesundheit festigte sich, als wäre mein Erbteil daran mir nun doch zugute gekommen. Ein junger Körper hatte wohl noch eher die Fähigkeit, eingelagerte Umweltgifte in abseitige Körperdepots zu verschieben, wo sie weniger Unheil anrichteten.

Ich hatte umgesattelt, arbeitete in Autowerkstätten und verdiente eigenes Geld. Damit öffneten sich neue Türen. Man konnte auf Reisen gehen und sich in der Welt umschauen. Noch knapp bei Kasse, probehalber zuerst per Autostop. Meistens kam man gut voran und lernte interessante Menschen kennen. An den Wochenenden ging es durch Deutschland. Nach diesen Erfahrungen konnte der Bogen weiter gespannt werden. Es zog mich in den Norden.

Auf einem Bauernhof in Karelien, Finnland, blieb ich hängen und half bei der Ernte. Man war froh über jede zusätzliche Hand. Die Zeiten waren noch nicht lange her, dass Finnland einen verheerenden Blutzoll hatte zahlen müssen in einem Krieg gegen einen übermächtigen Gegner. Die Finnen hatten ihre Freiheit bis zum Letzten verteidigt; sie waren stolz darauf, aber Legionen von Männern waren nicht mehr zurückgekehrt. Überall waren die Lücken zu spüren.

So auch in "meinem" Dorf. Man hielt zusammen und half einander bei der Feldarbeit. Zupacken war auch mir nichts Unbekanntes. Das brachte sie auf den Gedanken, einen Anschlag auf mich zu verüben. Auf dem abgelegensten der über ein großes Waldgebiet verstreuten Höfe lebten nur noch zwei Frauen, Mutter und Tochter, die die schwere Knochenarbeit alleine stemmten.

Eines Tages winkte man mich von einer Dreschmaschine herab, in deren Schlund, in einer Wolke von Staub, oben die Garben des geernteten Hafers hineinzustopfen waren. Pause und Kaffeetrinken! Mit am

Tisch saßen Mutter und Tochter.

Die Stimmung war irgendwie gespannt und das fröhliche Geplauder eine Spur zu fröhlich. Nicht lange und einer nach dem anderen, auch die Mutter, verlor sich nach draußen. Die Kaffeetafel war reichlicher bestückt als sonst und an Ermunterungen, herzhaft zuzugreifen, hatte es nicht gemangelt. Ich war alleine mit der Tochter. Und sie mit mir.

An gängigen Maßstäben gemessen, war sie eine Schönheit, jung und frisch. Dass sie die harte Männerarbeit alleine schulterte, sah man ihr auf den ersten Blick nicht an, schlank wie sie war. Es gab wirklich nichts auszusetzen. Ja also, worauf wartete ich denn eigentlich noch?, mochten sich die da draußen vor der Tür gefragt haben. Gute Frage! Der Wind weht, wo er will. Hier wehte er nicht, und uns beiden war die Sache ziemlich peinlich. Wir saßen uns verlegen gegenüber, nippten langsam unsere Kaffeetassen leer und lasen in unseren Augen das gegenseitige Einverständnis, das Spielchen abzubrechen.

Trotzdem dachte ich zeitlebens gerne zurück an Finnland. Es hätte ja sein können... Einem fernen Vorfahren von mir mochte es so ergangen sein, als er eine neue Heimat fand. Anno 1812, als ein Grenadier aus Napoleons geschlagener Grand Armee, war er nach dem verlorenen großen Feldzug gegen Russland in den masurischen Wäldern und Sümpfen umhergeirrt und wäre vielleicht gar zugrunde gegangen, hätte ihn nicht meine Urahne gefunden und zu sich genommen. So die Geschichte, die meine Großmutter, die aus Ostpreußen stammte, von ihrem Urgroßvater erzählte. Er war geblieben, um in der neuen Heimat Leben und Liebe zu finden. Doch was mich betraf, war ich ein grüner Junge, der sich erst den Wind um die Ohren wehen lassen musste und nicht einzufangen war.

Zurückgekehrt von verschiedenen Reisen, lebte ich

wieder zuhause, doch als mein Vater eine Bemerkung machte über große Söhne, die ihre Füße weiterhin bei Muttern unter den Tisch streckten, war es Zeit ganz wegzugehen. Umso mehr, weil wir sahen, wie sehr wir in verschiedenen Welten lebten.

Das "Wirtschaftswunder" der Nachkriegszeit hatte auch bei uns Einzug gehalten. Es war nicht mehr so, dass ein Schrank wieder zusammengenagelt wurde, wenn er auseinanderfiel, nein, man konnte sich ja nun etwas leisten! Die Wohnung hatte sich mit Mobiliar gefüllt und alles wollte schonend und gesittet behandelt sein. Man hatte ja lange genug in einer Bruchbude gelebt!

Dass mein Vater so dachte, war nicht weiter verwunderlich. Aber meine Mutter schaute ich doch manchmal heimlich von der Seite an, wenn sie staubwischend durch die Wohnung ging, dort, wo für ungeübte Augen nichts zu entdecken war.

Mit wieviel weniger Sorgen hatten wir gelebt, als wir noch nicht aufpassen mussten, dass nichts einen Kratzer bekam! Ich nahm mir vor, in ferner Zukunft meine eigenen Kinder – sollte es denn einmal welche geben – ihr Umfeld soviel umgestalten zu lassen, wie sie nur wollten und wenn sie dabei die Stuhlbeine absägten ...

Was genau nun anfangen mit meinem Leben, war mir noch nicht klar, aber ich ging. Meine kleine Schwester, die lange Jahre nach mir erst geboren war, kam weinend zu mir, als sie das hörte. Ich tröstete sie so gut es ging, aber jetzt war Aufbruch und zwar nach Berlin!

Berlin. Frontstadt zwischen Ost und West. Panzer, mit laufenden Motoren sich schussbereit gegenüber stehend. Rasende Reporter und hysterische Schlagzeilen. Flammende Appelle von Spitzenpolitikern und Durchhalteparolen. Mauer und Todesstreifen quer durch die Stadt. Schießbefehl auf alles, was sich bewegte. Fluchtversuche, einer haarsträubender als der andere. Kranzniederlegungen, wenn sie missglückten.

Und außerdem: Sackgassen und verkehrsberuhigte Zonen, wo es nicht mehr weiterging. Ländliche Idylle im Schatten von Mauer und Stacheldraht, in denen es sich geruhsam leben ließ. Man kannte das schon von einem früheren Besuch her.

Meine Mutter ließ es sich nicht nehmen, mich um Mitternacht an den Zug zu bringen, mit vielen guten Ratschlägen. Was mochte in ihr vorgegangen sein, nun da sie ahnte, sie würde mich nur noch alle Jubeljahre sehen?

Ich kam um 7 Uhr am Bahnhof Zoo an, war um 8 Uhr bei der Arbeitsvermittlung und stand um 9 Uhr in der Werkstatt, die dringend Arbeitskräfte suchte. Man ließ mich nicht mehr weg, verpasste mir Arbeitskleidung, Werkzeugkiste und havarierte Fahrzeuge zur Reparatur. Eigentlich hätte Zimmersuche auf dem Programm gestanden, aber soviel war schon sicher: Es würde nicht einfach werden; Wohnraum war knapp. Fürs Erste bot sich die Jugendherberge an zum Übernachten.

Nach zwei Wochen fand sich, oh Glücksfall, ein Zimmer, möbliert. Die Wirtin begrüßte mich mit den Worten: "Det eene sar'ik Ihnen, junger Mann: Wenn ik Ihnen mit wat Langhaariget erwische, denn fliejen Se jrad wieder raus!" Es gab noch den sogenannten Kuppeleiparagrafen und sie war besorgt um die Moral ihres Hauses. Doch die Gefahr von etwas Langhaarigem war nicht besonders groß. "Lassen Se man jut sein, Frau Gumprecht", ließ sie sich beschwichtigen, "et jeht ooch ohne." Mein Stolz war, schon etwas zu berlinern.

Das Zimmer war schmal wie ein Handtuch, gerade dass ein Bett hineinpasste, dafür war es vier Meter hoch. So hatten früher die Dienstmädchen gewohnt. Das Fenster blickte auf den Hinterhof, wo in fünf Metern Entfernung eine Wand hoch ging. Auch bei Tag war es schummrig. Man sah nichts. Dafür hörte man umso mehr. Wir waren in der Nähe vom Potsdamer Platz, wo sich Ost und West einen Lautsprecherkrieg mit Propagandaparolen lieferten, mit denen sie über die neu errichtete Mauer hinweg jeweils die andere Seite ohrenbetäubend beschallten. Was wollte man machen! Berlin war Frontstadt und wir hatten Kalten Krieg.

Es kam einiges an Erfahrungen auf mich zu in Bezug auf die Ernährung. Früher war es meine Mutter gewesen, die dafür gesorgt hatte und das mit Liebe zu einer ausgewogenen Kost. Seit ich allein lebte, war es einfach das, was sich auf die Schnelle vorfand. Man nannte es noch nicht Fast-Food, doch sehr viel besser wird es nicht gewesen sein. Um es kurz zu machen: Es gab Löcher in den Zähnen. Aber wofür waren eigentlich Zahnärzte da? Die würden das wieder in Ordnung bringen!

Das taten sie dann ja auch, und zwar mit Amalgam, also Quecksilber. Was das bedeutete und was es für Auswirkungen auf mein Leben hatte, sollte mir erst viel später klarwerden. Damals kam ich mir vom Selbstgefühl her schon sehr erwachsen vor, aber was alles hatte ich noch zu lernen! Immerhin lernte ich. Bei den Zahnarztbesuchen erlebte mein Selbstbewusstsein einen heilsamen Schock. Da wo ein Loch war, fehlte doch ein Stück von mir selber! Wie hatte das nur passieren können? Fragen, aber keine Antworten.

Die Amalgamplomben wurden locker und fielen wieder heraus. Eines Abends saß ich nach der Arbeit als letzter Kunde in einem Wartezimmer. Man kam ohne Voranmeldung, solange geöffnet war. Der Zahnarzt musste einen anstrengenden Tag hinter sich haben seiner grantigen Miene nach. Rabiat bohrte er in dem Loch der ausgefallenen Füllung herum, kleisterte es aufs Neue zu mit Amalgam und wollte mich verabschieden.

Doch ich wollte es wissen! Warum gingen die Zähne kaputt? Sie wurden doch gebraucht! Unsere Vorfahren hatten sie sich auch bewahrt bis ins Alter! Warum nicht wir? Und Tiere, Pferde zum Beispiel. Wenn da die Zähne kaputt wären und sie ihr Futter nicht mehr fressen könnten – da stimmte doch etwas nicht mit uns! Dem Zahnarzt riss der Geduldsfaden, endgültig. "Wieso?" schnauzte er mich an, "sind Sie etwa ein Pferd?" Er hatte seine Arbeit getan, wollte seinen Feierabend und warf mich hinaus.

Mein Weg führte jeden Tag an der großen Bibliothek am Halle'schen Tor vorbei. In den langen Bücherregalen befand sich die Abteilung Zahnmedizin. Es ging um Zahnersatz und Reparaturen in allen Variationen. Aber die Zähne gesund zu erhalten, damit sie gar nicht erst ersetzt werden mussten, wäre eher von Interesse gewesen.

Erst ganz am Ende der Regale war doch etwas zu finden: ein kleines Buch nur, mit dem Titel "Gefährdete Menschheit". Ich fühlte mich sehr gefährdet, fing an zu lesen – und hörte nicht mehr auf. Es handelte von dem Zahnarzt Weston A. Price, der in seiner Praxis in Amerika schier verzweifelte am verrotteten Zustand der Zähne seiner Patienten. Er machte sich auf die Suche nach Menschen mit voller Zahngesundheit.

Er fand sie, bei den Eskimos, bei isoliert lebenden Stämmen in Afrika, und an Orten überhaupt, wo Menschen noch in ihrer traditionellen Lebensweise lebten. War das mit dem Einbruch der Zivilisation nicht mehr der Fall, änderte sich das Bild dramatisch. Waren es zuerst nur die Zähne, die verfielen, gab es in den folgenden Generationen Missbildungen und einen Zerfall der Widerstandskraft. Die Menschen wurden elendig krank.

Price erkannte die Schuld in der veränderten Ernährung, bei der durch neueröffnete Transportwege die Nahrungsmittel der Zivilisation in unbegrenzter Menge geliefert wurden. Allen voran Zucker und Weißmehl und industriell verfremdete Produkte, die mit der traditionellen Nahrung nichts gemeinsam hatten.

Ich schluckte, bei mir läuteten die Alarmglocken! Ich musste mich ja selber an den Ohren nehmen! Was hatte ich nicht alles in mich hineingestopft an – ja, an was? Gesunde Ernährung hätte jedenfalls anders ausgesehen. Ich hatte Freunde gefunden, verwandte Seelen, und wir verbrachten ganze Nächte in Gesprächen über Gott und die Welt und was wir alles Großartiges tun wollten. Als sie von meinen neuen Erkenntnissen hörten, lächelten sie über meinen Feuereifer und sahen die Lage nicht ganz so schwarz. Sie lebten zum Teil mit Frauen zusammen, und die wussten etwas von gesunder Ernährung. Ich schwor hoch und heilig: von jetzt an ebenfalls gesund! Notfalls, wenn nichts anderes zu finden war, mit einem Rucksack voller Mohrrüben!

Als die nächste Amalgamplombe herausfiel, experimentierte ich mit Kunststoffen, praktizierte mir eine entsprechende Menge in das Loch und es funktionierte. Die Eigenplombe hielt mehrere Monate. Fiel sie heraus, war sie schnell wieder ersetzt. Alle Menschen, die davon hörten, fanden das absurd. Aber es brauchte das ja niemand nachzumachen! Mein Vertrauen in die Zahnärzteschaft jedenfalls war vorerst dahin.

Mir war bewusst, dass der Zahn durch Karies schnell ruiniert wäre ohne eine kompromisslos schleckzeugfreie Ernährung und gute Zahnhygiene. Das als unabdingbare Richtlinie und der selbstreparierte Zahn hielt noch lange Jahre. Dann aber brach etwas und der Nerv lag blank. Der Zahnarzt, der dann doch konsultiert werden musste, sprach von einer verantwortungslosen Bastelei. Wahrscheinlich hatte er Recht. Aber wie war das zu benennen, was er selber machte? Er sanierte alles aufs Beste, wie er sagte. Ordnungsgemäß mit Amalgam. In der Folge sollte ich es noch bitter bereuen, anderen Menschen erlaubt zu haben, das Gift in meinen Körper zu implantieren.

In den nächtlichen Gesprächen unter uns Freunden ging es um Reisen. Wir schmiedeten Pläne. In einer Zeit, in der eine wahre Völkerwanderung von Gastarbeitern in

Bewegung kam nach Europa, strebten wir in die entgegengesetzte Richtung. Alles war uns zu zivilisiert, Berlin sowieso mit seiner Mauer ringsum. Wir wollten unverfälschte Natur. In jeder freien Stunde rüsteten wir unsere Fahrzeuge aus, alte Modelle von VW-Bussen. Wir wollten in wechselnder Zusammensetzung fahren, aber ich schloss mich besonders einem Freund und seiner Lebensgefährtin an.

Unverfälschte Natur bedeutete Anfang der 60er Jahre Naturstraßen, das hieß Schotter. Auf dem Balkan waren die großen Fernstraßen erst im Bau. Wir ratterten durch die Länder und alles war unglaublich neu und interessant. Danach Griechenland – ein Traum. Das Leben spielte sich auf der Straße ab; man mischte sich unter das Volk und gehörte dazu. Dann die Türkei, wieder ganz anders, noch fremdartiger, und dabei von einer phänomenalen Deutschfreundlichkeit, die sich aus zwei Quellen speiste: Der Waffenbrüderschaft im Ersten Weltkrieg – als wäre es erst gestern gewesen, dass der gemeinsame Feind zurückgeschlagen worden war – und den fantastischen Möglichkeiten, die Deutschland als Land, wo Milch und Honig fließt, allen versprach, die ihren Weg dorthin fanden.

Was das erstere betraf, machte es uns eher verlegen, denn wir gehörten zu einer Generation, die nichts mehr hielt von Kriegen und Waffenbrüderschaften. Und das zweite kannten wir auch von der anderen Seite her, wenn die motivierten Zuwanderer in Kreuzberger Hinterhöfen feststellen mussten, dass das Bild von Milch und Honig sich schnell verflüchtigte. Aber das fanden sie immer erst hinterher heraus; hier im Land waren die hochfliegenden Erwartungen noch ungebremst und wir trafen auf pure Sympathie und Gastfreundschaft.

Mit Begeisterung überließen wir uns dem bunten Treiben auf den Bazaren. Menschen sprachen uns an, luden uns ein und ließen uns den Unterschied bewusst werden zu der reservierten Gesellschaft, aus der wir selber kamen, in der man nicht einfach auf einen Unbekannten freundschaftlich zuging. An jeder Ecke trank man Tee, versuchte von seinem Gegenüber Sprachbrocken aufzuschnappen und stümperte sich durch Unterhaltungen, bei denen es vorerst rätselhaft blieb, um was es überhaupt ging. Wir fanden Offenheit und Interesse für unser Land, wo wir auch hinkamen, und suchten die Spielregeln zu erlernen einer ganz anderen Gesellschaft.

Erst recht dazuzulernen hatten wir im Straßenverkehr. Der erste Tag in Istanbul war der blanke Horror. Unsere angelernten Verkehrsregeln waren anpassungsbedürftig. Rechts und links wurde überholt, notfalls auf der Gegenfahrbahn als dritter oder vierter Überholspur, alles kein Problem. Was zuhause zu sofortiger Massenkarambolage geführt hätte, wurde hier souverän per Handzeichen aus dem offenen Fenster geregelt. Über allem schwebte eine allgemeine Intuition, mit der auch abenteuerliche Manöver im dichten Verkehr gemeistert wurden. Nicht lange und wir liebten die neue Fahrweise.

Wir fuhren durch Anatolien bis weit in den Osten und wurden überall gefragt, wie man am schnellsten ins Gelobte Land, nach Europa, speziell nach Deutschland, kommt. Für uns war das allerdings nicht ganz nachvollziehbar, kannten wir doch das besagte Land schon. Wir freuten uns da zu sein, wo wir waren und bedauerten, dass der Aufenthalt für Touristen auf drei Monate begrenzt war.

Im Spätherbst kehrten wir zurück nach Istanbul. Bevor es auf die Rückreise gehen sollte, blieben wir noch ein paar Tage in dem Haus eines Amerikaners, der sein Leben im Land verbrachte als Lehrer in einem College. Das Haus lag bei der alten Stadtmauer im Norden und bot einen weiten Blick über den Bosporus. Es war immens groß und offen für jeden, der vorbeischaute. Menschen aus allen Ländern kamen und gingen.

Auf der anderen Seite des Bosporus fing Asien an, von dem wir einen winzigen Teil befahren hatten. Je länger mein Blick hinüber ging, desto mehr war mir, jetzt, wo der Orient offen vor einem lag, könne man unmöglich zurückfahren. Dachte nach, vertiefte mich in Karten, zählte meine Barschaft – und erklärte den Freunden, unbedingt mindestens noch Persien sehen zu müssen. Sie wünschten Glück.

Auf der persischen Botschaft wurde ein Einreisevisum erteilt. Nichts stand dem großen Abenteuer mehr entgegen. Nur, um das Visum zu bekommen, hatte eine gültige Choleraimpfung vorgewiesen werden müssen. Sie war großzügig und kostenlos in einem Krankenhaus gemacht und bescheinigt worden.

Als die Freunde alleine abfuhren nach Berlin, war ich schon auf der asiatischen Seite, bereit zum großen Sprung. Doch es hatte sich ausgesprungen. Eine mächtige Erkältung hatte mich umgehauen und ich lag in einem billigen Hinterhof-Hotel. Das ganze Jahr über gesund wie nie zuvor, und nun dieser dumme Infekt, oder was es war! Ich hustete mich durch die Tage und schaute den Tauben zu im Innenhof.

Um vom Boden aus über die Dächer wegzufliegen, mussten sie in einer engen Spirale Höhe gewinnen. Sie machten das mit Bravour, bis auf eine, die bei einer bestimmten Höhe einen Aussetzer hatte. Die Flügel klappten nach oben, und wie ein Stein stürzte sie senkrecht ab. Kurz über dem Boden konnte sie sich fangen und flatterte eine kleine Runde durch den Hof. Ihre Kolleginnen waren längst über alle Dächer.

Die Taube setzte ein zweites Mal an, ihnen zu folgen und dann ein drittes und ein viertes Mal. Jedes Mal passierte ihr das Gleiche. Ich hielt die Luft an, ob sie es schaffte oder am Boden zerschellte. Endlich gelang es ihr und sie zog davon, den ihren nach.

Es ging eine Weile, wieder in die Gängge zu kommmen und das Abenteuer zu starten. Der Husten ließ etwas nach, aber der enge Atem blieb. Ich hatte nicht die geringste Ahnung, dass das mit der Impfung zu tun haben konnte.

Die Busse, die unterwegs die Dorfbevölkerungen aufsammelten mit Sack und Pack, Schlafmatten und Kupferkesseln, waren nicht teuer. Auch wurde man oft von Lastwagen mitgenommen, deren Fahrer die Bestätigung ihres gloriosen Deutschlandbildes erwarteten. Mein Wortschatz erweiterte sich dahingehend, auch Zwischentöne zeichnen zu können. Die Gastfreundschaft zum Beispiel – jeder, der mich mitnahm, teilte unterwegs wie selbstverständlich sein Fladenbrot, seinen Schafskäse, seine Paprikaschoten mit mir – in Deutschland würde das wohl weniger oft der Fall sein.

Ich hatte die weiten anatolischen Ebenen, durch die wir im Sommer gefahren waren, geliebt – und lernte sie jetzt auch bei empfindlich kühlen Herbstwinden kennen, mühsam weiter keuchend. Was war bloß los? Das Jahr über vor Gesundheit strotzend, machte mir jetzt jeder Schritt Beschwerden und meine Atmung ging schwer. Und bis zur persischen Grenze, bis zum Iran, waren es fast 2000 Kilometer von West nach Ost!

Die Hälfte des Weges lag in der Stadt Kayseri hinter mir. Das Leben in den Basaren war farbig und betriebsam, auch wenn die Temperaturen schon unter Null fielen. Man hatte Kohlebecken und kleine Petrolöfchen in den offenen Läden und Werkstätten, wärmte sich die Hände und rief nach den Jungen, die vom Teehaus her Tabletts mit heißem Tee in Gläsern austrugen. Ich wurde an jeder Ecke zu einem Tee eingeladen, konnte aber nur noch eine billige Unterkunft suchen und mich flach legen, total erschöpft.

Der Weg würde weiterführen über das Hochland im Osten, im baldigen Winter eine Schnee- und Eiswüste. So wie es aussah, war es unmöglich zu schaffen. Doch vielleicht würde Wärme helfen? Wenn nicht Persien, warum nicht an der Südküste entlang nach Syrien?

Nach Süden fuhren Busse, bei denen sich Ballen und Säcke auf dem Dach türmten. Was nicht ganz ins Innere passte, quoll ein bisschen zu den Fenstern hinaus. Wo sonst ließ sich die einheimische Bevölkerung so urtümlich kennen lernen? Man war auf Tuchfühlung. Das schleimige Innere einer aufgeschnittenen Zuckermelone rutschte mir am Hosenbein entlang. Es war nicht böse gemeint gewesen; man bot mir auch ein Stück an. In acht Stunden ratterte das Gefährt durch bis Tarsus.

Tarsus, die Geburtsstadt des Apostels Paulus, lag nahe am Meer. Es war warm. In den Gassen der Basare herrschte auch in der Nacht noch reges Treiben. Auf Ständen türmten sich Paprika und Tomaten, überall duftete es nach Köfte und Kebab, über den Herdstellen stiegen Dunstschwaden auf und die nahrhaften Erzeugnisse wurden laut angepriesen. Unfühlend stolperte ich vorbei; mir war weiterhin hundeelend.

Drei Tage sahen mich in einem Hotel liegen, halb erstickt mit Atemnot. Das warme Klima half nicht. Medikamente, woher nehmen? Als Kind hatte man mir Adrenalintabletten verpasst, die ein rasendes Herzklopfen auslösten. Sie waren mir in keiner guten Erinnerung. Jetzt hätte ich sie mit Gold aufgewogen.

Dabei hatten wir im Sommer noch wochenlang getaucht an der ägäischen Küste. Den ganzen Tag über waren wir im Meer gewesen und schnorchelten. Froren wir, hievten wir uns unterkühlt und zähneklappernd aus dem Wasser, legten uns der Länge nach auf die warmen Uferfelsen und ließen uns von der Sonne durchglühen, bis wir kochten. Von einer senkrechten Felswand hatten wir ein Seil mit Markierungen ins Wasser gehängt. Wir wollten wissen, wie tief wir kamen, freitauchend. Wir erreichten problemlos die 20 Meter-Marke.

Es hatte Gelegenheit gegeben, unser Können praktisch anzuwenden. Bei der türkischen Marine war Manöver gewesen. Weit weg zwar, doch zu unserem Strandabschnitt kam ein Schnellboot. Das Kriegsgerät passte so gar nicht in die paradiesische Landschaft, aber die Matrosen winkten ganz freundlich herüber. Sie wollten Anker werfen. Der Anker war nicht richtig festgemacht und – oops – rauschte in die Tiefe und weg war er samt Kette. Einige Leute kratzten sich nachdenklich hinter den Ohren. Sie schickten eine kleine Abteilung von denen, die ein paar Brocken Englisch konnten zu uns an den Strand. Sie kamen ganz unkriegerisch in Badehose, schwimmenderweise. Ob wir Rat wüssten, sie hätten unsere Schnorchel gesehen? Aber sicher wussten wir Rat! Ehrensache! Zusammen schwammen wir zum Schiff und schauten uns die Sache an. Da lag er, in 10 bis 15 Metern Tiefe! Wir ließen uns ein Seil geben, holten tief Luft und tauchten ab. Am Grund zogen wir das Seil durch ein Kettenglied und machten einen Knoten. Vom Wasser aus schauten wir zu, wie sie den Anker hochzogen mit vereinten Kräften. Wir bekamen zum Dank eine große Wassermelone, vollreif und süß. Die türkisch-deutsche Waffenbrüderschaft von 1915 wurde ein weiteres Mal beschworen.

Und hier? Der Hoteldiener schaute wiederholt herein, besorgt, ob sein Hotelgast überhaupt noch lebte.

Als es wieder ein wenig besser ging, wollte ich mir eine letzte Chance geben, bevor die Reise abbrach. Auf nach Syrien! Auf Lastwagen ging es nach Osten. Jenseits der großen Küstenstädte wurde der Verkehr spärlich. Man kam durch kleine Dörfer, übernachtete im Freien und bekam ab und zu eine Melone geschenkt. Vom türkischen Grenzposten aus waren es 10 km bis zur syrischen Seite. Zu Fuß, Verkehr Null.

Das einzige andere Wesen in dieser Steinwüste war ein Mädchen, das ihre Ziegen hütete. Als sie mich lahmen Rucksacktouristen sah, lachte sie mit ihren blendend weißen Zähnen. Dr. Price wäre begeistert gewesen: Ein Bild kernfester Gesundheit und Lebensfreude, wie sie so leichtfüßig ihrer Herde hinterher sprang, an mir vorbei. In Aleppo dann, nicht weit hinter der Grenze, war ein gutes und preiswertes Hotel zu finden, wie ich es besser nicht hätte antreffen können.

Aleppo war vergleichsweise hoch zivilisiert. Vorher monatelang von Nachrichten abgeschnitten, konnte man hier problemlos westliche Zeitungen kaufen und sich in ein Straßenrestaurant setzen. Es war immer noch Kalter Krieg; man hatte nichts verpasst. Viel lieber ging ich sowieso durch die Basare. Es war wieder eine andere Welt, allein schon die Kleidung. Neben modernen westlichen Anzügen die langen fließenden Gewänder der Araber, die die Männer trugen. Daneben die in ihre Kopftücher gehüllten Frauen.

Gerne hielt ich mich auf dem großen Platz auf, von dem aus die Fernbusse starteten. Eine wahre Menschenmasse war unterwegs. Jeder hatte ein Ziel. Hatte ich eines? Die Busse donnerten davon auf die große Straße nach Süden, Hama – Homs – Damaskus. Hier fing das wahre Leben an, die Welt des Orients lag vor mir, man brauchte nur einzusteigen.

Doch die Taube in dem tristen Hinterhof wollte mir nicht aus dem Sinn. Sie hatte es ja geschafft, wenn auch nur knapp. Aber wer wusste, was schon am Tag danach gewesen war? War man erst einmal im freien Fall, blieb nicht mehr viel Zeit bis zur Katastrophe. Hatte ich es unter Kontrolle, nicht in Schräglage zu geraten und ebenfalls abzustürzen? Meine Gesundheit war mehr als angeschlagen; jeder etwas schnellere Schritt ließ mich außer Atem geraten. Ich war erledigt, voll und ganz.

Mein rationales Denken allerdings war geblieben: Die einzige Option war nur noch, die Notbremse zu ziehen, die Reise abzubrechen und umzukehren.

Es ging auf Weihnachten zu, als ich in Berlin ankam. Meine Freunde wohnten in Rudow, ganz im Süden. Hinter ihrem Haus in einer Laubenkolonie kam die Grenze zur DDR, das Ende der Welt mit Stachel-

drahtverhauen, Scheinwerfern und maschinengewehr-
bestückten Wachttürmen. Man wohnte dort sehr
lauschig und ungestört inmitten vieler Obstbäume. Als
in der Dunkelheit zwischen den Zweigen das Licht des
Küchenfensters schimmerte, war ich zuhause.

Wie dem biblischen Verlorenen Sohn öffneten sie die
Türe und begrüßten mich. Das Erzählen ging bis nach
Mitternacht. Wir alle rätselten, was mit mir los gewesen
war. Inzwischen ging es ja leidlich. Im Zug Istanbul –
München hatte mich zudem eine türkische Gastarbei-
terfamilie ganz gut verköstigt, als einen abgebrannten
Mitbürger ihres Gastlandes, wo Milch und Honig floss.

Medizinisch waren wir damals nicht sehr beschlagen.
Wir konnten es drehen, wie wir wollten, wir kamen auf
keine Erklärung, ausser man griff in die Psychologie-
Schublade. "Auf einmal bist du allein dagestanden wie
eine Schnecke ohne Haus", mutmaßten meine Freunde.
Du hattest einfach einen Koller!"

Es war mir zuwider, einen seelischen Aussetzer
gehabt zu haben, doch auch mir kam nichts Griffigeres
in den Sinn. Ja also, sei's drum: ein Seelenkoller! Ich
lebte mit dieser Selbstdiagnose, aber konnte mich nie
damit anfreunden. Bis, später, Quecksilber und die
Impf-Problematik in den Fokus rückten.

Die Impfung in Istanbul zum Beispiel, die so
großzügig erteilt worden war – waren sie da nicht auch
mit der Dosierung großzügig gewesen? Impfung hieß
Quecksilber. Und was bei den vielen Krankheiten, für
die Quecksilber verantwortlich ist, stand mit an oberster
Stelle? Asthma und Atemnot! Ich hatte wieder eine volle
Ladung gehabt und es sollte nicht die letzte sein.

Es ging eine geraume Weile, bis ich wieder voll
einsatzfähig war, und auch das nur, weil mir noch meine
Jugendkräfte zur Verfügung standen. Ich war gerade
erstmal volljährig geworden, 21.

4. Begegnung am Rande der Welt

Für eine Weile ging jeder seine eigenen Wege. Ich selber war längere Zeit in Südafrika, bis, eingedenk unserer guten Reisekameradschaft, wir uns doch wieder zu dritt fanden zu neuen Abenteuern in Richtung Osten. In Istanbul, im dem phänomenalen Haus über dem Bosporus, traf sich wie eh und je die halbe Welt und es gab keine Nacht, in der Gespräche und Diskussionen nicht bis in die Morgenstunden andauerten. Wir vernahmen, dass sich im Osten des Landes ein schweres Erdbeben ereignet hatte. Neben den staatlichen Hilfsaktionen waren internationale Dienste im Einsatz. Ob wir auch kommen wollten? Wir machten uns auf den Weg.

Östlich von Ankara waren es nur noch Schotterstraßen, auf denen man entlang ratterte. Die holprigen Oberflächen wurden ab und zu von großen Straßenbaumaschinen eingeebnet; dann ratterte es etwas weniger. Irgendwann war es geschafft. Nach vielen Windungen durch gebirgige Gegenden fuhren wir in eine Ebene und sahen die Stadt, die im Zentrum des Bebens gelegen hatte: Varto. Ein einziger Trümmerhaufen; ein Anblick, der an die Vergänglichkeit alles Irdischen mahnte. 3000 Tote waren zu beklagen.

Die große Zahl der Opfer hing mit der traditionellen Bauweise zusammen. Die Dächer bestanden aus Balken und meterdicken Schichten von Erde, die eine hervorragende Isolation gegen die strenge Winterkälte abgaben, doch bei einem Beben als tonnenschwere Gewichte einbrachen. Zudem hatte sich das Beben zu einer denkbar fatalen Zeit ereignet, am Mittag, als die meisten Menschen sich in den Häusern aufhielten.

Die Aufräumarbeiten auf den Straßen waren schon getan; viele Lastwagen waren unterwegs mit Hilfsgütern und Baumaterial. Der leitende Ingenieur drückte uns einen Plan für den Barackenbau in die Hand und schickte uns in eines der umliegenden Dörfer, das ebenfalls schwer betroffen war. Die türkischen Bauleute hatten schon angefangen mit den Notunterkünften. Uns ließen sie als erstes ein Schutzdach bauen bei der im Freien gelegenen Küche. Zwei Köche hatten einen Graben ausgehoben, in dem sie ein Feuer unterhielten und in großen Kesseln kochten für die Arbeiter. Wir fingen an mit vier Pfosten, über die ein Gerüst gelegt wurde mit einer Plane. Weil die Abende schon kühl waren, wurden Bretter an die Seiten genagelt und der Raum umgeben mit Wänden. Einfache Tische und Bänke waren zu bauen, bis mehr und mehr Leute eintrafen und der Unterstand zu klein wurde und erweitert werden musste. Nach Bedarf wurde angebaut, die Kantine vergrößerte sich und schlussendlich wurde sie zu einem Begegnungszentrum für den ganzen Ort, bei dem die eintreffenden Materialtransporter hielten und zu jeder Tageszeit Essen, Trinken und gesellige Gespräche zu haben waren.

Danach bauten wir Baracken in der Umgebung. Sie hatten nur einen Raum und es war rätselhaft, wie eine Großfamilie da hineinpassen sollte. Doch die aus Ankara vorgegebenen Pläne waren, wie sie waren: als Notbehelf besser als nichts. Der Winter war hart und schneereich. Den ganzen Tag über wurden die Hämmer geschwungen, Baracken am Laufmeter fertiggestellt und an die Dorfbewohner verteilt, die ihre Vorräte an Brennmaterial und Tierfutter brachten. Manche Baracke verschwand fast hinter den aufgetürmten Haufen an Ästen und getrockneten Dungfladen, die ebenfalls als Heizmaterial dienten.

Unser Schlafplatz war unter freiem Himmel, mit einem Feuer in der ersten Morgenfrühe um Teewasser aufzusetzen. Als es dann doch zu kalt wurde, behielten wir eine der neuen Baracken vorerst für uns. Sie füllte sich schnell mit den Angehörigen der Hilfsorganisationen, die im Einsatz waren. Wer einen Schlafsack mitbrachte, suchte sich am Boden einen Platz. Ein Ofen brannte, damit zu jeder Zeit Tee aufgegossen werden konnte. Von einem Bäcker wurde frisches Brot geliefert und wohlmeinende Helfer fuhren einen Berg Konservenbüchsen an. Die Verständigung erfolgte auf englisch; ein paar Brocken kannte jeder. Selbst wer mitten in der Nacht ankam, von wo auch immer, wurde begrüßt und war willkommen.

Manchmal arbeitete ich auch alleine auf abgelegenen Baustellen. Woran es nirgendwo mangelte, waren Kinder. Zuerst beobachteten sie die Ereignisse noch aus der Distanz, aber wenn man sie ermunterte, schleppten sie willig Bretter und Balken heran, halfen beim Aufrichten und wollten den Umgang mit den Werkzeugen erlernen. Dann wieder rannten sie davon in eigenen Angelegenheiten. Kamen sie zurück, brachten sie einen Krug frischen Wassers vom Brunnen.

Mir waren schon so viele Brocken der Sprache geläufig, dass eine einfache Unterhaltung möglich war. "Zengin adam misin", fragten sie, "bist du ein reicher Mensch?"

Das war mir neu. Sah man reich aus mit Löchern in Hemd und Schuhen? – "Aber du hast ein Auto", beharrten sie. Die alte Rostlaube von VW Bus? So wie sie war, würde der TÜV sie sofort aus dem Verkehr ziehen. "Kaputt", sagte ich, "wie meine Schuhe".

"Dann sind eben dein Vater und deine Mutter reich", blieben sie am Ball. Doch Vater und Mutter wohnten weit weg, wir hatten uns seit Jahren nicht gesehen. Sie wussten nicht, was sie davon halten sollten. Sie lebten in Großfamilien, wo man sich tagtäglich sah und sich nichts anderes vorstellen konnte.

"Hast du Schafe und Ziegen?" versuchten sie es von Neuem. Nein, an meinem Wohnort ging das nicht gut. – "Wo wohnst du denn?" fragten sie.

Mein Domizil war ein kleines Zimmer in einem

Berliner Hinterhof in Kreuzberg, im vierten Stock mit Außentoilette. Ein Teil des Hauses fehlte, ein Andenken noch an den Krieg. Aber unten ging der Verkehr Tag und Nacht. Kein guter Ort für Schafe und Ziegen. Die geschilderten Umständen überstiegen ihr Vorstellungsvermögen und sie schwiegen. "Wisst ihr was?" versuchte ich sie zu verblüffen, "wer hier reich ist, das seid ihr! Ihr habt Tiere und Weideland, Haus und Garten. Das ist mehr wert als ein alter Schrotthaufen von Auto!" Sie lachten, als ob das der beste Witz gewesen wäre, den sie gehört hätten.

Autos hatten einen hohen Stellenwert und unser alter Bus hatte es ihnen angetan. Die Faszination ging im Besonderen von der Leiter aus, die hinten zum Dachgepäckträger hoch führte. Wenn man nicht aufpasste, kletterten sie auf und ab. "Kinder", rief ich, "nicht klettern!" Sie gehorchten, aber wenn man wieder einmal nicht schaute, konnten sie der Versuchung doch nicht widerstehen. Sie fanden auch heraus, dass die Leiter eine vorzügliche Schaukel abgab, denn die Stoßdämpfer waren schon lange nicht mehr das, was sie sein sollten, der Bus wippte in seiner Federung.

"Kinder", rief ich, "nicht schaukeln!" Es fiel ihnen sichtlich schwer, nicht doch zu wippen, ab und zu.

Alleine auf der Baustelle, war mein Schlafplatz im Bus. Auf der Liegefläche konnte man sich in den Schlafsack einrollen und abends bei Kerzenschein noch lesen. Es war ganz gemütlich.

Eines Nachts gab es ein unsanftes Erwachen, weil der Bus schaukelte. Die Kinder? Kaum vorstellbar, was sie da mitten in der Nacht noch zu suchen hatten. Aber es war wirklich so, es schaukelte. "Kinder! Hadi çocuklar!" Besonders lustig war das nicht. "Es langt! Kaç, kaç! Geht nach Hause!" Sie gingen nicht. "Hört jetzt endlich auf!" schrie ich erbost aus meiner Einwicklung in Decken und Schlafsack. Das musste geholfen haben. Es wurde endlich ruhig. "Kleine Taugenichtse", grummelte ich beim Wiedereinschlafen vor mich hin.

Am Morgen schauten türkische Kollegen vorbei und wünschten einen Guten Tag. Wie es sich denn so geschlafen hätte? – "Nicht schlecht", gab ich zurück, "nur die Kinder haben mich etwas geärgert, die haben hinten auf der Leiter geschaukelt!" Die Kollegen lachten. Das waren nicht die Kinder, das war ein weiteres Erdbeben gewesen! Die Erde hätte geschwankt. Passiert wäre aber nichts, außer dass ein paar Ruinen gänzlich zusammengefallen waren.

Es ging auf den Winter zu, als wir uns aufmachten nach Persien, dem Iran, diesmal mit einem sicheren Gefühl: Neue Impfungen waren nicht erforderlich. Unsere Impfpässe waren in Ordnung.

Doch wir hatten die Rechnung ohne den Wirt gemacht. Über die Grenze kamen wir, doch die Hauptstraße nach Teheran war vom Militär abgeriegelt. Beidseits der Straße standen Sanitätszelte. In irgendeiner Provinz gab es Fälle von Cholera. Alles wurde angehalten, Lastwagen, vollbesetzte Fernbusse, Eselskarren. Alles wurde geimpft, an Ort und Stelle.

Wir wiesen die Impfpässe vor. Konnten sie mit ihren arabischen Schriftzeichen überhaupt die Eintragungen lesen in lateinischer Schrift? Die Unterschriften der Ärzte waren sowieso über die ganze Erde hin krakelig und unleserlich. Blieben die Stempel! Prächtige Stempel! Die mussten überzeugen! Es ging noch einmal gut.

Wir fuhren nach Teheran, blieben dann lange in Isfahan und kamen über Schiraz an den Golf.

Der Persische Golf! Das Ziel unserer Fahrt – eine verbrannte Wüstenregion mit Temperaturen über 40° im Schatten und nicht sehr einladend. Doch wir hatten zumindest eine Unterwasser-Landschaft erhofft, die uns dafür entschädigte. Das Rote Meer, auf der anderen Seite der arabischen Halbinsel, hatte eine fantastische Tier-

und Korallenwelt aufzuweisen, so hatten wir das jedenfalls gehört, mit glasklarem Wasser und besten Sichtverhältnissen bis zu 80 Metern.

Das Wasser im Golf, wie wir es antrafen, war dagegen eine trübe Suppe mit maximal drei Metern Sichtweite. Kummervoll schauten wir erst jetzt unsere Landkarten genauer an: Das Rote Meer hatte eine Tiefe von vielen hundert Metern, der Persische Golf dagegen eine von maximal 50 bis 60, in die sich zudem die schwebstoffbeladenen Fluten von Euphrat und Tigris ergossen, die sich bei der geringen Tiefe nie klären konnten.

An den lehmigen Ufern stiegen wir trotzdem ins Wasser. In wärmeren Gewässern war es geraten, auf der Hut zu sein vor großen Haien; aber wie, wenn kaum etwas zu sehen war? Es gab Berichte von plötzlichen Attacken aus dem Nichts; immer war da dieses etwas mulmige Gefühl im Hinterkopf.

Mir war einmal einer begegnet. Zuerst war es trotz guter Sicht nur ein undeutlicher Schemen gewesen, der aber langsam Gestalt annahm, die Gestalt von einem großen Hai. Etwas musste ihn interessieren, aber hoffentlich – mein Bewusstsein war plötzlich alarmiert – doch nicht etwa sein leerer Magen, den er zu füllen gedachte? Nur nicht die Nerven verlieren, er war der Größere! Langsam schwamm er um mich herum.

Er begutachtete mich von allen Seiten und zeigte seine volle Breitseite. Das halbmondförmige Maul, leicht geöffnet, sodass seine scharfen Zähne zu sehen waren, die gestaffelt hintereinander angeordneten Kiemenspalten, die typische Rücken- und Schwanzflosse und den ganzen muskelbepackten Körper überhaupt. Wir standen uns Auge in Auge gegenüber; mir war, als ob er mir zuzwinkerte. Meine Taucherkameraden, als sie später davon hörten, wussten nicht recht, ob sie erleichtert oder verärgert sein wollten, die Begegnung verpasst zu haben.

Es war in der Ägäis gewesen und er war ja endlich

wieder abgeschwommen, der Hai, aber würden seine eventuellen Kollegen im Persischen Golf ähnlich friedlich sein? Mein Reisegefährte schnorchelte in Sichtweite, zwei bis drei Meter entfernt. Plötzlich glitt ein großer Schatten auf ihn zu. Was es sein mochte, war nicht zu erkennen bei der minimalen Sicht, aber jedenfalls etwas sehr Lebendiges. Mir stockte der Herzschlag.

Mein Freund erzählte später jedem, der zuhören wollte, die genaue Geschichte: Wie in dem Fenster seiner Taucherbrille aus dem trüben Nebel ein Kopf auf ihn zukam, der auch schon im nächsten Augenblick bei ihm war und ihn wünschen ließ, sich mit einem Salto rückwärts selber aufs trockene Land zu katapultieren. Ein frommer Wunsch! So wie er von innen aus der Brille hinaus schaute, schaute auf der anderen Seite jemand hinein: zwei Kulleraugen und ein mächtiger Schnauzbart. Als er realisierte, was es wirklich war, hatte er fast einen Lachanfall unter Wasser: Es war eine große Robbe. Warum war sie eigentlich nicht in Grönland, wo sie hingehörte? Dass Robben auch in tropischen Gewässern vorkommen, hatten unsere Lehrer vergessen zu sagen.

Aber Lehrer sind eben auch nur Menschen. Was sie dagegen richtig vermittelt hatten, war die überragende Bedeutung der Region für die Erdölproduktion. Wobei die gigantischen Förderleistungen und die ebenso gigantischen Kriege, die in diesem Zusammenhang losgetreten wurden, noch im Ungewissen der Zukunft lagen. Damals fing es erst an.

An einer Anlegestelle hatte ein einsames deutsches Schiff festgemacht, das dem Anschein nach etwas mit Erdöl und Entwicklungshilfe zu tun hatte. Die Kollegen an Bord sahen unser Berliner Nummernschild und luden uns als Landsleute ein zum Essen.

Es war ja ganz gut, wieder mal ein richtiges Kotlett einzuschieben, aber wir fröstelten. Die Außentemperatur lag bei 45° C, doch in der vollklimatisierten Schiffs-Kantine war es fast 25° kälter. Auch bei den Tischgesprächen wurden wir nicht richtig warm: Es ging um die Qualität der lokalen Biersorten, die so überhaupt nicht dem von der Heimat gewohnten Standard entsprach. Und bei Prognosen in Sachen Erdölförderung waren wir erst recht keine kompetenten Gesprächspartner. Wir bedankten uns artig – es war ja gut gemeint gewesen – und begaben uns zurück in die Hitze der Außenwelt, um dem Golf wieder den Rücken zu kehren.

Wir fuhren durch das Zagros-Gebirge nach Norden und kamen durch die uralten geschichtsträchtigen Gegenden, die Alexander der Große einmal zum Mittelpunkt seines eroberten Weltreiches gemacht hatte in den wenigen Jahren seines Erdenwandels. Aber sein Reich war zerstoben wie die Spreu im Wind, genauso wie die seiner Vorgänger und Nachfolger und was blieb, waren Dörfer und Städte wie eh und je, auf deren farbigen Märkten und Bazaren wir uns unters Volk mischten und mit leisem Bedauern daran dachten, dass es so langsam Zeit wurde zurückzukehren.

Bei der Ausreise erwischte es uns dann. Es war nur ein kleiner Grenzposten, aber für uns war er gesperrt. Cholera sagten sie; irgendwo im Land hatte es Fälle gegeben und das hieß: Impfung. Der diensthabende Sanitätsoffizier sprach ein exzellentes Englisch. Er war höflich, aber unerbittlich. Geimpft würden alle! Wir wiesen auf die gültigen Eintragungen in den Pässen hin. Es interessierte ihn nicht.

Ich redete wie mit Engelszungen und beschwor alles, was ihm heilig sein musste; außerdem verließen wir ja das Land! Es war schlichtweg vergebens. Er sah auch nicht aus wie jemand, bei dem ein paar dezent unter der Hand hinüberwechselnde Banknoten geholfen hätten. Das war sowieso eine Kunst, die man erst beherrschen musste. Wir beherrschten sie nicht, außerdem hatten wir keine überflüssigen Banknoten.

Der Offizier blieb äußerlich gelassen, und doch

konnte es nicht mehr lange dauern, bis ihm der Geduldsfaden riss. Hinter ihm standen mit unbeweglichen Gesichtern zwei stämmige Soldaten. War es wieder soweit: Zwangsweise Überstellung zum Impfen? Es blieb nichts übrig, wir mussten uns der Gewalt beugen.

Keine 24 Stunden später, schon auf der türkischen Seite, hatte ich eine Temperatur von 41° und war nicht mehr transportfähig. Meine Freunde fuhren den Bus von der Straße und stellten ihn auf eine Anhöhe. Vor Frost klappernd mit den Zähnen, rasten gleichzeitig Fieberschauer durch meinen Körper. Ströme von Schweiß brachen aus mir. Vor Schwäche konnte ich kaum noch meine Notdurft hinter dem Fahrzeug verrichten. Mein Bewusstsein befand sich in einem ständigen Delirium.

Meine Reisekameraden taten zu meiner Pflege, was sie konnten. Die Gefährtin meines Freundes hatte schon Übung; in dem Erdbebengebiet hatte sie im Behelfsspital gearbeitet. Sieben Tage blieb die Temperatur hoch, sieben Tage lag ich wie eine tote Fliege und wurde immer dünner. Alles widerstand mir zum Erbrechen.

Dann ging es langsam bergauf. Vielleicht war es unter den Umständen das Beste gewesen, was hatte passieren können: Dass sich diesmal das Gift nicht schleichend auswirkte, sondern der Körper sich in einer Gewaltaktion davon zu befreien suchte. Auch meinen Freunden war es nicht allzu gut ergangen, doch sie blieben senkrecht. Ihr "Fass" war anscheinend noch nicht voll, meines dagegen war übergelaufen.

Als wir in Berlin ankamen, waren wir tatsächlich ein halbes Jahr unterwegs gewesen. Es war die letzte gemeinsame Fahrt. Meine Reisegefährten hatten fortan andere Lebenspläne – mein Freund und seine Gefährtin, die für mich wie ältere Geschwister gewesen waren. Selbst noch nach Jahrzehnten konnten wir herzhaft klönen über die alten Zeiten, wenn wir uns einmal wieder sahen.

Warum hatten wir uns das eigentlich angetan? Hitze und Kälte hatten wir ertragen, Krankheiten, angesägte Nerven, Fahrzeugpannen und wochenlange Ersatzteil-Suche. Beinahe-Karambolagen ließen uns noch nachträglich das Blut erstarren. Vom Militär sind wir nachts aufgestöbert worden mit vorgehaltenen Maschinenpistolen. Man hielt uns für Waffenschmuggler. Wer garantierte, dass in der Dunkelheit nicht jemand einen nervösen Finger zu nahe am Abzug hatte? Und auch sonst hatte es Situationen genug gegeben, die mit einem Absturz oder ähnlichem Verdruss hätten enden können.

Die Antwort wird wohl sein, dass man gar nicht richtig lebte, hätte sich das Leben nur auf Sofakissen abgespielt. Keiner von uns hat es bereut. Dabei hatten wir diese Lebensschule freiwillig absolviert. Andere waren dazu verdammt gewesen. Mein Vater zum Beispiel. Er hatte im gleichen Alter im Russlandkrieg als einfacher Soldat vor Stalingrad gelegen, 30° Kälte und eine Heeresabteilung in voller Auflösung. Er gehörte zu den wenigen Überlebenden. Warum, wusste er selber nicht. Er hat erst im hohen Alter davon erzählt. (Er wurde 95.) Die Gicht verleidete ihm das Leben und das Gedächtnis für das Alltägliche setzte manchmal aus. Doch seine Kriegserlebnisse waren so präsent, als wären sie erst gestern gewesen.

Er erzählte immer wieder davon. Was ihn besonders beschäftigte, war der Rückzug der Überreste seiner aufgeriebenen und versprengten Truppe nach Taganrog am Asowschen Meer durch endlose Schnee- und Eiswüsten. Ohne Begleitfahrzeuge, einzeln zu Fuß, mit letzter Kraft und nur mühsam aufrecht erhaltener Hoffnung. Hinter ihnen die Wölfe. Und die nachrückenden Feinde. Wobei sie nicht wussten, wen sie mehr zu fürchten hatten; Krieg war Krieg, da gingen menschliche Werte über Bord.

An einer Wegkreuzung ein Verwundeter im Schnee. Ein Bein war zerschmettert. Der Soldat wusste, dass er verloren war; er hatte keine Hoffnung mehr, nur noch eine Bitte. Er bettelte förmlich darum: "Kamerad, erschieß mich!"

Wenn mein Vater an diese Stelle seiner Erzählung kam, wurde seine Stimme leise und undeutlich, als ob er in Gedanken versunken nur zu sich selber spräche. Selbst 60 Jahre später war er mit seinem Gewissen noch nicht im Reinen, warum er einem Kameraden in Not nicht den letzten Liebesdienst erwiesen hatte. Er hatte es nicht gekonnt. Der heilige St. Martin, der der Legende nach seinen Mantel mit einem frierenden Bettler teilte, Inbegriff der Barmherzigkeit – hätte er? Hätte ich? Mich fröstelte bei dem Gedanken ... Dagegen waren das, was wir erlebt hatten, eigentlich nur Belanglosigkeiten.

Nachdem ich das Jahr über beruflich festgenagelt war, kamen wieder Zeiten des Aufbruchs zu neuen Ufern. Nur dass man nun sich alleine auf dem Weg befand. Dabei gab es eigentlich an meiner Seite einen Platz, der noch leer war. In den einsamen Nächten einer öden Junggesellenbude bedachte ich die Angelegenheit, aber mein Verhältnis zu Frauen war seit je von einer gewissen Reserviertheit gewesen. Und doch war mir im tiefsten Inneren, ich würde einmal der Frau begegnen, die zu mir gehörte und ihr Leben mit mir teilte. Irgendwo wartete sie auf mich. Wir mussten uns nur noch finden.

In jedem Jahr hatte es mich nach Osten gezogen, aber in diesem einen Sommer war alles ganz anders. Wohl war ich auf dem alten Weg, aber man traf Freunde, die wiederum andere Freunde hatten, und alle kannten interessante Projekte, die es wert waren, sie genauer anzuschauen – bis es dann exakt die entgegengesetzte Richtung war. Im Atlantik auf der entlegensten der Shetland Inseln lief ein Bauprojekt für die einheimische Bevölkerung. Zu dem freiwilligen Arbeitseinsatz kamen junge Leute aus ganz Europa.

Bei der Ankunft sah der Arbeitschef bei meiner

Vergangenheit in mir den richtigen Mann für die Betonmischmaschine. Warum nicht? Er fand außerdem, dass Menschen aus gleichen Sprachgebieten auch zusammenarbeiten sollten. Deswegen fand sich am nächsten Morgen bei meiner Maschine gleich eine Assistentin ein. Sie war mir am Abend vorher schon aufgefallen, weil sie eine lustige Bemerkung gemacht hatte über das Zähneputzen anderer Leute. Das einzige Wasser auf der Insel war das in großen Behältern aufgefangene Regenwasser. Noch unbekannt mit den Regeln, war mein Zähneputzen im Trinkwasser vor sich gegangen statt im Waschwassertank. Peinlich.

Meine Mitarbeiterin bekannte freimütig, dass sie sich als Buchhändlerin eher für unbegabt hielt im Umgang mit Maschinen; ein Grund, großzügige Unterstützung zuzusagen. Sie kam aus der Schweiz, einem Land, in dem man sehr darauf bedacht war, nicht in einen Topf geworfen zu werden mit dem der großen Nachbarn. Außerdem waren sie dort stolz auf die eigene Sprache. Unser Arbeitschef war mit den Feinheiten mitteleuropäischer Sprachverhältnisse nicht sehr vertraut, wenn er meinte, das wäre doch alles das Gleiche. Immerhin, Schweizer verstanden auch hochdeutsch, womit eine Brücke zum Nachbarland geschlagen war. Wir verstanden uns jedenfalls und gaben ein gutes Arbeitsteam ab.

Es gab keinen Tag, an dem es nicht regnete, auch wenn die Sonne zwischendurch zaghaft zum Vorschein kam. Wir wärmten uns mit heißem Tee in großen Tassen. Wenn die Küchengruppe erschien mit dem Ruf "Teatime", war es das Zeichen, die Arbeitsgeräte wegzulegen und den Cup of Tea zu zelebrieren.

An Wochenenden ging Teatime den ganzen Tag. Am Abend traf man sich im Gemeinschaftssaal zu schottischen Volkstänzen. Die temperamentvollen Rhythmen kamen von nur einer einzigen Geige, doch sie machte mehr her als anderswo ein ganzes Orchester. Die Mädchen, meine Assistentin inklusive, waren heiß begehrte Partnerinnen, und es ging wie der Wirbelwind durch den ganzen Saal. Ich fühlte mich eher unbegabt und hielt mich an meinem Cup of Tea fest.

Eine Kirche von innen gesehen zu haben, war schon lange her für mich, doch in der festgefügten Ordnung der Insel gehörte es zum guten Ton, sonntags dorthin zu pilgern. Sie lag auf einer kleinen Anhöhe, ein niederer, gedrungener Bau, wie verankert im felsigen Untergrund, dass die Winterstürme ihm nichts anhaben konnten. Der Pfarrer war ein kerniger Mann, der gelegentlich auf der Baustelle anzutreffen war, wo er tatkräftig zupackte.

Doch er hatte noch andere Qualitäten und wortgewaltig hallte seine Predigt über die Köpfe der Anwesenden. Er predigte von den Schafen, wie sie so demütig als Grundlage dienten für den Lebensunterhalt aller. Ganz so demütig waren sie mir zwar nicht in Erinnerung bei den wilden Hetzjagden, wenn sie über die ganze Insel hinweg in ihren Pferch getrieben wurden. Sie liebten ihre Freiheit, bis man sie dann endlich doch zusammen hatte. Weiter hörten wir vom Guten Hirten, wie er 99 Schafe auf der Weide stehen ließ, um nach dem einen zu suchen, das sich verlaufen hatte in den steilen Uferklippen und nicht mehr zurückfand. Der Gute Hirte war der Retter in der Not und sogar das einzige Transportboot der Insel hatte seinen Namen nach Ihm: The Good Shepherd.

Wie rein zufällig hatte sich ergeben, dass neben mir meine Mitarbeiterin saß. Auf unserem gemeinsamen Gang zurück entfuhr mir eine Bemerkung über den ziemlichen Aufwand an Kletterei in den Felswänden für ein einzelnes Schaf. Doch das kam nicht gut an. "Pass auf, dass du nicht selber mal verloren gehst!" sagte sie. "Vielleicht bist du dann froh, wenn sich Jemand aufmacht und nach dir sucht, kurz vor dem Abgrund."

Hhmm. Im Moment war die Gefahr nicht groß. Man musste ja nicht unbedingt in den Uferfelsen herumklettern, die hundert Meter senkrecht in die Tiefe gingen. Aber die Welt allgemein war leider doch so, dass man abstürzen oder sonst verloren gehen konnte. Vielleicht, dass man die Angelegenheit noch einmal überdenken sollte. Sie wertete das als ein Versprechen.

Eines Tages fand eine Filmvorführung statt. Leinwand und Projektoren wurden aufgebaut und die ganze Insel kam zusammen zu dem sozialen Ereignis. Der Saal war proppevoll und man harrte der Dinge. Doch der Film entsprach nicht ganz meinen Erwartungen: Eine Geheimagentin mit üppigen Körperformen im Kampf gegen die braunen Bösen in ihren schwarzen Lederstiefeln; man kannte das schon. Der Krieg war hier anscheinend noch nicht so richtig vorbei, obwohl das Wrack einer abgestürzten Militärmaschine sich in Wind und Wetter schon weitgehend in seine Urbestandteile aufgelöst hatte.

In mir war plötzlich das Bedürfnis nach frischer Luft, aber wie sich unauffällig entfernen in der Dunkelheit in einer dicht gedrängten Menge über Stuhl- und Menschenbeine hinweg ohne zu stören? Endlich stand ich draußen und tat einen tiefen Atemzug. Der Blick ging weit auf Himmel und Meer.

Hinter mir war eine Bewegung. Ich schaute mich um. Es war meine "Assistentin", die ebenfalls aus der Türe gehuscht war. Wir nickten uns zu; auch sie hatte den Film als wenig gehaltvoll empfunden.

Es war noch hell und wir machten einen langen Spaziergang über die Insel zu ihrem höchsten Punkt. Nach allen Seiten erstreckte sich das Meer und zwischen dunklen Regenwolken brach immer wieder irgendwo die untergehende Sonne durch und ließ ihre Strahlen auf der weiten Wasserfläche glitzern. Neben mir stand meine Arbeitskameradin. Wir hatten schon die ganzen Tage gespürt, dass wir verwandte Seelen waren. Sie hatte in London gelebt. Ihre englischen Freunde nannten sie

Terry. In ihrer Schweizer Heimat war ihr Name ähnlich, kurz und auf der ersten Silbe betont – Teres.

Danach sah man uns öfter an den Abenden bei Gängen über die Insel. Einmal pilgerten wir zum nahegelegenen Leuchtturm, dessen Wärter – hieß er Brian?, jedenfalls sah er so aus, ein echter Schotte – tagsüber ab und zu seinen Hochsitz verließ und bei der Baustelle vorbeischaute. Er schien es nicht ungern zu sehen, wenn er in seiner Lampen- und Spiegel-Einsamkeit besucht wurde, auch von jungen Frauen, und erklärte bei Bedarf technische Finessen seines Metiers. Teres kannte ihn und hatte einige Cups of Tea dort oben getrunken im geruhsamen Ausblick auf den abendlichen Ozean, über den die Lichtsignale anfingen zu huschen.

Waren die vielen, vielen Treppenstufen überwunden, kam man zum Herzen der Anlage – einen runden Raum von knapp 4 Metern Durchmesser, in der Mitte die rotierende Scheibe, auf der eine Anzahl prismatischer Linsen, Spiegel und Farbfilter in verschiedenen Abständen angeordnet war. Im Zentrum das gleißende Licht der Glühstrumpf-Lampe, das abgeschirmt war, dass es nur auf einige kleine Fenster fiel. Bei der steten Drehung wurde es so zu einer gleichbleibenden Folge von gespiegelten Lichtsignalen, die auf dem Meer viele Meilen weit zu sehen waren.

Der Rest des Raumes war Wohnzimmer, Schlafzimmer, Küche und Büro in einem. In einem offenem Kamin glühte ein Kohlefeuer und verbreitete wohlige Wärme, mochten draußen auch Orkane toben. Brian zeigte sich als vollendeter Gastgeber und bald hatte jeder seinen großen Cup of Tea in den Fingern. Teres genoss einfach die ungewöhnliche Atmosphere hoch über dem Atlantik, während ich Gelegenheit hatte, Brian auszufragen nach technischen Einzelheiten.

Als unser Arbeitseinsatz vorbei war, ging jeder zurück in sein früheres Leben, um eigene Pläne zu verwirklichen. Es war ein sehr langer Blick, mit dem wir uns voneinander verabschiedeten, als die 'Good Shephard' ablegte, um mich zurück in die Zivilisation zu bringen, während Teres noch einige Tage bleiben wollte.

Große Worte hatten wir auch diesmal nicht gefunden an dem Morgen, aber immerhin hatten wir unsere Adressen getauscht.

Es ging lange, bis wir uns wiedersahen. Teres war zurückgekehrt in ihre Heimat und arbeitete in einer renomierten Buchhandlung. Im Jahr darauf war es der Chef selber, der ihr die Frankfurter Buchmesse anempfahl, einen Großevent des Buchhandels, und sie für eine Woche freistellte. Im Flughafen Zürich aber war es ihr, dass all die Neuerscheinungen und Romane, die auf sie warteten, ihr nur den einen großen Roman verdeckten, den Roman des eigenen Lebens. Aus einer Intuition heraus, der unbewussten Vision der Zukunft, hatte sie die Gültigkeit ihres Flugtickets umschreiben lassen auch für Berlin und so stand sie auf einmal vor mir, der ich selber die ganze Zeit gegrübelt hatte, einen Blitzbesuch via Zürich zu starten um sie zu finden.

Brav und sittsam hatten wir zunächst Berlin besichtigt. Wir stiegen in die gelben Doppeldeckerbusse der BVG, nahmen auf dem Oberdeck vorne die Gala-Plätze ein, ließen uns durch die Stadt kutschieren zu den Sehenswürdigkeiten und fühlten, dass es das nicht war. Es war etwas ganz anderes und wir wussten beide, es war nur noch um ein Weniges entfernt. Wir brauchten uns nur noch eine Spur näher kommen um den Funken überschlagen zu lassen; eine Berührung nur, eine kleine Erschütterung, die den Damm brechen ließ und wegschwemmte, was uns noch trennte.

So war es dann auch gekommen und das nüchterne Berlin mit seinen steinernen Denkmälern verblasste. Später, nach der Rückkehr, hatte jemand ein Problem, dem Chef die Neuerscheinungen der Frankfurter Buchmesse zu erläutern.

5. Honigmond auf Rädern

Es kam ein Sommer, der uns zusammen in Anatolien sah, in der Weite der Landschaft mit ihren Ebenen, an deren Ende Gebirgszüge nur als ein blauer Hauch zu erahnen waren. Mäandernde Flussläufe, die noch etwas Wasser führten, genug, die Tiere zu tränken und Gärten und Felder zu bewässern. Trotz der Trockenheit in vielen Gegenden immer wieder Brunnen mit frischem Quellwasser und schattigen Bäumen. Abseits der großen Verkehrswege und Städte ein spärlich besiedeltes Land, in dem kein weiteres Ziel lockte, weil wir am Ziel waren.

Tagsüber in der Sonne war es angenehmer, schattige Plätze zu suchen. Wenn aber am Abend die Hitze des Tages wich, verbreitete sich unter dem langsam dunkelnden Himmel über das weite Land eine friedliche Ruhe. Dort im Offenen, mit dem Blick bis zum Horizont, blieben wir für die Nacht.

Wir saßen in der Mitte des Nirgendwo und schauten in den blauenden Abend. Zuweilen kam ein Schäfer vorbei mit seinen Schafen. Neugierig wer wir wären, war er angenehm überrascht, dass wir ein wenig von seiner Sprache verstanden. Wie immer war Europa von stetem Interesse, derweilen die Schafe rund um das Fahrzeug jeden erreichbaren Grashalm abrupften. Doch wollte er auch wissen, ob wir keine Bedenken hätten hier draußen, so ganz alleine. Wir beruhigten ihn, seine Landsleute wären friedliche Menschen, kein Grund zur Besorgnis. An manchen Orten in Europa wäre uns weniger wohl gewesen. Der Schäfer steuerte ein Stück Schafskäse bei aus seinem Bündel zu unserem Abendessen und wünschte Gute Reise, wenn er weiterzog. Unser Nachtmahl bestand aus Salaten und Früchten. Es ließ sich beliebig erweitern mit Tomaten, Auberginen und Paprika.

Lange saßen wir in der Dunkelheit und sprachen

über die Dinge, die nur uns beide angingen. Etwas abseits vom Fahrzeug richteten wir unseren Schlafplatz ein, breiteten eine Unterlage aus und legten Kissen und Decken zurecht. Dann schauten wir zum Himmel auf mit seinen Sternbildern. Wer kannte sie schon, wenn zuhause der Himmel überstrahlt war vom Licht der Städte. Einige von ihnen kannte ich, wie das Sommerdreieck – die Hauptsterne der Sternbilder Schwan, Leier und Adler ... Eine Sternschnuppe zog über den Himmel. "Hast du dir etwas gewünscht?" wisperte sie.

Am Morgen erwachte ich meistens als erster, saß noch eine Weile da mit über die Schultern gezogener Decke und schaute auf Teres, die zu solch früher Stunde noch schlief, eingehüllt in ihre Haarfülle. "Teres, liebe", flüsterte ich leise und hätte wahrhaftig nicht gewusst, was noch zu wünschen gewesen wäre.

Es war die Zeit, in der in den Dörfern die Ernte im Gang war. Auf großen freien Plätzen hatte jede Familie ihren abgegrenzten Bezirk für ihre auf Haufen getürmten Weizengarben. Daneben wurde eine Kreisbahn angelegt auf geglättetem Lehmboden und mit einer Schicht dieser Garben bedeckt. Um einen Mittelpfosten herum trottete ein Ochsenpaar, das eine Art Holzschlitten zog, in dessen Unterseite scharfkantige Steine und Glasscherben eingelassen waren, die bei der Fahrt die Ähren und Halme zerschnitten. Auf dem Schlitten saßen die Kinder und oft auch der Großvater. So ging es Tag für Tag im Kreis.

Waren die Ähren ganz zerkleinert, wurde bei gutem Wind geworfelt. Mit breiten Schaufeln hochgeworfen, fielen die schweren Körner wieder zurück, während die Spreu vom Wind weggeweht wurde. Die Frauen standen an den Brunnen und wuschen das Getreide. Dann wurde es auf offenem Feuer in großen Kesseln gekocht und anschließend auf langen Planen getrocknet. Die Körner waren jetzt hart und spröde und brauchten nur noch in großen Steinmörsern grob gebrochen zu werden; dann war es Bulgur, die Ernährungsgrundlage des Landes.

Wir wurden eingeladen zu bleiben und die Arbeit mitzuerleben. Bei der stabilen Wetterlage im Sommer war drei Monate lang kein Regen zu befürchten. Es gab keinen Grund zur Eile. Immer war Zeit für ein Gespräch. Meistens ging es um Deutschland. Ich bemühte mich nach Kräften, das Bild realistischer zu gestalten. Dass man dort nicht unbedingt auf Rosen gebettet war, hatte sich schon herumgesprochen. Aber was sie sich nicht recht vorstellen konnten, waren die seelischen Veränderungen ihrer Landsleute.

Meine türkischen Nachbarn in Berlin, die wohl auch aus den Dörfern gekommen waren, hatten einen Teil ihrer Offenheit verloren in einer Umgebung, die nicht immer pure Willkommens-Kultur war. Sie verdienten Geld und konnten sich ein Auto leisten, aber was war das schlussendlich gegen die Häuser, Gärten und Felder, die zurückgeblieben waren, um in einem öden Kreuzberger Hinterhof zu hausen? Der Bericht aus erster Hand regte jedenfalls zum Nachdenken an.

War das Thema erschöpfend behandelt, fragten sie: "Wer ist das Mädchen?" Teres sah jünger aus als sie war.

Ich sagte: "Das ist meine Freundin."

Sie stutzten. Das war ein Wort, das in ihrer traditionellen Welt nicht vorkam. "Yok yah!" meinten sie, "nein, nein! Es gibt Freunde, es gibt Mädchen und es gibt Frauen. Aber Freundin – was soll das sein?"

Ich griff zum Wörterbuch, vielleicht, dass da etwas Passendes zu finden war. Sie waren nicht einverstanden. "Hava! Leere Luft!" sagten sie, "wir können dir sagen, wer das Mädchen ist. Es ist deine Frau!"

Teres lächelte bei meiner Übersetzung und meinte: "So ganz daneben sind sie ja nicht. Für den Moment jedenfalls." Man sah öfter Männer mit ihren jungen Frauen, auch unterwegs. Für die Dorfbewohner war der Fall klar. Ich gab zu, dass es so war. Sie lachten.

Waren wir unter uns allein, suchten wir einen Platz, wo wir ungestört waren und bedachten das Erlebte.

"Hast du das gehört, Teres! Die Türken haben uns verheiratet. Einfach so, Knall auf Fall, ohne Standesamt und Polterabend. Wie findest du das?"

"Schön!" hauchte sie. "Wie im Film. Ende gut, alles gut."

Das wäre aber kein Ende, sondern erst der Anfang! gab ich zu bedenken.

"Aber dann ist es vorbei für dich, mit dem ungebundenen Leben!"

Ach was! Hatte ich nicht etwas viel Besseres dafür? Eine blühende Rose!

"Aber du kennst mich noch nicht. Ich habe auch meine stacheligen Seiten", sagte sie. "Rosen und Dornen, beides ist nicht ohne einander zu haben."

Seltsam, bis jetzt war davon noch nichts zu sehen, nicht ein einziges ärgerliches Wort war gefallen zwischen uns. Außerdem hatten die Türken ein sinniges Sprichwort: "Wer die Rose liebt, erträgt ihre Dornen. Gülü seven dikenine katlanır."

"Ach wie schön", sagte sie. "Willst du sie denn ertragen?"

Vielleicht, dass sie nicht mehr weh taten, wenn man gelernt hatte damit zu leben. Außerdem, ich glaubte sowieso nicht daran. "Zeig mir doch einmal so eine Dorne, probehalber!"

Sie gab mir einen Kuss.

Wir waren wieder unterwegs, doch wegen der Hitze hielten wir schon vor dem Mittag Ausschau nach einem schönen Rastplatz und kamen zu einem kleinen Militärposten. Ein Haus, von Bäumen umgeben, eine Fahnenstange mit der Fahne des Landes – eine Jandarma-Station. Im Schatten der Bäume saßen sechs Männer, einer von ihnen schon etwas älter; er war also der Kommandant. "Hoş geldiniz", begrüßte er uns, "willkommen", und erteilte einem seiner Leute den Auftrag: "Ali, gieß schon mal den Tee auf!" Ali verschwand ins Innere des Hauses, die anderen schauten neugierig.

Wir fragten, ob wir ein wenig bleiben dürften. "Es hat viel Platz im Garten hinten", sagte er, "bleibt, wenn ihr wollt." Der Tee kam und wurde serviert, für Teres mit der üblichen Höflichkeitsformel: "Buyrun, Hanımefendi!" Wir genossen den Schatten nach der Hitze, tranken den Tee und der Kommandant fragte nach dem Leben und den Verhältnissen in Europa. Im Gegenzug interessierten wir uns für seine Arbeit. Doch dazu war nicht viel zu sagen: Sie schauten zur Ordnung, aber es war friedlich, nirgendwo Probleme.

Einer der Rekruten kam mit einer Schale frisch gepflückter Aprikosen aus dem Garten und stellte sie vor uns hin, zuckersüße. "Ab und zu ist in den Dörfern ein kleiner Streit zu schlichten, aber es ist wirklich nichts von Belang", meinte der Kommandant. "Manchmal allerdings müssen wir Mädchen einfangen."

"Wie bitte?" wunderten wir uns, "wen einfangen?"

Der Kommandant zuckte die Schultern. "Ich weiß", sagte er, "es ist ein Jammer, aber was will man machen? Die Ziten ändern sich. Die alten Sitten sind das eine, die Veränderungen das andere; die Dinge passen nicht mehr recht zusammen."

Es ging um die jungen Mädchen, die in den Großfamilien verheiratet werden sollten, wie es der Sitte gemäß viele Jahrhunderte geschehen war. Doch einzelne suchten heute nach einer eigenen Identität und fanden sich nicht ab damit. Dann liefen sie weg.

Indem ich übersetzte für Teers, hatten wir beide die gleiche Frage: "Wohin laufen sie?"

"In die Berge", sagte der Kommandant, "es ist wirklich schade! Was wollen sie da machen? Ein paar Tage nur und sie sind halb verhungert. Seid nett zu ihnen, wenn ihr sie zurückbringt, sage ich meinen Leuten immer."

Seine Leute waren eben die jungen Soldaten, kaum viel älter als die Mädchen, nach denen sie zu suchen hatten. Manchmal waren sie tagelang unterwegs. Jetzt saßen sie uns gegenüber, hörten der Unterhaltung zu und meiner Übersetzung und nickten zustimmend.

"Was passiert, wenn ihr sie nicht kriegt?" wollte ich wissen.

"Wir kriegen sie alle", war die Antwort. "Allein für sich kann niemand überleben in den Bergen!"

"Und wenn sie durchbrennen in die Städte?"

"Das ist dann nicht mehr unsere Sache." Der Kommandant trank seinen Tee aus. "Aber solche Riesenstädte wie Ankara, was wollen so junge Mädchen dort? Vielleicht überleben sie da noch weniger als in den Bergen. Die kommen doch unter die Räder!"

Wir nahmen gerne das Angebot an zu bleiben und fuhren den Bus unter ein paar schattige Bäume im hinteren Teil des Gartens. "Die armen Mädchen", seufzte Teres, als wir alleine waren. "Wie alt mögen sie sein?"

Wer weiß, manchmal nur dreizehn oder vierzehn vielleicht. Meistens aber wohl etwas älter.

"Ist das ein Alter zu heiraten? Ich bin in dem Alter noch zur Schule gegangen", sagte sie.

Die Frage war, ob sich das vergleichen ließ mit dem Leben hier. Bei meinen Aufenthalten in den Dörfern war oft zu erleben gewesen, wie das Leben in Großfamilien und traditionellen Dorfgemeinschaften den Menschen eine Stütze gab, die in westlichen Gesellschaften nicht mehr existierte. Die Mädchen erreichten mit der Heirat einen neuen Status. Sie zählten zu den Frauen und waren geachtet. Darauf waren sie stolz.

"Trotzdem zu jung", meinte Teres. "Kennen sie vorher ihre zukünftigen Männer?"

Vielleicht hatten sie sie schon einmal gesehen. Und wenn ein Band der Zuneigung dabei entstand, lief auch niemand mehr weg. Aber es war immer so, dass sich nicht nur zwei Menschen verbanden, sondern auch zwei Familienclans, und an dem großen Fest, das dann über mehrere Tage ging, waren auch ihre Dörfer beteiligt, alles in allem Hunderte von Menschen. Es ging dabei nicht nur um Einzelschicksale.

Es war wirklich eine ganz andere Welt, als wir sie kannten. Teres fragte sich nur, wie die vielen türkischen Frauen das ansahen, die schon in Europa lebten.

Das war schwierig zu sagen. Obwohl ich in Berlin-Kreuzberg um mich herum türkische Nachbarn hatte, war dort viel weniger ein Einblick in ihr Leben zu erhalten, als hier in ihrer Heimat. Sie mussten wohl ihren eigenen Weg finden zwischen den aufeinanderprallenden Kulturen.

Teres war in Gedanken versunken. "Trotzdem ..." flüsterte sie. Pause. "... wenn ich jemanden nicht gern hätte – würde ich auch davon rennen!"

"Oh je", erschrak ich, "dann muss ich mich aber von meiner besten Seite zeigen, damit mir das nicht auch passiert."

"Ach du!" sagte sie und umarmte mich.

Teres hatte ein gutes Herz; das Schicksal anderer Menschen, die es nicht leicht hatten, ging ihr nahe. Doch auch ihr eigenes Schicksal, das im Dunkel der Zukunft verborgen war, sollte nicht einfach sein. Für die Wissenden wären die ersten Anzeichen schon jetzt erkennbar gewesen, doch wir waren blind und die Dinge nahmen ihren Lauf.

Einmal lagerten wir im Schatten eines Baumes an einem Brunnen. Ich lag mit dem Kopf in ihrem Schoß und sie lächelte, an den Baum gelehnt, auf mich herab. War es ein lebenslanger Traum, der in Erfüllung gegangen war?

Doch dann, als sie den Mund etwas öffnete, schimmerte es grausilbern. "Ach", entfuhr es mir, "du auch? deine Zähne? Lass mal sehen, Teres, Liebste."

Aber das wollte sie nicht, als ob sie sich schämte. Es war, als fühlte sie sich entblößt in unschicklicher Lage. Dabei hatten wir schon lange keine Geheimnisse mehr voreinander.

Doch wenn man eng zusammen lebte, blieb nichts verborgen: Sie hatte viele Zahnfüllungen. Noch fast in ihrer Kindheit waren an ihr, ohne dass sie eine schlechte Zahnsubstanz gehabt hatte, exzessive und verantwortungslose Amalgambehandlungen vollzogen worden und damit war ihr Schicksal vorgezeichnet. Wir wussten es nur noch nicht.

Im Frühling unseres Lebens genossen wir das Dasein in vollen Zügen. "Wollen wir baden gehen?" fragte ich. "Ein paar Tage ans Meer? Es ist gar nicht so weit!" Es waren die Pontus-Berge, die man im Norden sah; dahinter lag das Schwarze Meer.

Als wir ankamen, war es natürlich nicht schwarz. Es war aber auch nicht das Blau, das wir kannten von der Ägäis – in diesen abgelegenen Buchten, die manchmal nur auf Fischerbooten zu erreichen waren, mit Felsen, die sich unter Wasser in blauen Abgründen verloren. Die Luft hatte stillgestanden in der Sonnenglut, kaum dass ein Plätschern der Wellen zu hören gewesen war, nur das ewig anhaltende Gezirpe der Zikaden. Und dann dieses tiefe, reine Blau.

Das Blau am Schwarzen Meer war heller, lichter, mit einer Spur von Dunst in der frischen Brise, die wehte. Irgendwie europäischer, kam es uns vor. Den letzten Abhang hinab führte ein Feldweg. Am Strand rollten die Brandungswellen an, dass es eine Lust sein musste hineinzuspringen. Es war auch das erste, was wir taten. Autotüren offen, alles stehen und liegen lassen und wir waren im Wasser, durcheinandergewirbelt von jeder neuen Welle. Am besten kam man durch, wenn man die Wellen, da wo sie sich brachen, untertauchte.

Teres hatte genug von dem Spiel und setzte sich an

den Strand. Ich selber, nach dem Staub der Straße, überließ mich weiter dem lange entbehrten Element, nahm meine Schwimmflossen und schwamm weit hinaus.

"Schwimm mir nicht davon!" rief meine Frau mir nach, "auf der anderen Seite ist Russland!"

Richtig, Russland, Störenfried der Welt Nr. 1. Wie man das ja so gelernt hatte. Vorsicht war jedenfalls am Platze.

"Keine Angst", schrie ich zurück, "ich hab' sowieso vorher Hunger!"

Auch Zeiten voll blühender Rosen gehen zuende und Teres war im Winter in London, wo sie zuvor schon einmal gelebt hatte, und ich in Berlin. Was wir füreinander empfanden, musste sich erst noch auf dem Prüfstand des Daseins bewähren. Sie war in einem Alter, in dem sie als eine schöne junge Frau umschwärmt war wie das Licht von den Motten. Was waren das für Versuchungen, denen sie dort ausgesetzt war in der Fülle ihres Lebens?

Wir hatten uns getreulich schreiben wollen. Aber gab es ein Recht, alles zu wissen, was noch einmal mächtig gären mochte, bevor es sich klärte? Außerdem lebte ich in meiner Welt ebenfalls mein eigenes Leben. Vielleicht war es ganz gut, dass wir nicht alles voneinander wussten. Die Verbindung riss sowieso ab, als im Winter die Post in England lahmgelegt wurde durch einen langen Streik. Briefe kamen nicht mehr an und Telefon hatten damals die wenigsten. Wir hätten auch kaum gewusst, wo der andere zu erreichen war. Es entstand eine monatelange Funkstille.

Der Durchgang durch den Nullpunkt hatte sein Gutes. Wir mochten beide unabhängig voneinander durch die gleichen Phasen gegangen sein. Schillernde Welten wurden schaler. Bänder, die uns zu fesseln versuchten, wurden lästig, bis wir sie abstreiften. Uns fehlte etwas: Wir uns gegenseitig. An einem schönen Frühlingstag durfte ich sie endlich abholen vom Flughafen. Sie kam auf mich zu wie das blühende Leben. Was wir uns zu sagen hatten, war schlicht und einfach. Von dem Tag an gehörten wir endgültig zusammen.

Unser gemeinsames Leben begann mit der großen Reise, von der wir geträumt hatten, Teres fast noch mehr als ich. Was immer ihr Ziel war, sie konnte auf meine Begleitung zählen. Der Bus wurde überholt und ausgerüstet, nicht zuletzt mit einer Kiste Ersatzteile. Das Innere wurde wohnlich ausgebaut; wir rechneten mit Monaten, oder länger.

Wie beiläufig erwähnte Teres, dass sie in London längere Zeit krank gewesen war, etwas an der Lunge. Doch es war vorbeigegangen und die Ärzte hatten nichts gefunden. Rückschauend erst sind die Spuren in ihrem Schicksal zu erkennen: Es musste eine Lungenembolie gewesen sein, wenn auch nur eine kleine.

Wohin die Reise gehen sollte, ließen wir vorerst offen, Hauptsache nach Osten. Die große Nord-Südachse durch den Balkan – Zagreb, Belgrad, Niş – war fertig gebaut und der Verkehr rollte pausenlos in beide Richtungen Tag und Nacht hindurch. Dem Augenschein nach war eine deutsch-türkische Völkerwanderung im Gange. Schätzungsweise ein Drittel des Verkehrs waren Reisebusse, Sammeltaxis und Personenwagen auf dem Weg zwischen Istanbul und München mit Sack und Pack und Kind und Kegel, auf dem Dach sich türmendes Gepäck. Vor den Tankstellen lange Schlangen.

Wir selber hatten es weniger eilig, begaben uns des Öfteren auf die kleinen Nebenstraßen und fanden auf den Märkten der auf dem Weg liegenden Orte alles, was wir brauchten, vorzugsweise Obst und Gemüse. Die endlosen Mais- und Getreidefelder des Landes waren erst teilweise abgeerntet. Abgemähte Schneisen führten zu versteckten Plätzen zwischen den hohen Halmen, die wie geschaffen waren, uns abends fern ab von Lärm und Hektik einen Ort finden zu lassen, wo wir allein waren. Teres erzählte von ihrer Zeit in London. Sie war umgeben gewesen von Freunden, aber ihre unverdorbene fröhliche Art hatte Begehrlichkeiten geweckt – eben vielleicht gerade deswegen – und sie hatte zu tun gehabt, Vertraulichkeiten abzuwehren. Sie war mitgezogen durch die nächtlichen Pubs und sie hatte die Elendsquartiere gesehen, wo sie mithalf beim Betrieb einer Suppenküche.

Männer aus besser gestellten Kreisen waren in ihr Leben getreten, von denen sie sich hätte wegheiraten lassen können, um vielleicht irgendwo auf einem noblen Landsitz zu enden. Doch sie suchte etwas anderes, nämlich sich selber. Dazu hatte sie sich aus eigener Kraft durchs Leben geschlagen und arbeitete in einem Restaurant in Soho. Was sich eben so Restaurant nannte im Zentrum der Drogenszene. Einmal auf dem Gang vor den Toiletten fiel ihr ein blutjunges Mädchen entseelt in die Arme; die Nadel steckte noch. Die Sache ging ihr immer noch nach: Die Jugendlichen suchten ein Leben in einer anderen Welt und wussten nicht, wie zurückfinden in die, aus der sie kamen.

Doch hier unter den funkelnden Sternen waren die Irrungen und Wirrungen schon eine ferne Vergangenheit und ein warmes Leben durchpulste uns.

Je südlicher wir kamen, desto angenehmer das Wetter. Die Kleider wurden verstaut bis auf die luftigen Utensilien, die wir der Schicklichkeit halber noch brauchten. Einmal sichteten wir weit oben in der Höhe eine Vielzahl großer Vögel. Es waren Störche, zurückgekehrt von ihrem Zug nach Süden. Am Abend fanden wir dann einen dieser lauschigen Orte in der freien Natur, wie sie uns alle Widerwärtigkeiten des Lebens vergessen lassen. Ein kleiner Bach schlängelte sich durch die liebliche Landschaft und wir nahmen Schlafsack und Matten, um uns an ihm den schönsten Platz auszusuchen für die Nacht, nahe am Wasser. Am Morgen erwachten wir von einem fremdartigen Geräusch. In kaum drei Metern Entfernung stand ein Storch, klapperte mit dem Schnabel und beobachtete die beiden seltsamen Eindringlinge, die ihre verdutzten Köpfe aus dem Schlafsack streckten. Er schien etwas missbilligend dreinzuschauen, als wollte er uns eine Moralpredigt halten. "Ihr werdet schon sehen, was ihr davon habt", dachte er wohl. Teres hielt sich den Mund zu, um nicht loszuprusten. Der Storch drehte sich um, kümmerte sich nicht weiter um uns und stocherte mit spitzem Schnabel nach seinem Frühstück im Uferschilf. Irgendwann flog er dann ab. Wir schauten immer noch etwas verdutzt und jeder von uns hatte so seine eigenen Gedanken. Teres lächelte sanft, während ich erst noch meine Gefühle sortierte.

Knapp 300 km hinter Belgrad lag Niş, dessen alte Stadtmauern vor uns aufragten. Direkt unterhalb der Mauer trafen auf einem freien Platz ununterbrochen die großen Reisebusse ein aus Istanbul, aus deren Inneren die nach 12 Stunden Fahrt wie gerädeten Reisenden herausquollen. Die meisten waren der Kleidung nach anatolische Bauern. Man sah ihnen die Müdigkeit an, aber mehr noch die freudige Aufgeregtheit, endlich unterwegs zu sein zu dem Land ihrer Träume: Deutschland! Sie holten ihre großen Körbe aus den Bussen und setzten sich gruppenweise in einen Kreis, in dessen Mitte auf ein Tuch ihre aus den Dörfern mitgebrachten Spezialitäten ausgebreitet wurden: Börek, eine Bulgurzubereitung, Jufka, das traditionelle Fladenbrot, Tomaten und Paprika, Joghurt und Ziegenkäse. Aufgekratzt und guter Laune, scherzten sie miteinander, während immer neue Busse eintrafen – ein unaufhörliches Kommen und Gehen.

Es waren die gleichen Menschen, bei denen wir in den Dörfern zu Gast gewesen waren. Sie hatten ihr Zuhause verlassen und nun wurde es Ernst. Die Zukunft würde auch für sie bittere Erfahrungen bereithalten: Die unverständliche Sprache, die anderen Sitten und Gebräuche, das oftmals leere Schlagwort von der Willkommens-Kultur, das sie zwingen würde, ihre Offenheit zu verlieren, um die eigene Identität zu retten in einer fremden Welt. Wie bei so manchem meiner Nachbarn in Kreuzberg.

Es war Mitternacht und die Szene war beleuchtet von Scheinwerfern, als wir noch ein wenig über das Gelände schlenderten. Wo ganze Familien angekommen waren, bereiteten die Frauen eine späte Mahlzeit für ihre Angehörigen; die Kinder rannten herum, spielten und waren noch aufgekratzter als die Erwachsenen. Verkäufer betrieben ihre Kebab- und Köfte-Grillstände, von denen sich appetitanregende Schwaden verbreiteten.

Abseits der nächtlichen Geschäftigkeit suchten wir einen etwas ruhigeren Platz und tauschten noch einige Worte, bevor wir uns aufs Ohr legten. "Die halbe Welt ist unterwegs", sagte sie. Und nach einer Weile: "Aber wir ja eigentlich auch. Ich bin gespannt auf dieses Istanbul."

"Ich zeig dir's", murmelte ich im Einschlafen. "Jedenfalls kolossal."

6. Offene Wege

Die Küstenstraße am Marmarameer entlang führte direkt dorthin, wo Istanbul anfing: bei der gewaltigen Stadtmauer aus byzantinischer Zeit. (Damals! Seitdem ist Istanbul ins Unermessliche gewachsen und fängt schon 100 km vorher an.) Dahinter tauchte man ein in das Gewirr der Gassen von Eminönü, der Altstadt. Man brauchte sich nicht besonders auszukennen, alle führten sie hinab zur Wasserfläche des Goldenen Horns und dort zur Galata-Brücke. Endlich waren wir da. Das Getümmel des Verkehrs war enorm wie immer. Aber wir hatten Glück, fanden einen Parkplatz, stiegen aus und reckten und streckten uns.

Vor uns priesen Straßenverkäufer laut ihre Ware an, Pfirsiche, groß und saftig, fast schon etwas überreif, sodass es nur so tropfte, wenn man hineinbiss. Wir saßen auf einem Mäuerchen, labten uns an den Früchten und ließen den Blick schweifen über die Mengen an Menschen, die zu Lande und zu Wasser unterwegs waren. Die frische Meeresbrise vom Bosporus mischte sich mit den Gerüchen des Fisch-Bazars in unserem Rücken. Aus den schwimmenden Lokantas dem Ufer entlang zogen die Düfte von gegrilltem Palamut, dem Fisch der Saison, verlockend in unsere Nasen. Wollten wir? Am rechten Appetit hätte es nicht gemangelt, doch wir entschieden, zuerst einen alten Freund zu besuchen in seinem sonderlichen Haus ...

Wir entdeckten Istanbul, bekannte Örtlichkeiten wie Sultan Ahmed, Hagia Sophia, Topkapı Saray genauso wie die engen Gassen von Eminönü, mit ihren dunklen Treppen und dem Gewirr von Höfen, Werkstätten und offenen Läden. Und immer kam man zurück zum Kapalı Çarşı, dem Gedeckten Basar, fast schon ein halbes Stadtviertel für sich. In einem Labyrinth endloser Wege durch die Werkstätten und offenen Läden der Händler wurde angeboten, was es nur gab an Waren der Welt. Von allen Seiten wurden sie angepriesen und wir zum Nähertreten aufgefordert.

Teres erstand ein Kopftuch und sah damit schon fast einheimisch aus. Vor einer Glasvitrine blieb sie stehen und betrachtete die ausgestellten Schmuckstücke, beste Qualitätsarbeit in Gold. "Meine Güte", entfuhr es mir, "wer trägt so etwas?"

"So etwas tragen schöne Frauen", sagte sie.

Dazu würden sie nicht nur schön sein müssen, sondern ziemlich reich – nur um auch diesen Gesichtspunkt anzutönen.

"Aber die Schmuckstücke sind bewundernswert", beharrte sie.

Einverstanden! Eigentlich würden sie es verdienen, auch von schönen Frauen getragen zu werden, die nicht reich waren. "Willst du eins?"

"Geht's noch?" empörte sie sich. "Alles Geld verpulvern und die Reise gleich mit? So also nun doch nicht!" Wir lachten.

Wenn schon nicht unbedingt für Schmuck, so hatte Teres doch eine Vorliebe für gute Stoffe. Als wir an einem Stofflager vorbeikamen und sie ein bisschen zu lange stehen blieb, war schon der Besitzer zur Stelle. "Buyrun", rief er, "tretet ein", und nach rückwärts gewandt: "Mehmet, bring zwei Gläser Tee!"

"Danke Baba", wehrte ich ab, "wir wollten nur schauen."

"Macht nichts!" sagte er. "Setzt euch und trinkt Tee." Woher wir kämen und warum ich die Sprache konnte? Ich gab Auskunft. "Sehr gut!" blieb er am Ball, "çok güzel!"

Teres ließ inzwischen die Augen über die Stoffe gleiten. Der Händler hakte ein: "Die beste Ware der Welt! Für euch mach ich's ganz billig."

Man kannte sich etwas aus mit den Gepflogenheiten

beim Handeln. Auf den genannten Preis hin hätte man sagen müssen: Viel zu teuer! Und er im Gegenzug: Aber nicht doch, das ist fast umsonst, geschenkt sozusagen ... Und so weiter.

Teres befühlte die Stoffe und flüsterte mir zu, dass sie wirklich günstig wären im Vergleich zu den Preisen daheim. "Natürlich, Liebste", wehrte ich ab, "aber wir sind noch lange unterwegs und unser Auto ist kein Nähatelier."

"Ich weiß", lächelte sie, und mit einem Seufzer: "Trotzdem schöne Stoffe!"

Der Händler, unserer Sprache unkundig, vermutete echtes Interesse und ging runter mit dem Preis. Wir mussten ihn enttäuschen: "Danke Baba, aber es geht nicht!" Wir wären auf dem Weg nach Osten und hätten keinen Platz im Auto.

"Macht nichts, kommt auf der Rückreise vorbei und ich mache euch einen guten Preis. Wann kommt ihr?"

Er musste sich mit der Antwort begnügen: "Das weiß der Himmel. Die Türkei ist ein schönes Land und wir haben viel Zeit."

"Ich warte auf euch", sagte er. "Mögen eure Wege offen sein. Yolunuz açık olsun."

Die Fahrt ging ins Blaue, immer mit der allgemeinen Richtung nach Osten. Wir erkundeten neue Gegenden und kamen durch die, die wir schon kannten. Manchmal suchten wir Menschen auf, die uns durch ihre herzliche Art im Gedächtnis geblieben waren und die sich ebenfalls an uns erinnerten, was dann immer mit viel Teetrinken und Erzählen verbunden war. Als es im Süden gegen die Torros-Berge zuging, stieg der Bus aus. Ein Ventil brannte durch und er schlich nur noch auf drei Zylindern dahin. Damit hatte man rechnen müssen, Ersatzteile waren an Bord.

Bei der Verhandlung mit dem Chef einer Autowerkstatt, ob er uns einen Standplatz zu Verfügung stellen mochte, auf dem ich den Motor ausbauen und zerlegen konnte, trat einer der Anwesenden dazu und lud uns ein auf das Gelände seines Schwiegervaters. Wir würden zufrieden sein dort, versprach er.

Der Schwiegervater war der Wärter des regionalen Bewässerungssystems, das sein Wasser aus einem See in den Bergen bezog. Der Bus schaffte den Anstieg dorthin mit knapper Not und schleifender Kupplung, aber was sich dann dem Auge bot, war eine Bilderbuchlandschaft – das klare Wasser des Sees und die Berge ringsum. Die wassertechnischen Verbauungen waren unterirdisch, oberirdisch war das Wohnhaus der Familie und ein prächtiger Garten. Mittendrin wurde uns eine saubere Betonfläche angewiesen direkt über dem Wasser, Werkstatt und Campingplatz in einem, außerdem Badeanstalt, Gartenidylle und Luftkurort. Von der Familie wurden wir herzlich aufgenommen.

Hatte man das Nötige dabei, war die Reparatur ein Kinderspiel: Die Fahrzeugtechnik damals war einfach und unkompliziert. Der Motor ließ sich nach dem Lösen von vier Schrauben aus dem Fahrzeug ziehen und mit einfachem Bordwerkzeug zerlegen. Doch ich konnte mir viel Zeit lassen dabei, war mehr im Wasser und in der Sonne als bei den Motorteilen und fing Fische für die Küche der Gastgeber.

Die Familie unseres neuen Freundes hielt sich in der Sommerzeit ebenfalls hier auf und eine Tochter suchte die Bekanntschaft mit Teres. Man sah die beiden viel zusammen und die Verständigung ging mit der Hilfe von diversen Sprachbrocken.

Zwischen ihnen war kein großer Altersunterschied zu sehen und doch war Teres um einiges älter als das junge Mädchen, das bei all seinem fröhlichen und lebendigen Wesen schon fast wie eine reife Frau wirkte. Sie wusste genau, wen und wann sie heiraten würde und das nicht erst in ferner Zukunft, sondern ziemlich bald. Sie kannte ihre zukünftigen Aufgaben, ihre Rechte und Pflichten,

und bejahte alles mit einem stillen und hingebungs-
vollen Ernst, weit entfernt von dem Jahrmarkt der Eitel-
keiten, mit dem das Thema bei uns oft befrachtet ist.

Teres war beeindruckt. Sie war auch eingeladen
worden zur Hochzeit. Aber da musste sie passen. Wenn
man nicht wusste, was der morgige Tag brachte, konnte
man auch nicht weit voraus planen. Doch sie wünschte
alles Gute und viel Glück.

Wir kamen an den Euphrat. Im Süden nahe der
syrischen Grenze, wo ihn eine Brücke überspannte, war
er schon ein großer Strom. Es war Abend und am
jenseitigen Ufer suchten wir einen Platz für die Nacht.
Was sich finden ließ, war ein Straßenbaulager. An
solchen Orten waren wir schon oft gastfreundlich
eingeladen worden und so war es auch hier. Der ideale
Stellplatz für den Bus war eine ebene Fläche über dem
Wasser an einem Steilufer, mit dem weiten Blick über
den Strom und das Land, hinter dem glutrot die Sonne
unterging.

Wir hatten es nicht eilig und blieben auch am
nächsten Tag. Wo die Ufer des Stromes flach waren,
wuchsen breite Schilfgürtel zu einer beträchtlichen
Höhe auf. Sie wurden geerntet und die langen Stängel
senkrecht zu Haufen aufgestellt zum Trocknen.

Gegen Mittag bekamen wir Besuch von den Straßen-
bauarbeitern. Nein, nein, wir wären nicht im Weg,
sagten sie, wir sollten bleiben, es wäre nur gerade der
Ort, an dem sie manchmal zu fischen pflegten. Ob man
behilflich sein könne, war meine Frage. Eigentlich nicht
so recht, sagten sie. Es interessierte mich trotzdem.

Allerdings waren ihre Vorbereitungen zum Fischen
etwas seltsam. Sie entnahmen einer Tasche zwei gelbliche Stangen, spannenlang und 3 cm dick. Sie drückten
ein Loch in die weiche Masse und steckten etwas hinein,
das wie eine Tintenpatrone aussah, und danach ein
Stück einer schwarzglänzenden Schnur.

Man sah der Sache mit etwas gemischten Gefühlen zu. Die Fischerei hatte uns ja schon viele schmackhafte Mahlzeiten beschert und das Fischen war überhaupt einer der Urberufe der Menschheit – aber musste es unbedingt Dynamit sein?

Doch wir waren hier nur Gäste, ohne Stimmrecht; Dynamit war im Straßenbau ein gängiges Arbeitsmaterial. Zwei Arbeiter stellten sich in einem Abstand von zehn Metern an das Steilufer, entzündeten gleichzeitig die Zündschnüre mit ihren Zigaretten und warfen die Ladungen ins Wasser.

Es musste sehr tief gewesen sein, denn von der Detonation war fast nichts zu sehen an der Oberfläche. Doch unter den Fußsohlen hatte die Erde gebebt. Zwei Kollegen entledigten sich ihrer Oberkleider und stiegen ins Wasser. Wie sich herausstellte, waren sie die einzigen, die schwimmen konnten.

Eine Weile war nichts zu sehen, die Strömung floss träge dahin. Dann, schon gegen die Mitte des Stromes zu, wurde die Wasseroberfläche lebendig. Die Fische waren nicht getötet von der Explosion, aber hatten ihre Schwimmblase nicht mehr unter Kontrolle und kamen wieder hoch, wenn sie versuchten abzutauchen. Die beiden Kollegen im Wasser taten ihr Bestes, waren aber wohl keine geübten Schwimmer, vor allem weil sie sich ohne Schwimmflossen über die weite Wasserfläche hin abmühen mussten. Wenn sie vielleicht je zwei der ziemlich großen Fische zurückbrachten, war das schon eine Leistung.

Ich konnte es nicht länger mit ansehen, machte eine Fangschnur parat, nahm meine Flossen und sprang ins Wasser. Die Fische, die bei ihren Abtauchversuchen an der Oberfläche platschten, waren zwar aus der Nähe gut zu erkennen, aber das Aktionsfeld hatte sich fast über den ganzen Strom verbreitet. Im Fokus war nur noch Wasser und die entfernte Uferlinie, auf der die Bauarbeiter liefen und gestikulierend anzeigten, wo es noch etwas zu holen gab. Was zu greifen war, wurde eingesammelt und endlich konnte man zum Ufer schwimmen wie ein Unterwasser-Packesel, die Fische aufgereiht an der Schnur.

Die Kollegen nahmen sie in Empfang und waren voll des Lobes. Teres weniger. "Was bin ich froh, dass ich dich zurück habe. Du warst ja nur noch wie ein Pünktchen so weit weg." Nun ja, aber das war nicht so schlimm. Dafür – hast du gehört – wären wir heute abend eingeladen zum Fischessen!

Die Fische, eine Art Barben oder Karpfen, waren am Abend lecker zubereitet und es ergab sich die Gelegenheit, leise anzutönen, ob bei der Dynamitfischerei nicht irgendwann die Fische ausgingen. Nein, sagten sie, solange sie denken konnten, hatte es immer wieder neue gegeben. Der Euphrat war unerschöpflich!

Dass aber ein großes Gewässer doch ruiniert werden konnte, war die Erfahrung meiner Kindheit gewesen. Aufgewachsen am Rhein zu einer Zeit, als Umweltschutz für die Industrie ein Fremdwort war, war der viel besungene Strom in meiner Erinnerung nicht viel mehr gewesen als eine trübe Kloake. Wenn es überhaupt noch Fische gab, wer hätte sie wohl essen mögen bei all den stinkenden Chemieabwässern!

Dabei wurde in ganz alten Berichten davon gesprochen, dass der Rhein einmal voller Lachse gewesen war. Lachse! Die ultimative Delikatesse als gewöhnliche Hausmannskost! Solange es also am Euphrat bei einem bisschen Dynamit blieb, war es vielleicht doch noch nicht ganz so schlimm.

Als die Aufenthaltsgenehmigung für die Türkei ablief, sah man uns am Grenzübergang nach dem Iran, dem alten Persien. Unsere Impfpässe wurden gefordert. Da niemand ungeimpft über die Grenze kam, hatten wir zuvor bei einem Sanitätsdienst die Prozedur über uns ergehen lassen, ohne zu ahnen, wie sehr sich unser ganzes Leben verändern sollte durch den Giftcocktail gegen Cholera und Pocken, der Quecksilber enthielt und andere Substanzen in einer undurchschaubaren Mixtur. Es sollte nur eine Weile dauern, bis wir die Auswirkungen zu spüren bekamen. Quecksilber entfaltet sein Schadenspotential langsam, dafür umso nachhaltiger.

Persien war eine andere Welt. Die Berge erschienen höher und schroffer, das Klima extremer und trockener, die Ebenen weiter, bis sie in wüstenartige Landschaften übergingen, die sich unendlich dahin zogen. Die Städte waren moderner und westlicher, aber die sozialen Unterschiede größer und auffälliger.

Einmal, als wir uns auf die Ausfallstraße einer Stadt begaben, waren die Quartiere immer schäbiger geworden, bis als Letztes die Ärmsten der Armen am Straßenrand hockten. Blind und mit leeren Augenhöhlen saßen sie und hielten die Hand auf in der Hoffnung auf ein Almosen von den Vorüberfahrenden. Es war die Zeit, als der Schah als oberster Herrscher das 2500-jährige Bestehen seines Reiches prunkvoll feierte mit großen Imitationen von Triumphbögen bis in jedes Dorf.

Auch wenn mir das Land nicht ganz unbekannt war, blieb doch das Fremdartige. Vor allem die andere Sprache erschloss sich nicht so leicht. Der gute Vorsatz, sich einen Wortschatz einzuprägen, scheiterte vorerst an den arabischen Schriftzeichen, die die Wörterbücher unverständlich bleiben ließen.

Auffällig war die militärische Präsenz; überall im Land befanden sich Militärposten. Bei ihnen konnte man übernachten und seine Wasservorräte ergänzen. Die Offiziere sprachen Englisch und luden uns manchmal zum Tee ein. Eine harmlose Plauderei folgte, über uns und unsere Ansichten und Absichten und da wir nur auf das Gute Bezug nahmen, waren wir im besten Einvernehmen. Vielleicht hätte es auch kontroverse Themen gegeben, doch es war nicht opportun, von

Dingen zu reden, die wir nicht kannten und beurteilen konnten.

Einmal war es spät abends geworden, als wir zu einem Militärkamp kamen. Der Wachtposten erriet unser Anliegen nach einem Nachtlager und wies uns weiter. Jemand zeigte uns einen idealen Stellplatz unter einer Baumgruppe. Am nächsten Morgen galt mein erster Gang zwischen den Baracken einem Wasserhahn oder gar Waschanlagen. Ich hatte einen alten, schon arg verschossenen Mantel übergeworfen gegen die Morgenkühle. Der Mantel war etwa in der Farbe einer Uniform. Plötzlich in meinem Rücken eine schneidende Kommandostimme im erstklassischen Kasernenhofton. Ich war gemeint, Subjekt der untersten Chargen, das offensichtlich nicht dem vorgeschriebenen Kleiderreglement entsprach. Im gleichen Moment kam Teres um die Ecke, ein Bild der Lieblichkeit, wenn auch noch etwas verstrubbelt so früh am Morgen. Sie hatte die Gabe, in solchen Situationen ein gewinnendes Lächeln aufzusetzen. Die Kommandostimme brach ab mitten im Satz. Auf dem Gesicht des obersten Chefs malte sich für einen kurzen Moment Verblüffung ab, und dann lächelte er ebenfalls.

Einer der Untergebenen eilte herzu und erklärte unser Hiersein. Wir wurden zum Tee eingeladen und auf dem Tisch standen Kekse. Der Kommandant sprach ein Englisch mit amerikanischem Akzent und wir parlierten ganz artig miteinander. Es freute ihn, dass wir sein Land kennenlernen wollten. Noch ein paar Kekse, die übrigens im ganzen Land immer von der gleichen Sorte waren, und wir schieden in aller Friedlichkeit.

Doch das Militär konnte auch andere Töne anschlagen. Wir waren unterwegs in der Mitte des Landes und erlebten die Einöde einer weiten Ebene, die sich unendlich ohne Abwechslung dahin zog. Wir hatten keine Eile, die Zeit war unwichtig geworden. Von der

Asphaltstraße aus fuhren wir seitlich auf topfebenen, festen Untergrund in die Unberührtheit, soweit wir nur wollten. Bei einem Halt dann breiteten wir uns aus, ein kleines Sonnensegel sorgte für etwas Schatten. Die Impression war perfekt, auf Gottes lieber Erde die einzigen Menschen zu sein.

Teres saß in der offenen Fahrzeugtüre und war beschäftigt etwas zu nähen. Ich selber stand einfach nur da und schaute auf meine Füße, die Sandalen, bequem wie sie waren, aber langsam in Auflösung begriffen. Schaute auf den Boden, Erde und kleine Steine, ab und zu ein vertrockneter Grashalm, hob den Blick bis zu dem wie mit einem Lineal gezogenen Horizont – und sah fünf Punkte. Sie standen unbeweglich im gleichen Abstand voneinander ganz knapp über dem Horizont.

Punkte standen aber normalerweise nicht einfach in der Luft. Irgendwie, auch wenn sie sich nicht bewegten, schienen sie größer zu werden. Es ging nur noch kurze Zeit, bis klar wurde, warum: Sie kamen direkt auf uns zu! Mit rasender Geschwindigkeit wurden sie zu Flugzeugen, Kampfjets, die sich näherten, dann innerhalb von Sekunden schon den Himmel ausfüllend und dabei doch in vollkommener Lautlosigkeit heranschwebend, schneller als ihr Schall.

Ich konnte nur noch einen Schrei ausstoßen, sich um Himmels willen die Ohren zuzuhalten, presste beide Hände auf meine – dann waren sie über uns und eine Lärmkaskade brach los, die uns zu Boden schmetterte. Sekunden nur, in denen wir versuchten uns aufzurappeln, und sie waren schon am anderen Horizont. Was, wenn da eine etwas höhere Fahnenstange gestanden hätte? Die hätten sie ja glattweg umgeflogen! Tagelang hatten wir in den Ohren einen Summton wie beim Telefon. Ein wehrhaftes Volk, dieser Iran! Die besten Freunde einer gewissen Weltmacht, doch dann gleichsam wie über Nacht die bittersten Feinde.

Es gab Seen, die sich bis an die Horizonte ausdehnten. Der noch feste flache Boden war anfänglich überzogen mit feinen Salzkristallen, die nach und nach zu einer Kruste wurden über feuchtem Untergrund, bis er endlich überging in offenes Wasser, Salzwasser, dessen Fläche in der Sonne flimmerte.

In einiger Entfernung lagen die Häuser eines kleinen Dorfes, als wir an solchem Ort unser Nachtlager aufschlagen wollten. Im Licht des letzten Tages ritt ein Reiter über die Ebene. "Whau", machte Teres, "echt wie bei Karl May", Bezug nehmend auf einen alten Verkaufsschlager des Buchhandels. Der Reiter sprengte auf uns zu in vollem Galopp. Angekommen, rief er etwas, merkte aber, dass wir aus einer anderen Welt kamen, in der die Kommunikation nicht funktionierte. Deshalb versuchte er es erst einmal mit einem breiten Lachen, stieg ab und kam zu uns ans Fahrzeug.

Er war ein junger Bursche und sprach sogar einige Brocken englisch. Er bekundete seinen Wunsch, das Innere zu beschauen und wir zeigten ihm unser fahrbares Daheim. Was er sah, musste ihn ungemein interessieren, so sehr, dass er schließlich mit einem Vorschlag kam: Dürfte er das Fahrzeug selber mal ausprobieren? Wollten wir tauschen, ich Pferd, er Auto? Nur ganz kurz.

Auch ich war einmal ein Liebhaber des Wilden Westens gewesen mit all seinen feurigen Rossen, aber überschlug in Gedanken den Schaden am Bus, wenn ihn jemand mit Schuss in den Straßengraben fuhr. Auch war mir nicht klar, welche Figur ich abgab auf einem Pferd, hatte ich doch kaum je auf einem gesessen und auf einem Renner schon gar nicht. Doch schließlich machten wir den Handel ab, ich stieg auf das Pferd und gelangte auch wohlbehalten in den Sattel.

Danach veränderte sich die Szene. Irgendeine Bewegung von mir musste das Pferd falsch gedeutet haben und preschte davon. Der Anblick mochte vielleicht für Zuschauer nach etwas ausgesehen haben, aber mein

ganzes Trachten war darauf gerichtet nicht herunter-
zufallen. Hilfe! Wo war nur die Bremse? Teres meinte
später, unser junger Freund hätte einige Male die Luft
angehalten.

Danach war er an der Reihe. Er hatte schon
rudimentäre Begriffe von Fahrzeugtechnik und ließ sich
Kupplung, Bremse, Gas und Gangschaltung genau
erklären. Und los ging's. Das Land war eben genug, dass
wir nicht auf die Straße mussten, auf der Lastwagen
verkehrten. Diesmal war es an mir, ab und zu die Luft
anzuhalten. Die Begeisterung des Neulenkers blieb un-
gebrochen, bis wir an eine Bodenwelle kamen, die das
Fahrzeug kurz abheben und dann aufschlagen ließ, dass
die Federung krachte. Mit einer gewissen Erleichterung
brachen wir im gegenseitigen Einvernehmen das Experi-
ment ab. Unser Freund stieg auf sein Roß und ritt
davon.

Nach einer Zeit jedoch kam er zurück mit der
Meldung, wir wären eingeladen als Gäste seiner Familie.
Deren äußerlich unscheinbares Haus erwies sich im
Inneren als ein prächtiger Raum, geschmückt mit edlen
Teppichen und Wandbehängen. Der Hausherr und die
Frauen des Hauses standen bereit, uns zu begrüßen.

Es waren neben unserem Reiter noch andere junge
Männer anwesend, die Uniform trugen, und Kinder, die
sich vorerst im Hintergrund hielten. Wir wussten gar
nicht, womit wir die auf uns zukommende Welle an
Herzlichkeit verdient hatten. Doch wurden wir herein
gebeten, zogen unsere Schuhe aus und betraten die
kostbaren Teppiche.

In der Mitte des Bodens lag ein großes Tuch, auf dem
für die Mahlzeiten die Speisen bereitgestellt wurden. Es
sah geradezu festlich aus mit großen und kleinen
Schüsseln mit vielerlei Art von Zubereitungen, dazwischen Blumen und Schalen mit Obst. Wir wurden
erwartungsvoll angeschaut und konnten in der Tat
unsere Überraschung nicht verbergen, worüber sich

unsere Gastgeber freuten und das Zeichen gaben, in einer großen Runde Platz zu nehmen am Boden.

Die Sonne war inzwischen untergegangen und die Dämmerung hatte eingesetzt. Das war dann auch ein Teil der Erklärung für den festlichen Anlass: Es war die Zeit des Ramadan, des Fastenmonats im Islam, an dem man tagsüber zwischen Sonnenauf- und untergang keine Nahrung zu sich nahm. Danach aber wurde mit neuer Freude und Dankbarkeit für das tägliche Brot das Nachtmahl zelebriert, zu dem auch wir fremden Reisende geladen waren.

Allerdings gab es mehr als nur Brot. Es war eine Menge uns noch unbekannter Köstlichkeiten und wenn es auch nicht unbedingt ein Anlass zur Völlerei sein sollte, so hätte es doch einer werden können für uns als Gäste. Wieder und wieder wurden wir ermuntert, herzhaft zuzugreifen und besonders Teres musste sich fast schon wehren gegen die Frauen, die ihren Teller mit immer neuen Leckerbissen beluden.

Sie taten das mit einem Lächeln und Teres lächelte zurück, aber schaffte es doch, einen goldenen Mittelweg einzuhalten, bei dem sie nicht zu sehr genudelt wurde. Den Frauen war anzusehen, wie gerne sie sich ausgetauscht hätten mit ihr über Themen, die nur Frauen angingen. Doch da war die Sprachbarriere ...

Bei uns Männern war es etwas einfacher mithilfe der Kenntnis einiger englischer Sprachbrocken. Unser junger Freund gab noch einmal sein Abenteuer zum Besten mit dem Tausch unserer Fortbewegungsmittel und es gab eine Menge zu lachen. Wir bekamen nicht überall die Pointe mit, aber alles in allem wurde es ein gelungener Abend, bei dem man sich fragte, wann man je etwas Ähnliches zuhause erlebt hatte.

Wir waren auf dem Weg zu einem Freund, mit dem ich oft zusammengewesen war in Berlin und ihm bei verschiedenen Problemen hatte helfen können. Hier in seiner Heimat revanchierte er sich, als wir ihn ausfindig gemacht hatten, indem er uns eine große Villa mit einem Innenhof voller Rosen zur Wohnung bot, in der er selber auch mit einer Gruppe von Kollegen wohnte. Sie arbeiteten als Ingenieure auf einer Großbaustelle, einem Industriekomplex, der in der Wüste aus dem Boden gestampft wurde. Die Tausende von Menschen, die gleichzeitig emsig dort bei der Arbeit waren, ließen das Bild vom Turmbau zu Babel aufkommen; nur die kilometerlangen Rohrleitungssysteme wollten nicht recht dazu passen. Für ein paar Tage lud mich der Freund ein, ihn auf der Baustelle zu begleiten, mit technischen Zeichnungen unter dem Arm.

Teres lebte derweilen in der Rosenpracht wie in einem goldenen Käfig. Nicht ein trockenes Ästchen hätte sie abschneiden dürfen! Dafür war eine Dienerschaft zuständig, die alle Arbeiten erledigte, Haus und Küche besorgte und ihr obendrein auch jeden Wunsch von den Augen ablesen sollte. Doch ihr stand der Sinn nicht nach süßem Nichtstun, sondern sie wollte mit zu den Einkaufsfahrten in die nahe Stadt.

Die Frau des Chauffeurs, unsere Küchenfee, nahm sich ihrer an und machte ihr liebevoll und gestenreich klar, dass sie sie begleiten würde, dass aber in diesem sehr konservativen Teil des Landes eine etwas adäquatere Bekleidung angebracht wäre. Teres war offen für neue Ideen und folgte ihrer Beraterin in ihre Privatgemächer, aus denen sie wieder zum Vorschein kam bis an die Nasenspitze vermummt in einem Tschador, dem schwarzen Übergewand der Frauen.

Wie sie am Abend berichtete, war es ein ganz neues Gefühl, so unterwegs zu sein, wie von etwas Schützendem umgeben. Mit ihrer Begleiterin war sie in einer Moschee gewesen, was sonst wohl kaum möglich gewesen wäre; hatte wie sie ihre Schuhe ausgezogen und gelernt, sich dort zu bewegen, indem sie ihr auf Schritt und Tritt folgte.

Danach war sie mit dabei, die Einkäufe auf dem Bazar zu erledigen und sie hatte sich ungezwungen unter den anderen Frauen aufgehalten, die fast alle in ihren Tschador gekleidet waren. Einige, denen sie begegnete, erkannten trotz der Vermummung in ihr die Fremde und schauten neugierig. Aber Kontakte scheiterten auch hier an der Sprachbarriere.

So verlebte Teres vorwiegend ihre Tage im Umkreis der Villa, bis wir am Ende des Tages von der Baustelle zurückkehrten und den Abend mit dem Freund und seinen Kollegen verbrachten. Die alten Zeiten wurden beschworen, als er noch in Berlin studierte, und die neuen Zukunftsaspekte. Doch irgendwann wollten wir weiter, auch wenn es uns leid tat, uns wieder aus den Augen zu verlieren. Für immer, wie sich herausstellte. Als später die Revolution über Persien kam, haben wir nie mehr etwas voneinander gehört.

Die Straße, die sich im Bergland von Khorasan vom Kaspischen Meer bis nach Afghanistan hinzog, kam durch viele Dörfer, von denen vor allem prächtige Bäume in Erinnerung geblieben sind. Bei einem Halt auf einem Rastplatz kam lächelnd ein Lastwagenfahrer auf uns zu und schenkte uns zwei große Granatäpfel. Einfach so. Die spontane Herzlichkeit blieb uns als eine Geste, die zuhause ungewöhnlich gewesen und auch vielleicht nicht immer auf die Bereitschaft gestoßen wäre, die Gabe in Dankbarkeit anzunehmen.

Ein andermal waren wir bis in die Nacht gefahren und suchten einen Platz abseits der Straße. Ein bäuerlich gekleideter Mann stand plötzlich vor uns in der Dunkelheit und bat uns, auch wenn wir nicht alles verstanden, seine Gäste zu sein. Sein Haus war eine kleine kuppelförmige Lehmhütte, die nur aus einem Raum bestand. Er richtete sie zum Übernachten her, bereitete uns ein Abendessen und schaute zu, dass es uns mundete. Dann zog er sich zurück.

101

Wir fuhren unbeschwert durch den sonnigen Herbst auf der wenig befahrenen Straße und so uns danach zu Mute war, trällerten wir alle Lieder, die wir kannten. Teres sang die zweite Stimme dazu, vorzugsweise wenn es Mundart war, wie das Lied vom Buurebuebli, das noch viel lernen musste, bis seine Liebste ihn erhörte, vom Vreneli ab däm Guggisbärg, und von den Tannenholz-Hosen, die knitterfrei blieben, auch wenn noch so wild getanzt wurde.

Dabei lernte ich sie von einer Seite kennen, die mir neu war. Dass Schweizer ihre eigene Sprache sprechen, war bekannt, jede Region mit eigenem Dialekt, der für Uneingeweihte manchmal wie eine Fremdsprache war. Bis jetzt hatte es nur Hochdeutsch zwischen uns gegeben, dass sie aber zu einem anderen Menschen wurde, wenn sie sich in ihrer ureigenen Sprache bewegte, wurde mir erst jetzt deutlich.

Ich nahm mir vor, sollten wir uns einmal genug in fremden Gefilden herumgetrieben haben, ihr in ihre Heimat zu folgen, von der ich noch nicht mehr wusste, als dass sie dort hohe Berge hatten und jodeln konnten. "Aber von denn an kein einziges Wort hochdeutsch mehr zwischen uns, sonst lern ich's nie!", sagte ich.

"Ja waas!", meinte sie.

"Echt! Oder wir sind geschiedene Leute!"

"Eh z'Donner," gab sie zurück, "grad dä Wääg?"

8. Afghanistan

Am afghanischen Grenzposten wurden zwei Amerikaner in Quarantäne zurückbehalten, weil ihre Impfpässe angeblich nicht in Ordnung waren. "We give you food, we give you bed," bekamen sie zu hören und nach fünf Tagen würde man schauen, ob sie weiter dürften. Die beiden protestierten lauthals, ohne dass es Eindruck gemacht hätte. Die Reise war vorerst zu Ende für sie.

Dabei sah es hier, wo statt Uniform der Kaftan, ein traditioneller langer Mantel, und der Turban getragen wurde, schon eher aus, dass dezent unter der Hand wechselnde Geldscheine die Lage entschärft hätten. Wir selber konnten prächtige Stempel - teuer erkauft, viel zu teuer - in den Ausweisen vorweisen und kamen ungeschoren davon.

Herat, die erste große afghanische Stadt, lebte in einer anderen Realität, die Uhr um ein Jahrhundert zurückgedreht. Es gab keinen motorisierten Straßenverkehr! Keine Autos! Es gab keine Gebäude westlicher Bauart! Das gängige Verkehrsmittel war der Esel, doch drängten auch Pferde und Kamele durch die Menschenmengen auf den staubigen Straßen. Ashalt war noch unbekannt.

Alles spielte sich auf der Straße ab. Auf Feuern wurde gekocht, gebraten und geröstet; wer hungrig war, setzte sich dazu und ließ sich etwas Essbares reichen. Pulks von Kindern wuselten dazwischen und schauten, ob etwas für sie abfiel. Kinder, überall Kinder! Fliegende Barbiere seiften ihre Kunden ein am Straßenrand. Berge von Granatäpfeln, exotisches Gemüse wie blaue Mohrrüben, verbeulte Kochgeschirre und Haufen von Alteisen warteten auf Käufer. Zum Abwiegen hatte jeder Verkäufer eigene Privatgewichte in Form von Feldsteinen und nannte sie Pau, von englisch Pound, Pfund.

Eine ganze Straße war belegt von den Kostbarkeiten

der Teppichhändler. Gruppen alter Männer saßen in der Sonne und tranken Tee. Frauen huschten vorüber in ihrer Ganzkörperverschleierung, andere gingen unverschleiert, je nach Stammeszugehörigkeit. Kinder spielten begeistert Spiele mit Hilfe kleiner Steinchen. Als ich mich einmal nach Teres umdrehte, saß sie inmitten einer ganzen Schar, die lebhaft auf sie einredete, als wollten sie etwas wissen. Mit mehr als einem Lächeln konnte sie nicht antworten, aber auch das brach das Eis zwischen ihnen; sie verstanden sich.

Lastträger mit mongolischen Gesichtszügen schleppten riesige Packen auf ihren Rücken; in Mauernischen betrieben Scherenschleifer und Messerschmiede ihr Gewerbe und eine Mannschaft von Teigknetern und Bäckern produzierte im Feuer eines großen Lehmofens Berge von Fladenbroten, die, so schnell sie aus der Glut kamen, auch schon ihre Käufer fanden.

Es war das Afghanistan, das noch keinen Krieg kannte, der durch fremde Mächte unendliches Leid über die Menschen bringen sollte, der die alten Traditionen zerstörte, die Gemüter verwüstete und als Flüchtlinge in alle Welt zerstreute.

Im Norden Herats lag auf einem Vorgebirge der Takht-i-Safar, ein großes altes Gemäuer, Burg vielleicht oder ehemalige Kultstätte. Von seiner Terrasse aus war das Panorama der Stadt zu überblicken, die Moscheen und Minarette, die Ruine der Zitadelle, Bäume und Obstgärten an den Windungen eines Flusses und die lange, lange Allee großer Bäume, die nach Süden lief und sich in der Ferne verlor. Ein Wächter, der das tempelähnliche Gemäuer bewohnte, gab uns die Erlaubnis zu bleiben. Der weite Blick auf die Stadt mit ihrer 3000 Jahre alten Kultur ließ uns zur Ruhe kommen, und die Abendstimmung senkte sich wie ein sanfter Hauch auf das Gemüt. War es das, wonach wir gesucht hatten, Teres?

Sie lag bäuchlings auf einer Matte und schaute

versonnen in die beginnende Dämmerung. Würden wir jemals den Ort finden, von dem aus es uns nicht mehr weiterzog? Würden wir jemals irgendwo ankommen? Wie viele Menschen unter den wechselnden Kulturen mochten wohl schon hier oben gesessen haben mit ihren geheimen Gedanken?

"Was für ein Land", sagte sie, "so friedlich." Als Kind hatte ich solche Landschaften im Traum gesehen, als ob sich Himmel und Erde berührten. Aber das war nur noch eine ferne Erinnerung, von der man kaum noch wusste, ob sie wirklich gewesen war.

Sie drehte sich um. "Das hier wird mir ein Leben lang nachgehen. So schön! Als ob man ewig bleiben möchte."

Wollte sie denn nicht mehr weiter?

Natürlich wollte sie weiter und sie suchte mit ihrer Hand die meine. "Aber vielleicht finden wir nie mehr einen schöneren Ort."

Überhaupt, die Leute! meinte sie nach einer Weile. So lebendig, auch wenn sie vielleicht arm waren. "Und die Kinder! Hast du die Kinder gesehen? Was hatten sie wohl wissen wollen?"

Hoffentlich nicht, ob bei uns die Strassen mit Gold gepflastert wären wie im Paradies. Vielleicht war ihnen das aber auch egal; sie sahen aus, als ob sie sich wohlfühlten in ihrer Welt und nach keiner anderen verlangten. Sie sahen einfach aus, wie man sich Kinder wünschte, nicht verwöhnt und verzärtelt.

Teres hatte ihre Erfahrungen gemacht als Au-pair in besseren Familien, mit Kindern, denen kaum noch etwas recht zu machen war, fast nicht einmal von ihr, der Sanftmut in Person. "Hier sind sie jedenfalls ganz gut rausgekommen", war ihre vorläufige Einschätzung.

Einverstanden. Auch wenn sie versucht hatten, auf der Leiter vom Bus zu schaukeln.

Afghanistan hatte vier große Städte, die durch eine gute Straße, der einzigen im Land, miteinander verbunden waren: Herat im Westen, Kandahar im Süden, Kabul im Osten und Masar-i-Sharif im Norden. Über das letzte Teilstück allerdings, wieder zurück nach Herat, wusste niemand etwas Konkretes. Kartenmaterial war nirgendwo zu haben und Tankstellen, die es hätten wissen sollen, bestanden aus nur einem Sonnenschutz, unter dem Benzinkanister gelagert waren. Existierte die Straße überhaupt? Was sich herausfinden ließ war, dass es sie tatsächlich gab, man aber mit Kamelen besser beraten sein würde als mit vier Rädern. Wir machten uns trotzdem auf den Weg.

Kamele waren auf der Straße denn auch weit in der Überzahl, die tiefen Schlaglöcher machten ihnen nichts. Uns allerdings sehr, wir kamen nur im Schneckentempo voran. In einem der ersten Dörfer vermuteten wir in einem Kuppelbau, wo sich viele Männer aufhielten, das Teehaus. Richtig. Aus großen, altertümlichen Samowaren wurde uns Grüntee serviert. Alle schauten uns neugierig an und wollten Näheres wissen. Mit unseren wenigen Brocken farsi, persisch – auch hier die Landessprache – war kein großer Staat zu machen, aber irgendwie ging es, mit Händen und Füßen.

Sie fragten: "Wo ist dein Turban?" – Hatte ich keinen.

"Aber das geht nicht! Jeder trägt einen Turban!"

Das stimmte, man sah unter den Einheimischen niemanden ohne. Ein langes Palaver setzte ein, dem Anschein nach über die Zweckmäßigkeit traditioneller Kopfbedeckungen auch für ausländisches Volk. Es gab eine Menge zu lachen dabei für sie. Teres lächelte ebenfalls und nickte. Das ermunterte sie, nicht locker zu lassen, und das Ende war, dass alle aufbrachen, um mich zum Stoffhändler des Ortes zu geleiten.

Fachmännisch wurde ein Turbantuch ausgesucht, fünf Meter lang, und kunstvoll um meinen Kopf gewickelt. Endlich waren sie zufrieden. Teres ebenfalls. "Wie echt", sagte sie. Mit Turban sah mein Kopf aus, wie es sich gehörte. Vielleicht konnte man sich sogar daran gewöhnen. Man fror jedenfalls nicht an den Ohren.

Die Straße führte aufwärts in den Hindukusch. Was die Schroffheit der Berge betraf und die steilen Abstürze der Schluchten, konnte er es gut aufnehmen mit unseren Alpen. Nicht so allerdings in Bezug auf den Straßenzustand. Der Verkehr staute sich vor einem liegengebliebenen Lastwagen: Achsenbruch. Bei den wartenden Fahrzeugen befanden sich etwa 30 Passagiere. Alle mussten helfen, eine Umfahrung zu bauen, indem große Felsblöcke an die Seite gewälzt und die Zwischenräume mit Schotter aus einem Bachbett ausgeebnet wurden. Nach Stunden erst ging die Fahrt weiter.

Kurz vor der Passhöhe die gleiche Situation. Nur gab es kein Bachbett an der Seite, sondern einen senkrechten Felsabsturz. Wer wusste, bis in welche Tiefen; man mochte fast nicht hinunterschauen. Die Fahrzeuge zirkelten zentimetergenau am Hindernis vorbei, hart am Abgrund entlang. Auf der Passhöhe dann der Blick nach Norden über endlose Hügellandschaften. Irgendwo, weit hinter dem Horizont, die neue Asphaltstraße. War es von dem kühlen Wind, dass uns etwas fröstelte?

Nördlich des Hindukusch war es das Wasser, das uns zu schaffen machte. Anfangs rieselte es nur quer über die Straße, später waren es schon kleine Bäche, die durchquert werden mussten. Als sie größer wurden, zogen wir Schuhe und Strümpfe aus, um die Tiefe zu ergründen. Nach dem Abstieg auf der Passstraße kamen Niederungen, wo sich das Wasser an den tieferen Stellen sammelte. Die Straße verlief zwischen Feldern, verschwand plötzlich auf mehreren hundert Metern unter einer Wasserfläche und ließ ortsunkundige Reisende rätseln wie tief es dort sein mochte.

Ein Eigenbau-Autobus ratterte heran, bunt bemalt und klappernd mit allen Fenstern und Türen, Frauen und Kinder im Inneren mit Sack und Pack, die Männer auf dem Dach, rufend und winkend; fuhr mit unverminderter Geschwindigkeit in das Wasser und pflügte hindurch wie ein Dampfer. Als er gut ankam auf der anderen Seite, hatten eigentlich auch wir keinen Grund, noch länger zu zögern. Außer, dass unser kleines Auto nicht als Schiff gebaut war. Eine gewisse Nervosität konnten wir beide nicht unterdrücken, aber dann mit Vollgas, dass es spritzte und die Scheibenwischer schier den Geist aufgaben, schafften wir es ebenfalls.

Wir konnten von Glück sagen, in der trockenen Jahreszeit unterwegs zu sein, denn eines der nächsten Hindernisse war ein Fluss, der selbst bei Niedrigwasser noch einen mittleren Pegelstand hatte bis an die Waden. Die Straße führte über eine Schräge die Uferböschung hinab und auf der anderen Seite wieder hoch. In der Mitte des Flusses stand ein steckengebliebener Lastwaen. Die Fahrer arbeiteten, ihn flott zu machen, indem sie lange Holzstangen hinten längs zwischen die Zwillingsreifen stießen, auf denen das Fahrzeug dann wie auf Gleisen vorwärts rollen sollte.

Wir plantschten zusammen im Flussbett herum, um die flachsten Stellen ausfindig zu machen. Etwas flussab auf der Gegenseite befand sich eine zweite Schräge, über die der Fluss – so unsere Hoffnung – wieder verlassen werden konnte. Teres blieb gleich dort und wartete auf die Show. Alle Tiefen und Untiefen mir noch einmal ins Gedächtnis rufend, holte ich Luft, nahm Kurs nach Backbord, gab Gas, Volldampf voraus flussab, dass die Wasserschwälle zur Seite schwappten, und steuerte im richtigen Moment die Auffahrt an. Heil oben angekommen, den Schweiß von der Stirn wischend, erwartete Teres mich mit einem Anerkennungskuss.

"Das war ja eine richtige Bugwelle!" sagte sie. So langsam dämmerte mir, dass wir uns ein wenig blauäugig auf diese Straße begeben hatten.

Wir kamen an einen breiten Fluss, der tief und reißend war, fuhren einen Tag an ihm entlang und hofften auf eine Brücke. Sie kam, als wir unserer

Schätzung nach schon fast an der Grenze zur Sowjetunion waren, heute Turkmenistan. Trockenen Rades gelangten wir in die Ortschaft auf der anderen Seite und folgten als erstes den Düften, die von den Esslokalen her in unsere Nasen zogen.

Die Leute staunten unser Auto an, als käme es vom Mond. Wir hatten gehofft, in ein Gebiet zu kommen, in dem ein türkischer Dialekt gesprochen wurde. Dem war aber nicht so und wir mussten uns weiter mit Händen und Füßen verständigen im Gedränge der Basare.

Der Ort hieß Bala Murghab. Ein Teil des Weges nach Mazar war geschafft. Wir waren erst einige Tage unterwegs, doch es erschien uns wie eine halbe Ewigkeit.

Danach änderte sich die Landschaft. Die Straße führte durch endlose Lehmhügel, wenn es denn eine gewesen wäre. Sie war nur noch eine Piste, deren Spuren sich immer wieder verzweigten. Es blieb dem inneren Wegweiser überlassen, die richtige auszuwählen. Geologisch gesehen musste die Gegend eine mächtige Lößschicht – windverfrachteter Feinstaub aus Urzeiten – gewesen sein, in der sich durch Erosion Täler gebildet hatten. Nirgendwo eine markante Spitze, Grat, Kante, Schlucht; alles war rund, die Hügelkuppen und die Talsohlen. Keine Vegetation, oder fast keine. Nirgendwo ein solider Untergrund; er war gerade fest genug, dass die Räder nicht einsanken.

In einem langen, leicht abschüssigen Tal konnten wir schneller fahren; die Piste war breit und ohne jedes Hindernis. "Uuuih!" rief Teres plötzlich, "das sollten die mal zuhause sehen! Der Staub!" Ein Blick zurück und wahrhaftig: Die Staubfahne war enorm, ein paar hundert Meter lang. Nach dem Anhalten stand sie noch dick in der Luft wie eine Wolke. Sollten wir nicht davon ein Foto machen, das kleine Auto in der Mondlandschaft und die riesige Staubwolke dahinter?

"Pass auf", war mein Vorschlag, "du fährst zurück und

kehrst wieder um. Ich laufe den Hügel hoch, mache das Foto, und in Kabul lassen wir die Bilder entwickeln und schicken sie nachhause." Teres zögerte. "Ich kann doch den Bus gar nicht fahren, auf einmal geht was kaputt!" "Nein, nein, es ist ganz einfach! Du fährst im zweiten Gang das Tal hoch und im vierten runter und gibst Gas." Was sollte passieren? Die Piste war hundert Meter breit und topfeben. Nichts, wo man hätte gegen fahren können, nicht mal ein Kamel.

Sie ließ sich überzeugen und fuhr los. Von weitem sah das Fahrzeug nur noch wie ein winziger Käfer aus zwischen endlosen Lehmhügeln. Dann kam sie zurück. Gut machte sie das! Was für eine enorme Staubwolke! Sie hielt und wir liefen aufeinander zu und umarmten uns wie nach einer langen Trennung.

Für den Fall, dass wir stecken blieben, lag eine Schaufel zwischen den Essensvorräten und Küchenutensilien, Wassertanks und Benzinkanistern, Reservereifen und Schlafmatten. Nicht gerade in perfekter Ordnung, doch bei Bedarf zur Hand. Der Wassertank war fast leer und so waren wir angenehm berührt, als vor uns eine kleine Ansiedlung auftauchte – die typischen Kuppelbauten aus Lehm, kaum mit einem Fenster versehen, und mit Mauern umgeben für einen Innenhof.

Wegen der vielen Kamele ringsum vermuteten wir eine Karawanserei. In der Türkei hatten wir schon Ruinen alter Karawansereien gesehen mit mehrstöckigen Arkaden und eingestürzten Dächern, durch die der Mond ein geisterhaftes Licht warf, wenn wir dort zum Übernachten geblieben waren. Hier war es kleiner und einfacher, dafür aber lebte es noch.

Vor den Kamelen lagen Haufen von Dornengestrüpp, an denen sie sich gütlich taten. Die Dornen waren lang wie ein halber Finger und verschwanden hinter den zermalmenden Kiefern. Unglaublich! Während wir noch fasziniert zuschauten, trat der Herr des Anwesens dazu und starrte uns gerade so ungläubig an wie wir die

Kamele. Schwarzbärtig und mit buschigen Augenbrauen, war in seinem Gesicht zu lesen, dass er nicht im Geringsten wusste, wo er uns hin tun sollte. Aber er war nicht unfreundlich und zeigte, wo die Wasserbehälter aufgefüllt werden konnten.

Bei anderen Fragen war die Verständigung weniger erfolgreich – in welchem Zustand war die Straße, gab es größere Orte oder gar Benzindepots? Er antwortete mit einer breiten Handbewegung in die Richtung, die wir sowieso eingeschlagen hatten. Wir legten es dahin aus, uns auf dem rechten Weg zu befinden, der weiterginge.

Bei der Weiterfahrt kamen wir eine Stelle, an der mehrere Täler aufeinander trafen. Die Spuren der Piste schienen in eine bestimmte Richtung zu gehen. Allerdings hatte Teres einen anderen Eindruck, wollte aber nicht darauf beharren. Wir folgten der Hauptspur, die aber bald gar nicht mehr so großartig aussah.

Auch stieg die Piste stetig an, als ob sie sich einem Übergang näherte. Es wurde immer steiler, endlich ging es nur noch im ersten Gang weiter. Es konnte nicht mehr weit sein bis zur Kuppe und Teres wollte aussteigen, um das Gewicht zu verringern. Dabei war sie so schlank und rank, dass es praktisch nichts ausmachte. Es wurde noch steiler, der Motor fing an zu röcheln, wurde noch langsamer, verschluckte sich, hustete – und dann stand er. Mit unseren 34 PS war das nicht zu schaffen, die Reise war vorerst zu Ende.

Teres lächelte nachsichtig. "Sind wir noch richtig?" – "Komm, wir laufen zur Kuppe und sehen uns das von oben an," hielt ich dagegen. Es war nicht weit. Vom höchsten Punkt tauchte die Piste wieder ab und verschwand in den Tälern. Doch der Ausblick in die Ferne war bemerkenswert: Braune Lehmhügel so weit das Auge reichte unter einem blauen Himmel. "Toll", meinte sie, "für diese Aussicht hat sich doch der weite Weg gelohnt bis hier. Oder?"

Nun ja, aber was wollten wir jetzt machen? Erstmal

abwarten. Wenn ein Lastwagen käme, ihn bitten, uns das letzte Stück hochzuziehen. - "Liebster", flötete Teres, "wie viele Lastwagen hast du heute schon gesehen?" Da half alles Kratzen hinter den Ohren nichts: Es waren null.

Wir warteten und beschäftigten uns anderweitig. Bei dem vielen Staub musste täglich der Luftfilter am Auto gereinigt werden. Die Zündung war nachzuschauen und Motoröl aufzufüllen, während Teres in der Zeit kochte. Mit gutem Appetit verspeisten wir einen schmackhaften Bulgur mit Paprika und streckten uns danach lang aus.

Sie fragte: "Bist du sicher, dass noch ein Lastwagen kommt?" - "Ist doch egal, die Sonne scheint", hielt ich die Hoffnung aufrecht, "wir machen einfach einen freien Tag." Dafür, dass Winter war, schien die Sonne angenehm warm. Fahrzeuggeräusche waren nirgends zu hören. Wir nahmen ein Sonnenbad.

Danach gab es weiter zu tun am Fahrzeug. Die Stoßstangen hatten gelitten durch übermäßigen Bodenkontakt. Teres schaute geruhsam zu, wie ich daran bog mit einer Brechstange und sagte: "Eigentlich bin ich ja zu nichts nütze."

Wie bitte? Sie nichts nütze? Da konnte man aber auch ganz anderer Meinung sein!

"Ich kann doch nicht mal richtig autofahren und von Autos weiß ich nur, dass sie vier Räder haben. Ich wüsste nicht mal, wie rum eine Schraube reindrehen, wenn ich dir helfen wollte."

Helfen am Auto schrauben? Brauchte sie doch nicht! Frauen brauchten nicht an Autos zu schrauben, die hatten viel bessere Qualitäten. "So, so", machte sie. "Es gibt aber Frauen, die können das!"

Meinetwegen, mit denen war ich aber nicht verheiratet, sondern mit ihr, so gut wie, jedenfalls. "Ich möchte dich genau so, wie du bist!" bekräftigte ich.

"Das hört man gern", sagte sie. "Vielleicht lerne ich ja doch noch autofahren."

Es würde später sicher noch genug Gelegenheiten geben, hier aber waren leider erschwerte Bedingungen. "Vorerst einmal bist du ja super im Kochen", tröstete ich, "selbst mit leeren Küchenschränken!"

"Pah! Kochen kann doch jeder!" Sie schien die eigenen Fähigkeiten nicht besonders hoch einzustufen. "Außerdem hast du auch das gesamte deutschsprachige Buchhandelssortiment im Kopf. Das kann sicher nicht jeder! Hattest du doch, oder? Bei deiner Prüfung?"

Sie lachte. "Das wäre eine schöne Hilfe für uns beim einem Achsenbruch. Stell dir vor!"

Achsenbruch! O je. Was für ein garstiges Wort! Noch war es ja nicht soweit, aber durfte man zugeben, dass es gar nicht so sicher war, hier heil durchzukommen; dass diese Straße uns, wenn schon nicht den Hals, dann die Achsen tatsächlich brechen konnte? Vielleicht war es besser, sich in strammer Zuversicht zu üben: "Wir kommen hier durch, auf jeden Fall! Und in Masar fängt dann die Asphaltstraße an und wir können in einem Rutsch bis nach Kabul."

"Du wirst das schon machen", sagte sie. Soviel Vertrauen ehrte mich. Hoffentlich zu Recht. "Außerdem", erinnerte sie sich, "haben die Türken ja einen schönen Spruch für die Gelegenheit: Mögen eure Wege offen sein! Unsere Wege!"

Richtig! Yolunuz acık olsun! Sie fügen aber auch noch gerne hinzu: Inschallah! So Gott will!

Wir setzten Tee auf und spannen die Gedanken weiter. Kabul würde schon ein großes Stück sein auf dem Weg nach Indien. Von dort konnten wir die Reise fortsetzen. Oder zurück fahren, ganz nach Wunsch.

"Weiter nach Indien natürlich!" sagte sie, das wäre doch klar! "Unsere Freunde warten." – Stimmt. Wir hatten ja die Adressen von Freunden unserer Freunde. Wie sehr sie allerdings warteten, war doch nicht ganz klar.

"Aber ich will Indien sehen!" beharrte Teres. Das

wollte auch ich. Eigentlich war es ja nicht mehr weit, nur ein paar tausend Kilometer. Wobei, für den Moment wären wir ganz froh gewesen, nur hundert Meter weiter zu sein.

Und wie weiter von Indien aus? – "Warum nicht um die ganze Welt!" meinte sie.

Wäre schon recht! Aber ob dafür das Geld langte? – "Vielleicht könnte man irgendwo etwas verdienen?" riet sie. "In Australien vielleicht?"

Vielleicht, wenn die uns überhaupt reinließen. Außerdem, irgendwann würde ja jede Reise einmal zu Ende gehen. Was würden wir dann machen?

Die Sonne näherte sich langsam dem Horizont. Es wurde kühler und wir zogen unsere Pullover an. Die Frage lag uns auf dem Magen. Einig waren wir uns nur, dass wir nicht mehr in den Lärm einer Großstadt zurück mochten.

"Können wir nicht irgendwo auf dem Land wohnen?" fragte sie. "Ein ganz einfaches Leben?"

Wir beredeten die Sache noch eine Weile, unsere Sehnsüchte, die wir hatten, die Wünsche an das Leben und die Hoffnungen auf die Zukunft. Dieser Lebensabschnitt würde unwiderruflich vorbei gehen, um etwas Neuem Platz zu machen. Was es auch sein mochte, die Straße war schon einmal eine gute Übung sich durchzubeißen.

Die Sonne ging unter und die Luft wurde frisch. Blieben wir hier, würde es vielleicht etwas ungemütlich werden. Zumindest hätten wir sehr schräg schlafen müssen. "Wollen wir zur Karawanserei zurück? In einer halben Stunde sind wir da", war mein Vorschlag. "Wir können ja morgen wiederkommen und weiter warten."

Sie nickte. Wir packten zusammen und traten den Rückzug an.

Als wir ankamen, war die Sonne längst untergegangen. Wir parkten das Fahrzeug zwischen den Kamelen. Nach dem Ausschalten der Scheinwerfer war die Hand nicht mehr vor Augen zu sehen. Der Chef des Ortes aber, der unser Fahrzeug zurückkehren hörte, rief nach uns in der Dunkelheit.

Er erschien in einer schwach erleuchteten Türöffnung und lud uns mit einer Handbewegung ein einzutreten. In der Mitte des Raumes saßen sechs oder sieben bärtige Männer in der Runde um einen Kessel. An der Seite brannte ein offenes Feuer, dessen Rauch durch ein Loch im Dach abzog.

Mit einer weiteren Handbewegung lud er uns zum Abendessen ein. Es gab ein Reisgericht. Man aß mit den Fingern, indem man in den Kessel griff und mit flinken Bewegungen kleine, mundgerechte Bällchen formte. Unsere Gastgeber machten das um einiges geschickter als wir, die wir Finger und Hände bald verklebt hatten. Da half nur noch verstärktes Ablecken. Aller Anfang war schwer, auch das kultivierte Essen mit den Fingern.

Die Männer unterhielten sich leise während der Mahlzeit. Ab und zu traf uns ein Seitenblick. Vermutlich nahm es sie wunder, was für seltsame Reisende wir waren, doch die Sprachbarriere stand wie eine Schranke zwischen uns. Dazu noch mochte die Anwesenheit einer Frau für sie etwas Ungewöhnliches sein, aber sie waren zu höflich, deswegen zu fragen.

Wir hätten es eh nicht verstanden. Wir hätten nicht einmal gewusst, welche Sprache sie redeten. In Afghanistan lebten die verschiedensten Volksgruppen zusammen und hatten oft ihre eigene Sprache. Es war die Gastfreundschaft, mit der man dem Fremden hier so selbstverständlich entgegenkam, die uns verband.

Nach dem Essen bereitete sich jeder sein Lager. Für uns wurde ein besonderer Platz freigehalten am Feuer. Doch wir bedankten uns vielmals und machten unseren Schlafplatz zurecht in dem alten Bus.

Eine der Eigenheiten der Straße war, dass man sie nicht

mehr wiederfand. In dem Gewirr der Spuren folgten wir am nächsten Tag zwar der Hauptspur, aber es war eine andere. Wir fuhren eine Stunde und kamen doch nicht an die gestrige Stelle.

Es blieb flach. Dafür blieben wir stecken, als der Boden gar zu sehr zerfurcht war von schweren Rädern. Den Fahrzeugen selber begegneten wir nicht, dafür Kamelkarawanen. Gleichmütig zogen sie an uns vorbei, während ich schaufelte.

Wie viele Tage bewegten wir uns auf zerfahrenen Pisten, und was musste alles an Staub geschluckt werden? In wie viele Schlaglöcher fiel das Fahrzeug, als der Untergrund wieder steiniger wurde? Wie lange ratterten wir kaum schneller als im Schritttempo mühselig vorwärts auf "Wellblech"-Straßen? Wie viele Wasserläufe waren noch zu durchqueren, oder enge Hohlwege, bei denen sehr schnell gelernt werden musste, auf entgegenkommende Kamele zu achten, nachdem wir einen Außenspiegel eingebüßt hatten. Kamele waren nicht gewohnt auszuweichen. Sie blieben auf ihrer Spur, auch wenn sie am Fahrzeug entlang-schrammten.

Da es ja von uns so gewollt war, wäre das alles eigentlich nicht der Rede wert gewesen. Der viel größere Kummer aber war, dass Teres nicht mehr recht gesund war. Sie konnte nicht sagen, was ihr fehlte und versuchte tapfer zu tun, als ob nichts wäre. Aber sie war müde und fühlte sich schlapp. Wenn das Fahrzeug stecken blieb, musste sie sich an den Wegrand setzen, bis ich es wieder flott hatte.

An einem Rinnsal von Bach schöpfte ein Junge, der seinen Esel tränkte, Wasser aus den Pfützen mit einem verrosteten Blechkanister. Er trank in vollen Zügen, lachte über das ganze Gesicht und bot uns ebenfalls den Trunk an. Wir lächelten etwas säuerlich zurück und blieben lieber bei unserem abgekochten Wasser. Nicht ohne ihn um ein derart robustes Immunsystem zu beneiden. Bei unserem eigenen waren wir da nicht mehr ganz so sicher.

Einmal waren unsere Vorräte zu Ende gegangen – wobei Teres eh kaum noch etwas essen, und ich nicht kochen mochte – als ich zwei rohe Hühnereier, ein Geschenk noch der Karawanserei, austrank auf nüchternen Magen. Mein Magen war robust, aber vielleicht doch nicht so ganz? Eine Stunde später, als der Weg gerade zwischen zwei Berghängen über ein paar Felsstufen führte, überfielen mich solch rasende Schmerzen im Oberbauch, dass es mich krümmte. Das Fahrzeug stand ohnehin schon fast und beim Öffnen der Türe war es mehr ein Hinausfallen als ein Aussteigen. Zusammengebogen neben dem Vorderrad liegend, waren in meinem Blickfeld nur die vielen Beine einer Kamelkarawane, die in dem Engpass gerade ein paar Meter entfernt vorbeistelzten. Teres kam mir hinterher und versuchte verzweifelt mich wiederzubeleben oder zumindest zu trösten. Dabei lebte ich doch, wenn auch mit verzerrtem Gesicht und zusammengebissenen Zähnen.

Das letzte Kamel war noch nicht ganz vorbei, da ließ der Schmerz so plötzlich nach, wie er gekommen war. Ungläubig stand ich auf und schüttelte mich. Teres schaute mich entgeistert an. "Was machst du bloß für Sachen," japste sie. Das ließ sich nur raten: Vielleicht eine Gallenkolik? Die sollten so tun. Mussten die Eier gewesen sein. War aber schon wieder gut. Beim langsamen Weiterfahren schaute sie mich immer noch besorgt von der Seite an. Aber die Sache war ausgestanden, es kam nichts mehr nach.

8. Rettende Engel

In der gleichförmigen Landschaft, in der kaum Bäume wuchsen, vermuteten wir Ansiedlungen und Dörfer, die sich nicht leicht dem Auge verrieten, sodass das Land über weite Strecken menschenleer erschien. An Orten mit einem weiten Blick in die Ferne saßen wir lange Zeit und schauten in die friedliche Umgebung. Wir kamen uns vor wie die ersten Menschen auf der Suche nach neuen Horizonten, die ein unberührtes Land entdeckten. Manchmal, wenn uns Menschen begegneten, die unterwegs waren mit Esel oder Kamel, deuteten sie auf meine Frage, ob sie Usbeken wären, in die Richtung, in die wir fuhren.

Einmal, spätabends unterwegs, zeigten sich im Scheinwerferlicht die Lehmmauern eines Dorfes. Wo sich eine Öffnung in der Mauer auftat, hielten wir und schalteten das Licht ab. In der Finsternis drang aus einem Eingang ein Lichtschimmer. Es war das Teehaus, ein Raum, aus mehreren Kuppelräumen bestehend in der traditionellen Lehmbauweise, größer als man von außen vermutet hätte.

Die Männer saßen in Gruppen zusammen auf erhöhten, teppichbelegten Podesten, zwischen denen Gänge frei blieben, durch die der Wirt und seine jungen Helfer ihre Tabletts mit den Gläsern im Schein von Petrollampen vertrugen. Alle saßen im Schneidersitz mit untergeschlagenen Beinen. Sprachen sie hier schon usbekisch, einen türkischen Dialekt? Alle blickten auf bei meinem Eintritt. Einige türkische Worte zur Begrüßung – würden sie mich verstehen?

Sie hatten eine elektrisierende Wirkung. Man verstand mich! Auf den ersten Blick hatten sie von mir mit meinem Turban vielleicht keinen so fremdartigen Eindruck gehabt; von der jungen Frau, die nach mir eingetreten war und sich eng an mich hielt, dagegen sehr. Von verschiedenen Seiten wurde etwas gerufen. Es tönte fremdländisch, doch erfreulicherweise ließ sich erraten, was gemeint war. Meine Antwort, frisch von der Leber weg auf türkisch, war dass wir Reisende seien, uns freuten hier zu sein und ob Tee zu haben wäre?

Sofort rückten in der Mitte des Raumes die Männer zur Seite, es wurde Platz gemacht für uns und die entfernter Sitzenden schlossen auf zu einem dichten Kreis. Teres war müde gewesen und hatte sich elend gefühlt, doch die knisternde Atmosphäre belebte auch sie. Still saß sie neben mir, wie man es von einer Frau in der Gefolgschaft ihres Mannes wohl erwartete, nur dass sie nicht in orientalischer Art die Augen niederschlug, sondern gespannt die Szene beobachtete. Der Wirt kam mit dem Tee und sie dankte mit einem Lächeln, als er ihr serviert wurde. An einem Ort, an dem keine Frauen waren, war das etwas Neues. Eine Welle von Sympathie kam uns entgegen.

Im Hintergrund, wo große Samoware standen und ein Feuer brannte, herrschte Betriebsamkeit. Nicht lange und Platten mit Fladenbrot und Fleischspießen wurden vor uns hingestellt, das traditionelle Gericht des Landes, Fleischstücke mit Zwiebel, Paprika und Tomate, gleich mehrere Portionen aufs Mal ohne dass wir etwas bestellt hatten.

Teres bat mich, ihren Anteil mitzuessen, es widerstand ihr alles. Unsere Gastgeber, die uns aufforderten zuzugreifen, zeigten Verständnis und freuten sich, dass es wenigstens mir schmeckte, mit einem gesunden Appetit nach einem langen und staubigen Tag.

Meine türkischen Kenntnisse wurden auf die Probe gestellt bei Worten und Redewendungen, mit denen sich unser Gespräch immer weiter ausdehnte. Wovon hatten sie in dem kargen Land ihre Existenz? Es war in der Hauptsache Viehzucht. Sie fragten im Gegenzug nach unserem Woher und Wohin. Noch unberührt von

Medien, erstreckte sich ihr geistiger Horizont im Westen bis zur Türkei, die zwar weit entfernt, aber vertraut war wegen der gemeinsamen Sprachwurzeln. Von dem, was dahinter lag, Europa, hatten sie auch wohl gehört, doch die Sage von dem märchenhaften Deutschland war noch nicht bis zu ihnen gedrungen.

Wir saßen lange zusammen im gegenseitigen Sich-Verstehen, obwohl unsere Kulturen so anders waren. Wir fühlten uns als Menschen der gleichen Erde ...

Je weiter wir fuhren, desto mehr hatten wir ein ungutes Gefühl im Magen. Es war der letzte Teil der Strecke, von dem nichts Gutes zu hören war. Er ging durch die Dasht-i-Leili, der Leila-Wüste und es gab keinen Weg, der irgend an ihr vorbei führte. Wir rätselten, was für eine absonderliche Frau die Leila gewesen sein musste, dass sie den Anlass gab, die Wüste nach ihr zu benennen.

Doch zuerst lag in der kargen Gegend wie eine Oase ein größerer Ort vor uns, Maimana, der einen Hauch von Zivilisation hatte, umgeben war von grünen Feldern und einem Gürtel von Pappeln. Auf dem Basar war alles zu finden, um die Vorräte zu ergänzen.

Unser Bus stand in der Nähe eines Geländefahrzeugs, mit dem mehrere Männer unterwegs waren. Einer von ihnen, in Stiefeln und Wetterjacke, kam herüber. Er schaute sich lange unser Auto an, dann uns selber, schüttelte den Kopf und sagte: "I don't know about your car." Er hatte Zweifel an dem Gefährt und war damit nicht der Einzige. Er sprach ein gutes Englisch.

Er war Vermessungstechniker und versprach uns eine gut ausgebaute Straße – in zwanzig Jahren. Was er denn über die Straßen der Jetzt-Zeit zu sagen hätte, forschten wir aus naheliegenden Gründen. Er zuckte bedauernd die Achseln. Nichts. Jeder, der durch die Dasht wollte, war auf sich selber angewiesen.

Immerhin gab es zwei Möglichkeiten. Der Weg teilte sich bei einer bestimmten Ortschaft und ging zum einen durch die Wüste, 60 km Sand. Zum anderen machte er den Umweg über den Hauptort des Bezirks, Andchoy, war wesentlich länger und hatte dafür etwas weniger Sand. Der Techniker wünschte viel Glück zum Abschied.

An einem Morgen kamen wir zu der Stelle, wo sich die Straße teilte, die inzwischen keine mehr war, sondern eine Ansammlung verschiedener Spuren. Bei einigen Lehmhütten standen ein paar Männer und palaverten bei unserer Ankunft, welches der bessere Weg wäre. Sie waren sich nicht einig und so folgten wir kurz entschlossen einem Pfad nach Osten in ein langes flaches Tal hinein, der Direktroute. Der Untergrund war gerade fest genug, dass die Räder nicht einsanken.

Zehn Kilometer weiter gab es außer gelegentlichen Karawanen keine Anzeichen mehr von Zivilisation und kaum noch Fahrspuren. Dafür hatten wir das Gefühl, in eine Ecke des Paradiesgartens geraten zu sein, in der Menschen noch in aller Eintracht mit den Tieren lebten. Überall befanden sich auf einmal possierliche kleine Tiere – hunderte, tausende – die sich nicht sonderlich beunruhigt fühlten von der alten Klapperkiste, die durch ihr Revier schnaufte. Sie schauten interessiert, was wir für seltsame Wesen sein mochten.

Wir hielten an und schauten ebenfalls. Sie sahen aus wie kleine Murmeltiere, mit einem hellen Pelz, und hatten dicht an dicht im Erdboden ihre Löcher, in die sie abtauchten, wenn man zu nah kam, etwa auf drei Meter. Flopp, weg waren sie; doch genau so schnell waren sie wieder da, ging man auf Distanz. Die weiter Entfernten ließen sich erst recht nicht stören, wuselten hin und her und richteten sich auf den Hinterpfötchen auf, um uns zu beobachten.

Wir breiteten einen alten Teppich aus, legten uns auf den Bauch und ließen sie mit uns Verstecken spielen. Manche kamen ganz nah, bevor sie abtauchten, nur um gleich danach das Köpfchen aus einem Nachbarloch zu strecken und erstaunt zu tun, uns immer noch zu sehen. Wenn wir darüber lachten, nahmen sie es nicht übel.

Am liebsten wären wir geblieben – das sanft gewellte Land mit den zutraulichen Tierchen, der blaue Himmel, die warme Sonne und die klare, reine Luft der nahen Wüste und hätten die ganze Unbill vergessen mit der Straße, die keine war. Aber, wie dann weiter?

Dabei, genaugenommen, war es das, was wir gesucht hatten. Man hätte ja auch zuhause bleiben können, gemütlich und in gesicherten Umständen, und dabei erschlaffen. Wir hofften, nicht so zu werden, wenn aber doch, dann wenigstens mit der Erinnerung, dass wir uns einmal richtig hatten durchbeißen müssen. Wir waren in dem Alter, wo wir noch unverbesserliche Optimisten sein durften: drauflos und mittendurch!

Doch was uns schnell wieder auf den Boden der Wirklichkeit brachte, waren Krankheit und körperliche Gebrechen. Teres hatte am Morgen gestanden, dass sie sich kaum noch auf den Beinen halten konnte. "Ach", hatte ich versucht mein Erschrecken zu verbergen, "lass uns erst mal hier durch sein, dann wird sicher alles gut." Die Hoffnung stirbt zuletzt; meinte sie nicht, es ginge schon wieder ein bisschen besser? Wir konnten doch nicht einfach aufgeben!

"Ich wünschte, ich könne Ja sagen", seufzte sie.

Etwas essen von dem, was an Essbarem noch zu finden war – trockene Brotfladen, Paprika und Zwiebeln, einige Granatäpfel – konnte sie nicht mehr und daran hätte selbst ein 5-Sterne-Hotel-Frühstück nichts geändert; nur den Tee nahm sie gerne, der auf dem Petrolkocher schnell zubereitet war. Sie schaute mich an. "Ich weiß nicht wie weiter, jetzt bin ich nur noch ein Klotz am Bein für dich ..."

"Immerhin ein lieber Klotz!" Der kleine Scherz sollte sie aufmuntern. "Der liebste überhaupt. Was auch kommt, wir stehen das zusammen durch! Abgemacht?"

Sie lehnte sich an meine Schulter und sah den

"Erdhörnchen" – wie wir sie nannten – zu, die immer zutraulicher wurden. Vielleicht hätten sie uns am Ende noch aus der Hand gefressen, wenn wir einen Leckerbissen für sie gehabt hätten. Aber die Brotkrümel, die wir ihnen zuschnippsten, interessierten sie nicht; anscheinend waren sie Besseres gewöhnt, Kerne vielleicht oder irgendwelche Samen und Wurzeln, die in dem trockenen Boden verborgen lagen und auf Regen warteten, um in dem kahlen Land über Nacht eine neue Vegetation aufblühen zu lassen. Damit konnten wir leider nicht dienen.

Irgendwann mussten wir weiter und standen vor den nackten Tatsachen: Nach ein paar Kilometern ging der Untergrund in Sand über. Bis an den Horizont dehnten sich Dünen. In der Nähe lag halb zugeweht das Gerippe eines großen Tieres, vielleicht eines Kamels. In einiger Entfernung waren die Überreste eines Lastwagens im Sand fast begraben. Man hätte sich das Weitere sparen können: Der Versuch vorwärts zu kommen, endete nach einigen Fahrzeuglängen mit durchdrehenden Rädern im losen Sand.

Von nun an hieß es schaufeln, und das nicht zu knapp, um mit den auf dem Dach mitgeführten Brettern die Räder zu unterlegen und umzukehren. Derweilen zogen die Karawanen, die wir überholt hatten, wieder an uns vorbei. Die Kamele hatten Fußsohlen groß wie Teller und sanken nicht ein – beneidenswert! Bis das Fahrzeug endlich zurück war auf festem Grund, waren sie nur noch wie Pünktchen am Horizont. Teres hatte nichts tun können, als im Sand zu sitzen und zuzuschauen. Der erste Versuch war fehlgeschlagen.

Es war Mittag, als wir zurückkamen. Die Männer bei den Lehmhäusern schienen es halb erwartet zu haben und boten neue Ratschläge an. Einer hatte eine todsichere Route durch die Dasht und war bereit, als Führer mitzufahren. Doch soviel war schon klar: Wer Hoffnungen hatte, da durchzukommen, hätte an übernatürliche Eigenschaften unseres Autos glauben müssen, biederer Blechesel der er war, und kein hochachsiger Allrader.

Beim Zurückfahren jedoch hatten wir am westlichen Horizont Lastwagen gesehen, unterwegs nach Norden – das musste der Fingerzeig sein, wo es wirklich lang ging.

Ein halbes Dutzend dieser Lastwagen war vor uns; die Hälfte davon schon festgefahren, sodass die Fahrer schaufeln mussten. Die Piste führte am Steilufer eines ausgetrockneten Flussbettes entlang, auf dem es fürs erste zügig voran ging, weil wir uns auf dem noch unzerfurchten Streifen der Uferkante entlang bewegten, der von den schweren Lastwagen als zu gefährlich gemieden wurde, weil er einbrechen konnte.

Allzu wohl war auch mir nicht dabei. Teres hatte sich hinten im Fahrzeug hinlegen müssen zwischen Vorratsbehältern, Kanistern und Reservereifen. Sie konnte einfach nicht mehr. Ich betete, dass wir nirgendwo abstürzten.

Bei einem Seitenarm des Flussbettes ging es nicht mehr weiter. Die Lastwagenfahrer kannten die Stelle. Sie ließen sich eine Schräge hinunterrutschen und mussten durch einen Sturzacker von tiefen Fahrrinnen, ehe sie wieder festen Boden unter die Räder bekamen.

Einer der Fahrer hatte die Augen geschlossen dabei, wie um sich nur durch sein Gefühl mit dem Fahrzeug zu verbinden und die Momente für das Gasgeben und die korrigierenden Lenkausschläge abzuspüren, wenn die mahlenden Räder wieder Halt fanden und sich langsam vorwärts bewegten – meditative Fahrzeugbeherrschung vom Feinsten! Er kam durch. Die Fahrer der anderen Fahrzeuge halfen einander beim Unterschieben der langen Holzstangen zwischen die Zwillingsräder der Antriebsachse.

Unser Bus hatte keine vergleichbaren Extras wie Zwillingsbereifung. Zu Fuß musste erst einmal der

Boden erkundet werden. Ganz schmale Grate in der Spurweite unserer Räder waren an den Uferkanten noch vorhanden. Für jeden nüchternen Menschenverstand musste es ein Horror sein, mit dem Fahrzeug darüber balancieren zu wollen. Es blieb nichts übrig, als alles Denken auszuschalten und tief, tief Luft zu holen. Mit einem Stoßgebet kamen wir heil auf der anderen Seite an. Doch es war nur um zu sehen, dass der weitere Weg auch nicht sehr viel besser war.

Wie ging es Teres? Sie lächelte schwach und signalisierte: Weitermachen! Natürlich, was auch sonst, aber ständig mit der Befürchtung endgültig in einen Abgrund zu rutschen. An einer Stelle, wo die Räder wieder fast durchdrehten, öffnete sich plötzlich die Beifahrertür und ein schwarzer Geselle stieg zu, schwarzer Vollbart, schwarze stuppige Haare, kein Turban, nanu? – und wo war übrigens mein eigener geblieben? Irgendwann in der Hitze des Gefechtes musste er mir vom Kopf gefallen sein. Der neue Beifahrer saß da, als gehörte er schon immer zu uns; man kam gar nicht dazu, etwas zu sagen. Er hatte einen schwarzen Sack, den er mit einem Grinsen zur Einsichtnahme öffnete – ausgebrochene Getriebezahnräder. Ein Lastwagenfahrer also auf der Suche nach Ersatzteilen?

Oder ein Engel. Er kannte sich aus im Gelände, übernahm sofort das Kommando, lotste mich über schwierige Stellen und sprang aus dem fahrenden Auto, um es mit seinen Bärenkräften anzuschieben, wenn wir in Gefahr waren steckenzubleiben. Die anderen Lastwagen waren außer Sicht geraten und wir fuhren fast schon gemütlich auf weniger zerfurchtem Boden, bis – nein! Konnte das wahr sein? – wir von einem ausgetrockneten Flussbett aufgehalten wurden, zehn bis fünfzehn Meter breit und drei bis vier Meter tief. Die Böschung ging steil hinunter und auf der anderen Seite steil hinauf.

Es ähnelte ganz verzweifelt den Halfpipes der heutigen Skateboardfahrer – eine halbierte Tunnelröhre, in die sie sich hineinstürzen, um auf der Gegenseite mit Schwung wieder hochzukommen. Der Beifahrer sah das genau ebenso: Im Schuss hinunter, damit es auf der anderen Seite bis nach oben langte, war sein Rat. Logisch, man wäre selber darauf gekommen; nur machen musste man es noch!

Als ich mir endlich ein Herz fasste, die Aktion mit Vollgas durchzuführen, schrappte die Mitte des Fahrzeugbodens über die Böschungskante der Gegenseite. Aber oben waren wir. Knapp. Teres hatte ich gebeten, vorher auszusteigen. Mühsam schleppte sie sich hinüber. Ich eilte zurück sie zu stützen, fast hätte ich sie tragen müssen.

Das nächste Ereignis war noch unangenehmer. Der Motor stotterte und starb ab: Benzin war alle. Ich Trottel! Hatte nicht bedacht, wie schnell eine Tankfüllung beim Mahlen der Räder in grundlosem Boden aufgebraucht war. Zudem hatte ich mich mit einem Benzinverkäufer gestritten. Er hatte in einen 20 Liter-Kanister 25 Liter eingefüllt.

Mir war das gegen den Strich gegangen, ihm aber gegen die Ehre, dass sein hauseigenes Litermaß angezweifelt wurde, mit dem er seit je seine Geschäfte abwickelte. Er hatte mir gar nichts mehr gegeben und das war nun die Bescherung! Dabei hatte Teres mich leise in den Rücken gestupst: Ich solle doch froh sein, überhaupt etwas zu bekommen! Zu spät. Ich war eben noch ein Anfänger.

Mein Begleiter zeigte über die Ebene hinweg auf einen steckengebliebenen Tankwagen. Ich machte mich auf mit einem Kanister. Der Fahrer musste, um flott zu kommen, eine neue Fahrspur schaufeln. Er war übler Laune und blaffte mich an, er transportiere Diesel. Zerronnene Hoffnungen.

Von hinten tippte mir jemand auf die Schulter. Wieder mein Beifahrer. Er zeigte auf den Kraftstoffbehälter des Tankers, eines dieser amerikanischen

Lastwagenmodelle, die – mein Herz schlug schneller – mit Benzin fuhren statt Diesel. Würde er … ?

Ich näherte mich ein zweites Mal. Der Fahrer schaufelte weiter im Schweiße seines Angesichts und blickte durch mich hindurch wie durch Luft. Was blieb übrig, als sich auf den Boden zu setzen und unser Schicksal in die Hand des Allmächtigen zu geben? Würde der Fahrer nicht irgendwann doch ein Einsehen haben? Was sollte sonst aus uns werden? Sollte man ihm helfen schaufeln?

Eigentlich geschah mir ja recht. Blutige Anfänger sollten lieber zuhause bleiben, was hatten sie in der hintersten Wüstenei Afghanistans zu suchen? Fiel doch einmal bei all der Schaufelei ein Blick des Fahrers auf mich, schien es genau das zu sein, was er selber dachte. Wäre er gnädiger gestimmt, wenn Teres in Erscheinung träte? Möglich, aber daran war nicht zu denken, sie lag leblos im Fahrzeug und rührte sich nicht mehr.

Seltsam war, dass mein Beifahrer ganz im Hintergrund blieb und keinen Versuch einer Intervention machte. Vielleicht konnte nur Geduld helfen.

Schlussendlich legte der Fahrer doch die Schaufel weg, wischte sich den Schweiß von der Stirn und füllte mit einem Wollen-mal-nicht-so-sein-Blick, du grüner Junge! den Kanister doch auf. Er verlangte den doppelten Preis; ich hätte ihm auch das Zehnfache gegeben, mit Freuden.

Über wie viele bodenlose Stellen brachte uns danach der Begleiter noch hinweg! Manchmal musste ich ihn verstohlen von der Seite her anschauen: Konnte es wirklich sein, dass es das gab? Schutzengel, die sich verkleideten mit schwarzen Bärten und Säcken voller geborstener Zahnräder? Seltsam.

Der Tag ging über in die Dämmerung. Irgendwann öffnete der Beifahrer die Seitentüre und schrie und winkte. Ein zweiter Geselle lief herzu, ebenfalls mit einem Sack. Der Erste ließ den Zweiten einsteigen und sehr bald war ersichtlich, dass nun zwei Schutzengel an

Bord waren. Mit vereinten Kräften schoben sie das Auto über jedes noch so üble Sandloch hinweg.

Als eine mondlos dunkle Nacht anbrach, kamen wir auf eine weite Ebene mit festem Untergrund. Der Begleiter zeigte an, schneller zu fahren, alles in Ordnung. Es gab nicht die geringsten Anzeichen eines Weges, die Richtung jedoch stimmte: Norden. Polarstern und das Sternbild des Großen Wagens waren direkt voraus. Man konnte zügig in die Dunkelheit hineinfahren und bis in den vierten Gang schalten. Ab und zu gab es Korrekturen: mehr nach rechts oder links oder etwas langsamer. Im Scheinwerferlicht tauchten dann Hindernisse auf, die wir sicher passierten. Wir kamen gut voran.

Dann aber folgten wieder Flussläufe, die durchquert werden mussten und abgrundtiefer Sand. Ich war ausgelaugt bis zum Letzten, doch die beiden Begleiter – wer sie auch sein mochten – brachten nicht nur das Fahrzeug, sondern auch den Fahrer immer wieder in Gang. Ohne sie wären wir rettungslos verloren gewesen.

Doch wie es mit Schutzengeln geht – sie kommen aus dem Nichts und genauso verschwinden sie, wenn ihre Aufgabe getan ist – so war es auch hier. Als rechts und links Mauern und Häuser auftauchten, waren wir am Ziel: Andchoy, dem Hauptort. Unter uns wieder eine richtige Straße, wenn auch voller Schlaglöcher.

Voraus wurde eine Signallaterne geschwenkt. Wir stoppten. Ein Mann trat an die Beifahrerseite, stellte militärisch kurze Fragen durch das offene Fenster und gab dann einen noch kürzeren Befehl. Die Mitfahrer sprangen aus dem Auto und waren im gleichen Augenblick in der Dunkelheit verschwunden, als hätte es sie nie gegeben.

Statt ihrer stieg der mysteriöse Fremde ein. Als er Teres sah, die sich inzwischen aufgerichtet hatte und hinten erschöpft an meinem Rücken lehnte, ging ein breites Lächeln über sein Gesicht. Er begrüßte uns in fehlerfreiem Deutsch. Er hatte sogar einen rheinischen Akzent – Köln, wenn mir recht ist. Es war der Gouverneur der Nordwest-Provinz, der in Deutschland studiert hatte. Erstaunt, wie wir es bis hierher geschafft hatten, lud er uns ein als seine Gäste in seine Residenz. Er lotste uns zu einem massigen Gebäude, an dem in der Dunkelheit sonst nicht viel zu erkennen war. Wir wurden gleich hinein gebeten. Dienstbare Geister waren auch um Mitternacht auf den Beinen, um eine reich besetzte Tafel herbeizuzaubern. Freunde oder Mitarbeiter des Gouverneurs füllten plötzlich den Raum. Meine Erschöpfung war verflogen und auch Teres ging es etwas besser.

Wir alle setzten uns zu Tisch, an dem uns ein Ehrenplatz angewiesen wurde. Wir mussten von unserer Fahrt erzählen. Der Gouverneur übersetzte für seine Freunde und gab selber einiges zum Besten aus seiner Studienzeit in Deutschland. Die Gäste kamen in Stimmung, riefen uns etwas zu und vergaßen auch das leibliche Wohl nicht.

Der große Tisch bog sich fast unter den Köstlichkeiten. Was uns in vergangenen staubigen Tagen unerreichbar wie eine Fata Morgana vor dem inneren Auge gegaukelt hatte, hier lag es vor uns. Vor allem die herrlichen Früchte, süße Trauben, saftige Birnen, Melonen, frische Feigen, Datteln und exotische Dinge, die als Importe von Pakistan leicht ihren Weg auf den Tisch eines Gouverneurs gefunden haben mochten. Orientalische Höflichkeit verlangte, dass herzhaft zugegriffen wurde.

Daran sollte es nicht mangeln! Sogar Teres, die sich an mir festhielt, schaute begehrlich zu den Früchten. Alles andere an Speisen, die aufgetragen wurden, einschließlich der Platten an Fleischspießen, verblasste dagegen zu einem Nichts. Der Gouverneur hatte unser Treffen zum Anlass genommen, aus dem Stand heraus ein kleines Fest anzuordnen.

Er hielt dafür, dass Leib und Seele zusammengehalten wurden mit Essen und Trinken. Hatten wir dem erst in rechtem Maße zugesprochen, waren wir gestärkt für das Weitere. Er schien noch einiges vorzuhaben: "Wie wär's mit Tänzerinnen", sagte er. Und Musikanten. Wie bitte? Tänzerinnen? Orientalische Tänzerinnen als krönender Abschluss des Tages – phänomenal! Leider musste ich unserem Gönner eröffnen, wir würden schlapp machen bei diesem Verlauf der Dinge. Teres fiel mir vor Schwäche fast in die Arme und sie musste dringend zu Bett gebracht werden. Der Gouverneur war enttäuscht, einerseits. Andererseits, plötzlich ernst geworden, sagte er, dass ein anstrengender Tag auf ihn warte; es hatte einen Aufruhr gegeben in der Region und er musste mit starker Hand durchgreifen. Tänzerinnen wären vielleicht doch nicht die richtige Einstimmung gewesen dazu.

Er würde mehrere Tage unterwegs sein, und wir müssten uns heute nacht schon wieder voneinander verabschieden. Es hatte ihn gefreut! Was unser weiteres Fortkommen betraf, erteilte er Anordnungen, dass wir mit einem Konvoy geländegängiger Fahrzeuge sicher durch die Wüste geleitet würden und wünschte Teres eine gute Besserung.

Der Konvoy ließ noch einen Tag auf sich warten. Teres ging es tatsächlich etwas besser und wir genossen das farbige Treiben auf den Basaren des Ortes, der im Altertum nahe an der sagenhaften Seidenstraße gelegen hatte, die durch Mittelasien nach China führte.

Am Abend wurden wir abgeholt und luden alles Bewegliche in die hochachsigen Allradfahrzeuge russischer Produktion, um selber so wenig Gewicht wie möglich zu haben. Die Fahrer verrichteten ihrem Glauben gemäß ihr Abendgebet, dann rollten wir.

Es wurde schnell Nacht. Im Scheinwerferlicht waren

manchmal die Reste einer uralten Straße zu erkennen, sonst nichts als Sand. Unsere Begleiter fuhren zügig voraus, dass wir manchmal fast nicht mehr ihre Rücklichter sahen. Was, wenn sie uns sitzen ließen – aber das war einfach undenkbar nach dem, was wir erlebt hatten!

Unser von allem zusätzlichen Gewicht befreites Fahrzeug kam jetzt um ein Vielfaches besser über den Sand hinweg; blieben wir dennoch stecken, gaben wir Zeichen mit der Lichthupe. Es ging auch nicht lange und voraus erschienen die Lichter wendender Fahrzeuge. Die Fahrer kamen zurück, hängten unseren Bus an und zogen ihn auf festeren Untergrund.

Überall in der Dunkelheit leuchteten am Horizont Scheinwerfer auf von Fahrzeugen, die ihre eigenen Wege durch die Wüste suchten – wie Schiffe auf hoher See. Um Mitternacht hatten wir die Dasht-i-Leili hinter uns und erreichten den Punkt, an dem sich alles traf, was durch die Wüste kam oder ging.

In der Dunkelheit ließ sich erkennen, dass der Sand hinter uns geblieben war und wir zurück waren in einer Welt von Lehm. Staubig zwar, aber ein fester Untergrund. Und ein hervorragendes Baumaterial. Das Haus, vor dem wir hielten, war kein Haus, sondern ein wahrer Berg von aneinander gebauten Kuppelräumen; so kam es uns vor. Kamelkarawanen machten hier Station sowie Lastwagen in jedem beliebigen Stadium der Schrottreife und kehrten ein.

Das Innere des Hauses war wie eine große Höhle, in der die Menschen durcheinanderwogten und alles fanden, was sie begehrten. Batterien von Samowaren standen bereit und Feuer brannten, auf denen Massen an Fleischspießen garten. Gleich am Eingang saß auf einem erhöhten Podest ein Spieler mit seinem im Orient üblichen Saitenintrument, mit dem Klangkörper ähnlich einer Mandoline und dem überlangen Griffbrett. Was er darauf hervorzauberte, hüllte alles ein in eine Wolke von erregenden Klängen.

Die Chauffeure unserer Begleitfahrzeuge taten, als wären sie in ihrem wahren Zuhause angekommen, lachten und grüßten nach allen Seiten. Sie ließen Essen und Trinken anfahren, nahmen uns in ihre Mitte und erzählten ihrer Zuhörerschaft Geschichten, in denen anscheinend auch wir eine Rolle spielten; man winkte uns zu. Teres war hier ebenfalls die einzigste Frau, doch sie wurde besonders zuvorkommend und wohlwollend behandelt.

Wir hätten ewig bleiben mögen, war es doch die Welt, die wir gesucht hatten, die Welt der Menschen. Aber irgendwann war es Zeit, sich herzlich von den Fahrern zu verabschieden. Eine kleine Strecke an Schlaglöchern lag noch voraus – dann endlich, nach achthundert Kilometern Sturzacker, war sie da, die breite neue Asphaltstraße.

In den Tagen, die folgten, erholte sich Teres langsam und das Leben war um vieles angenehmer geworden mit der schönen Straße. Wir konnten drauflos fahren nach Herzenslust! Oder auch nicht; wir nahmen es locker und setzten uns oft einfach nur in die Sonne.

Sie schrieb an einem Brief. Sie erwähnte nicht alles, aber doch so viel, dass es ein bisschen abenteuerlich klang, damit daheim ihre kleinen Neffen auch etwas davon haben sollten. Zum Beispiel wie einmal – noch im Osten der Türkei – der ehrwürdige Patriarch eines Familienclans, der uns über Nacht eingeladen hatte, fürsorglich ein Gewehr samt Munition an unser Bett stellte. Nein, nein, es war keine Gefahr im Verzug, einfach nur so, als Geste der Gastfreundschaft. Das Bett war aufgeschlagen auf dem Flachdach des Hauses, mit dem Blick über das hügelige Land, das im Süden überging in die weiten Ebenen von Syrien, über denen ein matter Schimmer des Mondlichts lag.

Der Anblick, wie Teres da saß, faszinierte mich.

Wieso war mir eigentlich noch nie aufgefallen, was für eine exotische Schönheit sie war? Ich betrachtete sie näher. Sie hatte einen Teint, den man gefühlsmäßig in der Südsee angesiedelt hätte, eine aparte Bräune, wie Bronze vielleicht – oder ging es nicht eher etwas ins Gelbliche? Sogar das Weiß ihrer Augäpfel war gelblich, was ihr ein geheimnisvolles Aussehen verlieh.

"Teres, liebe," fragte ich, "hast du schon mal in den Spiegel geschaut?" – "Ich weiß," sagte sie, "ich glaube, ich habe Gelbsucht."

Das also war es, Gelbsucht. Hepatitis. Gewarnt waren wir ja worden. Es war nichts Ungewöhnliches, dass Menschen, die unterwegs waren wie wir, Hepatitis bekamen. Vom Wasser, sagten sie. Man könne gar nicht vorsichtig genug sein. Wir hatten Reisende getroffen, die ein ganzes Arsenal an Desinfizier-Tabletten bei sich trugen und auch sonst vor jeder engeren Berührung mit den Gegebenheiten des Landes zurückscheuten. Wäre es nicht das Beste, gleich ganz in einer sterilen Verpackung zu reisen?

Eine andere Frage jedoch wäre wohl dienlicher gewesen: Wer alles hatte eine Ladung Quecksilber im Körper, eine massive Attacke auf das Immunsystem und damit der Auslöser für Krankheiten jeglicher Art? Praktisch jeder, denn ohne Impfung kam keiner über eine Grenze. Die Zusammenhänge klärten sich erst viel später; damals war es nur ein ungutes Gefühl, das einen beschlich, auch wenn es mir noch gut ging. Teres aber schien es überstanden zu haben, es ging wieder aufwärts mit ihr.

Wir kamen nach Balkh, Metropole vergangener Völkerreiche, Mittelpunkt der damaligen Welt, heute ein weit gedehntes Ruinenfeld von Mauern aus Lehm. Selbst der Regen von tausend Jahren hatte sie nicht zu Boden waschen können. Wir sahen nur einen kleinen Teil vom Auto aus, und selbst das ließ uns die Größe der uralten Kulturen erahnen.

Mehr zu entdecken war Teres nicht vergönnt, noch unsicher auf den Beinen wie sie war. Das Gleiche in Masar-i-Sharif, Hauptstadt des Nordens, Heiligtum des Islam, Moscheen über Gräbern von Propheten. Wir sahen sie nur von Weitem.

Es mag profan klingen, aber die eindrücklichste Begegnung in Masar war die mit einem Apotheker. Zufällig hatten wir vor seinem Lokal geparkt. Von außen ein Gebäude in traditionell schlichter Lehmbauweise, von innen ausgestattet mit allem, was auch in einer westlichen Großstadt hätte bestehen können: Regale über Regale mit Medikamenten. Der Inhaber begrüßte uns in perfektem Englisch. Er war westlich gekleidet und sah aus wie der Filialleiter eines Pharmakonzerns, der seine Überschuss-Bestände hierher ausgelagert hatte. Vielleicht sogar als Entwicklungshilfe?

Sehr weit daneben schienen wir mit unserer Vermutung nicht zu liegen, wie sich im Gespräch zeigte. Da es keine weiteren Kunden gab, hatten wir viel Zeit. Eigentlich war es um irgend ein Mittel gegangen um Teres aufzuhelfen, aber er beschwor uns mit ernsten Worten, nicht auf das zu bauen, was er anzubieten hatte, sondern den Selbstheilungskräften des Körpers zu vertrauen. Gingen dilettantische Versuche mit Medikamenten schief, würde kein Mensch im Land mehr helfen können, wenn Nebenwirkungen einsetzten, die nicht mehr zu durchschauen wären und nur mit weiterer Chemie bekämpft würden. Bis das Ganze außer Kontrolle geriet und in einen Absturz endete, was immer das auch heißen mochte.

"Lassen Sie die Finger davon!" sagte er mit einem melancholischen Lächeln und schien nicht sehr glücklich zu sein auf seinem Posten. Uns aber hatte er damit einen guten Rat gegeben, der in der Erinnerung blieb und für den wir ihm sehr dankbar waren.

9. Warnung des Schicksals

Die Straße führte an der Nordseite des Hindukusch entlang. Der Ausblick nach Süden ging auf Vier- und Fünf-Tausender. Im Osten vor uns waren die Sieben-Tausender von Nuristan mit ihren schneebedeckten Gipfeln. Einen Übergang über das Gebirgsmassiv nach Süden hatte es in früheren Zeiten nur gegeben über das Hochtal von Bamiyan, grüne Oase auf 2500 Metern Höhe, die einzig durch tiefe und steile Schluchten zu erreichen war.

Seit dem Bau der Direktverbindung nach Kabul durch den 3500 Meter hohen Salang-Tunnel war der Weg über Bamiyan ins Abseits geraten. Eben deswegen wollten wir ihn nehmen, aus purer Nostalgie für Schotterstrassen und Schlaglöcher.

Die Straße hatte sich nach Süden gewendet, dem Gebirge zu, hatte sich durch Engpässe gezogen und kam wieder ins Offene in einer breiten Ebene, hinter der erneut das Panorama der Schneeriesen sichtbar wurde. Weitere Schluchten, ein reißender Fluss, neue Ebenen, Felswände, eine Brücke, und wir waren in dem Verkehrsgewühl des Ortes, wo sich alles traf, was auf dem Weg vom oder zum Salang-Pass war: Doshi.

Hier teilte sich die Straße, wir schwenkten auf den Abzweig nach Bamiyan ein und waren wieder im Nirgendwo. Ein endloses Tal nach Südwesten, das sich in der Ferne zusammenzog und ein Fluss, mit einer breiten Furt über ein Geröllfeld rieselnden Wassers. Dann ein Gewirr von Felsen, in die sich Häusern duckten, dass wir rätselten, wohnten die Menschen über- oder unterirdisch. Abgeerntetes Kulturland und winterlich entlaubte Gürtel von Pappelhainen, als Bauholz genutzt.

Der Weg führte an einer Ebene entlang, die auf der Gegenseite durch schroffe Felswände begrenzt war. Wir trafen auf eine Menschenmenge, die gestikulierend und beifallrufend ein für uns noch unsichtbares Geschehen verfolgte. Es war ein kilometerweites Spielfeld, auf das wir gestoßen waren.

Zwei Reitermannschaften tummelten sich bei einem "Buzkashi". Sie traten gegeneinander an im Kampf um den Kadaver eines Schafes oder einer Ziege. Erlaubt schien so ziemlich alles zu sein außer Spießen und Säbeln. Die Mannschaften prallten im vollen Lauf aufeinander, ein einziges Getümmel im wirbelnden Staub, bis einer der Reiter, sich tief aus dem Sattel beugte und das zu Boden gefallene Schaf erwischte um im Galopp davonzusprengen, die Meute der anderen hinter ihm her. Gewonnen hatte die Mannschaft, die den Kadaver in einen kleinen Kreis, der das Ziel war, abwerfen konnte.

Wir wunderten uns nur, dass bei dem wilden Gerangel nichts Ernsthaftes passierte. Kaum gedacht, geschah es eben doch, als der Kampf gerade ganz in unserer Nähe wogte. Ein Reiter stürzte und blieb liegen. Sein Pferd stand wie mit hängenden Ohren daneben, als hätte es ein schlechtes Gewissen. Die anderen waren schon wieder in wilder Jagd auf und davon.

Die Zuschauer stürmten auf das Feld und "eroberten" – wie die Reiter das Schaf – den Verunglückten, der, aus seiner Benommenheit erwacht, sich heftig wehrte. Es nützte ihm wenig, er wurde davongeschleppt – zu uns! Die Leute hielten uns für medizinisches Personal und schauten uns erwartungsvoll an. Der Reiter hatte eine klaffende Stirnwunde direkt über einem Auge und das Blut lief ihm in die Augen und übers Gesicht.

"Hattest du nicht mal einen Samariterkurs gemacht, Teres?" sagte ich, "du bist dran!" – "Hol mal die Medizinschachtel", gab sie zurück.

Die Zuschauer waren begeistert, wie Frau Doktor das machte. Die Mullbinden und Pflästerchen waren eine Offenbarung für sie; sie machten sich gegenseitig auf den geheimnisvollen Inhalt des Kästchens aufmerksam. Teres wusch dem Patienten das Blut aus Augen und

Gesicht. Er hielt sich jetzt ruhig; Widerstand war zwecklos, merkte er.

Die Aufmerksamkeit der Zuschauer richtete sich ganz auf uns und die ärztliche Versorgung. Die Wunde wurde kunstgerecht desinfiziert und das Kampfspiel war vergessen. Der Verband war eine Kombination aus Pflaster und Mullbinde, aber irgendwie unbefriedigend, weil man nicht einfach das Auge zukleben konnte, was freilich am besten gewesen wäre. Schlussendlich ging es dann doch und alle spendeten Beifall.

Der Patient, wieder Herr seiner selbst, lachte, reckte und streckte sich, stieß einen Jubel- oder auch Kampfruf aus, sprang mit einem Satz auf sein Pferd und preschte davon. Im Galoppieren riss er sich den Teil des Verbandes ab, der ihm die Sicht behinderte, warf ihn weg und sprengte mitten in das Gewühl des Kampfes.

Wir ließen uns Zeit, gerieten tiefer und tiefer in die Berge hinein und verwunderten uns bei den gelegentlichen Ansiedlungen, mit wie wenig Besitz Menschen auskommen konnten.

Ein oder zwei Tage nach dem "Buzkashi" fuhren wir um eine Wegbiegung und hatten plötzlich vor uns ein Dorf. Etwa 30 bis 40 der Bewohner standen auf der Straße und schienen auf uns zu warten. "Oh je", sagte Teres nur, "da ist etwas nicht gut."

Wir rollten noch einige Meter auf die Menschen zu und stiegen aus. In der Mitte stand ein junger Mann, der auf den Armen ein kleines Kind hielt; die junge Frau neben ihm musste die Mutter sein. Von dem, was er sagte, verstanden wir kein Wort, doch die Dinge sprachen unmissverständlich ihre eigene Sprache. Das Kind war krank, wenn es überhaupt noch lebte. Klein wie ein Neugeborenes, sah es mit einem runzeligen, schon ganz grauen Gesichtchen aus wie ein Wesen, das seinen Weg ins Leben nicht gefunden hatte.

Aller Augen waren in banger Erwartung auf uns

gerichtet. Glaubten sie wirklich, wir könnten helfen? Wir konnten nur leise den Kopf schütteln. Jeder Versuch, ihnen Hoffnung zu machen, wäre eine Lüge gewesen. Auch wenn die Menschen noch einen unbegrenzten Glauben an westliche Medizin haben mochten, wäre wohl mit sämtlichen Lagerbeständen unseres Apothekers aus Mazar nichts auszurichten gewesen. So ernst und bittend uns die Menschen, vor allem die Eltern, anschauten, so ernst und schweigend mussten wir zurückschauen.

Die Augen der jungen Mutter füllten sich mit Tränen und bei Teres war das Augenwasser auch nicht mehr weit. Mit einer hilflosen Gebärde wollte sie dem Winzling über das Köpfchen streicheln, aber es blieb ihr im Ansatz stecken. Die Menschen traten zur Seite und gaben den Weg frei.

Als wir das Ende des langen Tals erreichten, bog die Straße nach Süden auf himmelhohe Felswände zu und es war unergründlich, wie sie weitergehen wollte. Bis sie dann auf einen Spalt zulief, bei dem das Gebirgsmassiv etwas auseinanderklaffte. Sie verschwand wie in einen finsteren Rachen, als wir bei einer freundlichen Wiese anhielten, die einlud, uns bei ihr noch ein letztes Mal von der Sonne bescheinen zu lassen. Teres atmete tief durch und streckte sich lang aus ins Gras. Weiterhin gelb wie eine Zitrone, war es ihr doch von Tag zu Tag besser gegangen. Ich setzte mich ihr gegenüber und fragte: "Willst du immer noch um die ganze Welt?"

"Schauen wir, wie weit wir kommen", erwiderte sie.

Einverstanden! Aber war es nicht auch manchmal ziemlich heftig gewesen, wenn man kaum noch wusste wie weiter? Jedenfalls musste jemand ganz fest auf uns aufgepasst haben. Ob das auch in Zukunft so bliebe? Was meinte sie?

"Vielleicht wenn wir lieb darum bitten?" sagte sie.

Vielleicht. Aber was, wenn das Schicksal fand, wir

hätten uns lange genug in der Welt herumgetrieben und sollten endlich vernünftig werden?

"Dann werden wir halt vernünftig. Solange wir das zusammen tun."

Vielleicht aber lag noch einiges an scharfen Wendungen vor uns, wo es dann eher rückwärts ging. Man konnte nicht immer nur Glück haben.

"Mit dir fahre ich auch rückwärts, wenn's nicht anders geht", lächelte sie, "aber Indien liegt eigentlich vorwärts."

Na, denn man los! Unser Blechesel stand parat. In ein paar Stunden konnte er oben sein in Bamiyan. Wenn alles gut ging.

Nach der Einfahrt in die Schlucht hangelte sich der Weg an einer Felswand entlang. Linkerhand ging es steil in die Höhe, rechterhand hinunter in das Geröllbett des Flusses, der in der Tiefe schäumte. Die Straße war holprig und eng, sodass nicht überall zwei Fahrzeuge aneinander vorbei kamen. Vom Himmel war nur noch ein sehr schmaler Ausschnitt zu sehen.

Plötzlich knallte es, ein harter Schlag im Motor und das Fahrzeug stand einen Moment, bevor es anfing rückwärts zu rollen. Mit dem Fuß auf der Bremse ließ es sich wenigstens noch zur Seite lenken an die Felswand, sodass wir nicht den Verkehr blockierten, falls es welchen gäbe.

Der Knall hatte nichts Gutes ahnen lassen. "Es sieht so aus, als ob wir hier nicht mehr wegkommen so schnell", ließ sich dazu vorerst nur sagen. "Ich muss schrauben, kochst du uns etwas Leckeres?"

Küche und Werkstatt wurden nebeneinander an der Felswand eingerichtet, der Steilabsturz blieb den Fahrzeugen vorbehalten, die an uns vorbei wollten. Zeitgleich mit der Zubereitung der Mahlzeit war der Motor zerlegt. Es war ein abgerissener Kolbenboden. Die Havarie war ungewöhnlich und nur erklärbar durch den Dauerstress des Motors. Doch auch für diesen Fall waren

Ersatzteile an Bord.

Die Reparatur zog sich hin. Beim Dunkelwerden waren alle Teile parat zum Zusammenbau, aber ohne Licht wollte es sich nicht tun. Ein schwerer Geländewagen stoppte und aus dem offenen Fenster schnarrte eine Stimme: "What's the matter?" Was denn los wäre. Ein Amerikaner.

Er bot an, uns mitzunehmen nach Bamiyan; er selber würde in unserem Fall nachts alleine hier nicht bleiben. Seine Ansicht war vielleicht nicht falsch, doch meine Bedenken gingen eher dahin, dass unberufene Finger an unbeaufsichtigten Motorteilen herumfummelten. Wenn auch nur aus lauter Neugier, aber kam etwas abhanden, bedeutete es das Aus für den Motor.

"Okay", sagte mein Gegenüber in seinem breiten Akzent, "as you like", gab Gas und röhrte mit seinem Truck davon.

Es war das letzte Fahrzeug gewesen für die Nacht. Die gegenüberliegende Felswand war vom Mondlicht geisterhaft erhellt, während unsere Seite in tiefer Dunkelheit lag. Aus der Schlucht drang gedämpft das Tosen des Flusses. Wir saßen noch eine Weile vor dem Auto, hatten eine Decke um uns geschlungen und hielten uns gegenseitig warm. Als Vorrecht der Jugend schob unsere Unbekümmertheit alle Bedenken beiseite. Im gesetzteren Alter hätte man das vielleicht anders gesehen.

Vor allem, wenn man später anhand von Berichten das unsägliche Schicksal Afghanistans mitverfolgte: Überfälle und Invasionen von Weltmächten, Kriege und Chaos bis alle traditionellen Strukturen zerstört waren und das Unheil zusätzlich in Stammeskriegen und Brudermord endlos weiterging.

Was hatten die Amerikaner in dem Land zu tun gehabt? Und was hatten die Russen dort zu suchen, damals in der Zeit der Sowjetunion? Einen hatten wir einmal mitgenommen. In dem kargen Land stand er plötzlich da wie aus dem Boden gewachsen und gab ein

Zeichen, das er mitwollte. Flachsblonde Haare, blaue Augen und eine halbmilitärische Bekleidung – nach einem Touristen sah er nicht aus und anstelle eines Rucksackes trug er eine Art Instrumententasche.

Er ließ sich zehn Kilometer mitnehmen, ohne auch nur mit einem Blick oder Wort auf unsere Fragen einzugehen; dann eine kurze Handbewegung, er wollte raus und verschwand zielstrebig und spurlos im Gelände.

Später trafen wir noch weitere derartige Zeitgenossen. Und die Frage, was sie wollten, beantwortete sich von alleine durch die militärischen Invasionen, die Afghanistan zu erleiden hatte und wozu alles Erforderliche vorher gründlich ausspioniert worden war.

Damals, in der Schlucht, hielt ein Schleier noch gnädig die Zukunft verdeckt und wir sprachen davon, was sie uns alles noch Gutes bringen werde.

Wir schliefen gut, reparierten anderntags den Motor und waren am Mittag in Bamiyan, Perle des Hindukusch in einer Fels- und Eiswüste. Ein Land mit Feldern wechselnder Kulturen, Obstgärten und Pappelhainen, auf einer Höhenlage, wo in anderen Weltgegenden schon längst die Vegetationsgrenze erreicht war. Vor mehr als tausend Jahren war es eines der großen Zentren des Buddhismus, dessen steinerne Überbleibsel heute noch bestehen, wenn auch arg beschädigt vom Gang der späteren Kriegsereignisse.

Danach war es dann über den Shibar-Pass nicht mehr weit bis nach Kabul, Hauptstadt und Nadelöhr aller Indienfahrer mit ihren Camper-Karossen, ob verbeult oder Hochglanz poliert. In den Parkanlagen der Hotels waren Hunderte anzutreffen, in Aufbruchstimmung. Alle wollten noch schnell über die Grenzen. Zwischen Indien und Pakistan kriselte es, von Tag zu Tag mehr. Etwas Drohendes bereitete sich vor. Rückreisende berichteten von fanatisierten Menschenmassen auf den

Straßen und von Tankstellen ohne Benzin.

Für die Weiterfahrt hatte Teres grünes Licht erhalten von einem Arzt, der sie sogar beglückwünschte zur schnellen Genesung. Mir aber zeigte er die Rote Karte: Hepatitis? Keine Chance daran vorbeizukommen! Ich zog es vor, ihm nicht zu glauben, aber wohl war mir doch nicht dabei.

Das andere Problem: Wir hatten kein Visum für Indien. In der Botschaft standen sie Schlange, ebenfalls zu Hunderten, aber die Inder hatten es nicht eilig, die Blechkarawanen in ihr Land zu lassen. Nur gut, dass der Doktor die Verlängerung für die afghanische Aufenthaltsgenehmigung unterschrieben hatte: Theres sollte sich noch erholen.

Wir stellten uns auf eine lange Wartezeit ein. Jeden Tag, in der prickelnden Frische des Morgens – Kabul lag auf 1800 Metern Höhe – gingen wir die Stadt erkunden, setzten uns in die Teehäuser zu den Männern, aßen mit Appetit, was in Schnellküchen gekocht und gebraten wurde und drängten uns durch das Gewühl der Basare.

Vor allem die Früchte hatten es uns angetan. Ich erstand ein großes Netz mit Orangen. Wie lange hatten wir diese Fülle vermisst, mir lief schon das Wasser im Mund zusammen! Eine Frau in sehr abgerissenen Kleidern stand in der Nähe und schaute uns an.

Ich merkte es nicht einmal. Teres sehr wohl, sie stupste mich. "Siehst du nicht?" sagte sie. "Sie hat etwas gefragt. Sicher hat sie Kinder zuhause, wenn sie überhaupt ein Zuhause hat." Manchmal war ich etwas schwer von Begriff. Teres nahm mir das Netz aus den Fingern, entnahm drei, vier Orangen für uns selber und gab die anderen weg. Aufblitzende Momente, von niemandem wahrgenommen, können einen durch das ganze Leben begleiten. Wie das Lächeln zwischen den beiden Frauen über alle sozialen Unterschiede hinweg.

Auf der indischen Botschaft ging es nicht vorwärts. Dafür wurden die Gerüchte um einen Kriegsausbruch immer verworrener. Man nahm es, wie es kam. Auch an den Abenden waren wir auf den Straßen. In einem Teehaus rückten sie auf die Seite, um Platz zu machen. Man begegnete uns mit Wohlwollen. Wer ein paar Brocken Englisch konnte, fragte wo wir herkämen. Wir antworteten mit unseren Farsi-Sprachbrocken: Verständigung auf ganzer Linie!

Etwas wurde durch den Raum gerufen. Kurze Zeit später standen Platten mit Brot und Fleischspießen vor uns mit den besten Wünschen für einen guten Appetit, ohne dass wir etwas bestellt hatten.

Auch an Orten wie diesen waren keine Frauen zu sehen. Trotzdem war Teres geachtet und wurde zuvorkommend behandelt. Nicht ein Zeichen des Unmutes, kein Stirnrunzeln in der Runde der Männer, die zum Teil schon ein hohes Alter hatten. Sie wurde auch gar nicht als Frau gesehen, sondern als einen Teil von mir, das als meiner Privatsphäre angehörend respektiert wurde.

Doch genauso empfand ich mich als einen Teil von ihr. Durch sie war erst Farbe und Sinn in mein Leben gekommen und wir gehörten längst schon unzertrennlich zusammen. Hier in diesem Raum aus rohem Mauerwerk, mit den grob aus Brettern gezimmerten, teppichbelegten Sitzgelegenheiten, mit den Samowaren und Petroleumlampen, den Männern mit ihren Turbanen und Kaftanen, bei denen niemand sich daran störte, wenn sie nur noch aus bloßen Lumpen bestanden – hier wurde mir erst so recht bewusst, was für eine Perle mir das Schicksal geschenkt hatte. Aber auch meine Verantwortung dafür.

Wie sehr doch lebte Teres in Erwartung der Dinge, die auf uns zukamen, ferne Länder und Kulturen, Träume, die wahr wurden. Wir hatten die guten Seiten gesehen, die Menschen in ihren alten Traditionen; eine geheimnisvolle Welt, die sich uns aufgetan hatte. Aber auch andere Töne waren schon zu vernehmen: Konflikte, von außen geschürt von dunklen Mächten, die ganze Regionen in Not und Elend stürzten.

Bis jetzt hatte uns eine gütige Hand vor Unannehmlichkeiten bewahrt. Durften wir immer darauf zählen? War Teres mir nicht zu etwas zu Kostbarem geworden, um sie einer Gefahr auszusetzen? Mir war, ich müsse sie schützen, notfalls vor sich selber. Als wir am nächsten Tag darüber sprachen, lehnte sie sich auf, dass ich den Fortgang der Reise in Frage stellte durch meine Bedenken, die ich bei hellem Tageslicht noch nicht einmal richtig begründen konnte.

Wir für uns entschieden noch nichts, doch kurze Zeit später war es das Schicksal selber, das die Entscheidungen traf. Am Tag als die Visen endlich bereit lagen auf der Botschaft und wir auf der Stelle hätten aufbrechen können, fing der Krieg an zwischen Indien und Pakistan. Es zirkulierten bereits Nachrichten von Luftangriffen – Bombardierungen, Chaos, Verwüstung. Die Grenzen wurden geschlossen und niemand wusste, ob sie je wieder aufgingen.

Die Reaktion in der Gemeinde der Indienfahrer war gespalten. Die besser Betuchten wollten weiter auf dem Seeweg über den Hafen von Karatschi, andere gedachten abzuwarten und in klimatisch günstigen Zonen zu überwintern. Sie machten sich auf nach Jalalabad, dem immmergrünen Garten des Landes schon fast in der Ebene der großen Ströme des Ostens. Umkehren wollte niemand, wir eigentlich auch nicht.

Unsere Gedanken drehten sich um das Wie-weiter, als wir eine der Hauptstraßen entlang gingen, die Maiwand-Street, benannt nach dem Schlachtfeld, auf dem knapp hundert Jahre zuvor die Unabhängigkeit Afghanistans gegen die anrückenden Engländer siegreich verteidigt worden war. Unheil lag in der Luft. Doch dass es uns dann so blitzartig treffen würde, befand sich jenseits jeglichen Vorstellungsvermögens: Teres griff sich plötzlich an die Brust und brach zusammen.

Obwohl das Ereignis wie eingebrannt ist in mein Gedächtnis, weiß ich nicht mehr, was ich tat oder hätte tun sollen. Nur, dass mich zwei alte Teppichhändler am Boden vor ihrem Verkaufsgewölbe, ratlos und verzweifelt über Teres kniend, fanden.

Es war kein Land, in dem es eine Ambulanz gab, die man einfach hätte rufen können, doch die Anwesenheit der beiden Männer half, sich auf das Nächstliegende zu besinnen. Wir trugen Teres in das Warenlager und legten sie auf einen Stapel kostbarer Teppiche wie auf ein Bett. Sie war bei Bewusstsein und kämpfte sich von Schmerzen gepeinigt durch ein böses Geschehen in ihrem Inneren. Sie versuchte, ein Zeichen zu geben, eine Handbewegung, die vielleicht andeuten sollte, ihr Zeit zu lassen.

Die alten Männer waren rührend besorgt. Sie brachten Decken und Kissen und schickten einen Jungen in das Teehaus. Wir boten Teres den heißen Tee an. Sie nippte und sank erschöpft wieder zurück. Doch selbst das war ein Hoffnungsschimmer, an den man sich klammerte wie der Ertrinkende an einen Strohhalm.

Aus heutiger Sicht war es eine Lungenembolie gewesen, wie sie sie in London und vielleicht schon vorher gehabt hatte, verursacht durch Blutgerinnsel, die berüchtigten blood-clots. Während eine große Embolie schnell tödlich endete, betraf eine kleinere, eine Mikroembolie, einen kleineren Teil des Lungengewebes, der aber genauso unwiderruflich zerstört wurde. War die Lunge noch nicht zu sehr geschädigt, kam, nach einem anfänglichen Gefühl der Vernichtung, ein junger Mensch wieder darüber hinweg. Geschah es mehrmals, ging nach und nach die Lunge zugrunde.

Wir erkannten den Zusammenhang mit den Giftzusätzen aus den Impfungen nicht und mit der Quecksilbervergiftung aus Zahnamalgam – wie sollten wir auch, wenn selbst in der Medizin diese Dinge nie zur Sprache gebracht wurden. Was wir erkannten war, dass die Reise nur noch in eine einzige Richtung gehen konnte: Zurück!

Teres erholte sich wieder, wenn auch nie mehr ganz. Schon an einem der nächsten Tage rollten wir bei schönstem Wetter – so leid es uns war – in Richtung Heimat nach Westen.

In Kandahar, Hauptstadt des Südens, stromerten wir noch einmal über die Basare und verursachten einen moderaten Menschenauflauf, als wir mit einem Teppichhändler anfingen zu feilschen. Wir hatten ein kleines Prachtstück im Auge und beschworen unsere Großmütter bis ins fünfte Glied und alle Heiligen, dass er viel zu teuer war.

Der Händler, ein ehrwürdiger Greis mit ebensolchem Turban hielt dagegen, dass ihn unser Interesse ehre, es aber sein finanzieller Ruin sei, seine Ware weit unter Wert zu verkaufen. Die anwachsende Zuschauermenge war mehrheitlich auf unserer Seite und bekundete Beifall für jedes neue Argument. Wer über ein Dutzend englischer Sprachbrocken verfügte, bot Übersetzer-Hilfe an.

Ein starkes Argument, dem sich auch hartgesottene Charaktere kaum verschließen konnten, war, dass wir mit dem Teppich das Lob der Kandaharer Teppichgilde bis weit nach Europa erschallen lassen würden. Der Preis ging runter. Von der Seite wurde flüsternd geraten, wie tief wir mit dem Angebot noch gehen sollten. Der Händler, um Zeit zu gewinnen, schickte einen Jungen ins Teehaus. Nach der Zeremonie des Teetrinkens waren wir uns jedoch gegenseitig schon so sympathisch, dass sich der Preis von allein auf ein rechtes Maß einpendelte, mit dem auch die Zuschauer einverstanden waren.

Am nächsten Tag in der Frühe nahmen wir den langen Weg zurück nach Herat unter die Räder. Wir kamen in die Gegend von Maiwand, weite Ebenen bis an den

Horizont, aus denen vereinzelt schroffe Felsmassive empor stiegen. Was mochten wohl die Engländer damals empfunden haben, als feindliche Reiterheere plötzlich dahinter hervorbrachen und sie das Fürchten lehrten? Das Wesen des Landes spiegelte sich hier so sehr wider, dass es ein Foto wert war. In einiger Entfernung standen die schwarzen Zelte von Nomaden; würde man ein Stück darauf zugehen, wäre der Aufnahmestandpunkt perfekt.

Nach der Aufnahme ging ich langsam zurück. Seltsam, wie schwer mir die Beine wurden! Die Frische des Morgens hatte vorher alle Lebensgeister geweckt, und nun wurde es von Schritt zu Schritt mühsamer. Beim Auto angekommen, gelang nur noch ein schwacher Versuch weiterzufahren. Ein paar Kilometer und es war zuende mit mir. Die Krankheit hatte mich eingeholt, die Teres schon überwunden hatte.

Sie schaute bestürzt, als sie sah, wie ich mich hinten ins Fahrzeug legen wollte und nach dem Schlafsack griff; ich hatte Fieber, aber mir fröstelte. Auf der Reise hatte sie das Fahren immer mir überlassen. Jetzt, in der Mitte des Niemandslandes, blieb ihr nichts übrig, als den Bus selber zu steuern, wollte sie mir helfen. Ich lag da wie eine tote Fliege und konnte ihr nicht einmal gute Ratschläge geben. Vielleicht war es auch besser so. Mehr als 400 Kilometer lagen vor ihr bis Herat, ohne Führerschein und Fahrpraxis – sie saß den ganzen Tag am Steuer, einschließlich diverser Ausweichmanöver.

Als beim letzten Tageslicht vor meinem Fieberblick die Umrisse großer Kiefern vor den Seitenfenstern vorbeihuschten, waren wir auf der langen Allee, die von Süden her nach Herat hineinführte und die wir vom Takht-i-Safar aus gesehen hatten. Durch das Gewühl der Stadt durfte man Teres unmöglich alleine fahren lassen, auch wenn sie alles noch so gut gemacht hatte. Mit letzter Kraft setzte ich mich noch einmal ans Lenkrad und steuerte den Bus zu einem uns bekannten Hotelpark, in einen Zedernhain. Legte mich und stand nicht mehr auf, endgültig.

Die Hepatitis nahm mich weit schlimmer, als es bei Teres gewesen war. Mein Urin wurde schwarz wie Kaffee mit einem giftig-gelben Schaum auf der Oberfläche. Mich zu entleeren wurde schier zu einem unlösbaren Problem. Aber bald schon gab es nichts mehr zu entleeren, weil das Essen unmöglich wurde und die Würgereflexe schon einsetzten, wenn man nur daran dachte. Trotzdem war man von den absurdesten Gelüsten gepeinigt, zum Beispiel Emmentaler Käse. Er wäre mein Untergang geworden, doch die Gefahr war gering, das Emmental war weit weg. Einmal versuchte ich mich an fünf Erdnusskernen, nur fünf! Sie mussten bitter bezahlt werden mit langen Brechkrämpfen.

Wurde das ständige Liegen zu mühsam, half Teres mir auf den ausgebauten Fahrersitz draußen neben der Ladetüre, in dem man halb wie in einem Sessel ruhte. Solange der Tag frisch war, packte sie mich warm ein.

Zu dem Hotel, von dem ein Diener jeden Morgen vorbeischaute, die kleine Standgebühr einzuziehen, gehörte ein uralter großer Hund, eine Art Collie. Wir beide passten gut zueinander. Jeden Tag schleppte er sich zu uns, nahm treu den Platz zu meinen Füßen ein und schaute mich aus seinen guten Hundeaugen an. Auch er hatte kein Verlangen mehr nach Futter, brandmager wie er war, mir nicht unähnlich.

Die Hühner, die ihre tägliche Runde machten, waren respektloser; sie flatterten auch ins Fahrzeuginnere auf der Suche nach Brosamen – sie waren die einzigen Lebewesen, die noch zu sehen waren aus meiner begrenzten Perspektive.

Teres war manchmal unterwegs in der Stadt. Hatte sie etwas Schönes erlebt?

"Ich bin im Krankenhaus gewesen!"

Ach? Wir würden aber auch klarkommen ohne!

"Aber du wirst immer magerer!"
Solange man alles erbrach, konnte man nicht gut fett werden. Hatten sie dort überhaupt einen Arzt?
"Doktor Ahmet. Wir haben uns gleich gut verstanden. Er spricht fließend deutsch."
Der Chef persönlich? Was hatte er denn gesagt?
"Dass ich sehr gut aufpassen müsse auf meinen Mann. Mein Mann! Wie schön er das gesagt hat."
Aber sie tat doch schon alles für mich! Abgesehen davon, dass es mir hundsmiserabel ging, war ich wunschlos glücklich.
"Wenn ich nur wüsste, wie ich dir helfen kann! Deshalb bin ich ja fragen gegangen."
Hatte er denn etwas gewusst?
"Auch nicht mehr als der Apotheker in Masar: Lassen Sie die Finger weg von allen Medikamenten! Und dann hat er noch gesagt: Kommen Sie, ich zeige Ihnen, was hierzulande ein Krankenhaus ist!"
Teres war mitgegangen und das Krankenhaus war ein bloßes Wellblechdach gewesen. Die Seiten waren offen, einige leichte Windschutzwände abgerechnet. Der Wind zog durch und es war kalt. Die Einrichtung bestand aus eisernen Bettgestellen auf bloßem Lehmboden, zu denen der Patient, bzw. sein Familienclan, selber den Rest bringen musste – Matratzen, und Teppiche, um damit ein Abteil abzugrenzen.
Im Sommer mochte das gehen, doch bei Minustemperaturen im Winter war es wohl eine Zumutung auch für abgehärtete Naturen. Sie hatte jedenfalls nicht viel an Patienten gesehen, und Doktor Ahmed hätte noch gesagt, wo immer wir auch untergekommen sein mochten, wir sollten bleiben, wo wir waren. Es würde besser sein als alles, was er zu bieten hatte.
"Unser alter Bus ist dagegen das reinste Luxusappartement," meinte Teres. Immerhin, der Arzt hatte mir gute Chancen eingeräumt, wenn der Krankheitsverlauf geduldig und mit viel Schonung abgewartet

würde.

Und mit guter Pflege natürlich, aber dafür wollte sie schon sorgen. So zog Teres also jeden Tag über die Basare, um etwas zu finden für mich und bot mir selbst gemachte Fruchtsäfte und Gemüsebouillon an. Langsam, langsam kamen die Lebensgeister wieder. Doch Vorsicht, die fünf Erdnusskerne waren in sehr unguter Erinnerung.

Und dann, ein paar Tage später, war Weihnachten! An Heiligabend schneite es und zwischen unseren Zedern hatten wir das Gefühl, in einem heimatlichen Tannenwald zu sein.

Teres ging auf den Basar, um etwas Passendes für das Fest zu finden. Als es dunkelte, schlossen wir die Türe und zogen die Vorhänge. Ich lehnte bequem auf meinem Lager gegen ein Kissen. Sie hatte schöne hohe Kerzen gebracht. Nur wollten sie durchaus nicht brennen; in Pakistan für tropische Temperaturen mit hochschmelzendem Wachs hergestellt, war es ihnen zu kalt bei uns. Der Wachs wurde nicht flüssig und die Flamme ging aus. Der Atem stand als feiner Nebelhauch vor dem Mund. In unseren Schlafsäcken und Decken hatten wir es trotzdem gemütlich und für die Weihnachtsstimmung fanden sich Kerzenstummel aus alten Vorräten. Über die Lichter hinweg schauten wir uns an und wünschten einander ein frohes Fest.

Haderten wir jetzt mit dem Schicksal? fragte ich.

"Warum? Weil wir zurück müssen? Es ist doch so schön gewesen – mit dir."

Aber es hätte auch schief gehen können?

"Zusammen hätten wir sicher einen Weg gefunden", sagte sie. "Und du hast immer alles für mich gemacht. Jetzt kann ich auch was für dich tun. Schade, dass du dafür erst so krank werden musst."

Vielleicht war es das wert. Ich hatte immer gewusst, dass sie der liebste Mensch überhaupt war, den ich kannte, jetzt noch viel mehr! Wir sprachen über die

Zukunft.

Irgendwo einmal im vergangenen Sommer im persischen Hochland hatten wir Rast gemacht bei einer zauberhaften kleinen Oase. Auch damals hatten wir über die Zukunft gesprochen. Wollten wir heiraten? Mir war das eigentlich nicht sehr wichtig. Brauchte man, um zusammenzugehören, unbedingt einen Trauschein?

Teres aber musste anders gefühlt haben, eine feine Röte hatte ihr Gesicht überzogen. Vielleicht war es für eine Frau ein Urerlebnis, von dem Mann ihres Herzens erwählt zu werden. Auf jeden Fall sollte es dann ein rauschendes Fest geben! Alle Freunde und Bekannten sollten eingeladen sein! Alle sollten sich mit uns freuen, hatten wir gesagt.

Ob wir immer noch heiraten wollten, fragte ich jetzt. Sie lächelte, zustimmend.

Aber würde es wirklich ein Fest geben? Gab es noch viele Gemeinsamkeiten mit den Menschen, die einmal unsere Freunde waren? Würde nicht unsere Hochzeit der Anfang sein einer noch viel weiteren Reise als die, die jetzt zuende ging? Ein Aufbruch zu neuen Ufern, bei dem wir alles hinter uns ließen? Mit wem hätten wir solche Gedanken teilen können?

"Ich glaube, es wird überhaupt niemand kommen", mutmaßte ich. "Wir haben uns sehr verändert. Viele Dinge sind uns nicht mehr wichtig."

"Macht nichts", tröstete sie, "Hauptsache, du selber bist dabei!"

Die liebevolle Pflege hatte mich nach drei Wochen wieder auf die Beine gestellt, wenn auch noch in aller Schwäche. Teres nahm mich mit zu Doktor Ahmed. Er war etwa in meinem Alter und freute sich mit uns, dass wir es geschafft hatten. Auch mit mir ging er auf einen Gang durch sein Krankenhaus. Es war eine Lektion in Bescheidenheit für das ganze Leben. Außerdem unterschrieb er die Anträge für eine Aufenthaltsverlängerung. Wir konnten bleiben und Tag für Tag lernten wir noch vieles kennen von dem Land und seinen Menschen.

Was gibt es zu berichten von einer Fahrt zurück durch Bergländer und Hochebenen im Winter? Schnee und Eis! In Mashed, der ersten Stadt in Persien wurden wir überrascht von einem Kälteeinbruch von -30°. Für das waren wir nicht eingerichtet und übernachteten in einem Hotel. Am Morgen war alles zu solidem Eis gefroren, inklusive Auto. Motor- und Getriebeöl vermutlich bis zu der Konsistenz von Margarine. Beim Drehen des Zündschlüssels gab es nicht einmal mehr einen Ton von sich.

Der Hoteldiener sah unsere bekümmerten Mienen und wies über die Straße hinweg auf eine Militärstation. Wenn überhaupt jemand, würden es dort sein, dass sie guten Rat wüssten.

Der Kommandant saß beim Frühstück. Er sprach englisch, rückte Stühle zurecht, um es uns gemütlich zu machen, ließ weiteren Tee kommen und ließ sich erzählen. Er schob uns eine Schale mit Keksen zu, von der Sorte, die wir schon kannten. Doch auch des Kommandanten Miene war bekümmert: Ob Kleinbus oder Panzer, bei der Kälte würde kein Fahrzeug so leicht anspringen. Immerhin versprach er Hilfe.

Bei einem Unterstand befand sich ein wahres Monster auf Rädern, ein Berg von einem Panzer. Der Kommandant beorderte seine Truppe zur Hilfe. Sie brachten einen Kanister und eine Blechwanne, die, mit Benzin aufgefüllt, unter den Panzer geschoben wurde. Ein brennendes Zündholz und whuff ... ein Flammenmeer, in dem das ganze Vorderteil des Ungetüms verschwand. Wir traten respektvoll zurück. Als nach einer Weile die Flammen erstarben, war der Panzer warm geworden und ließ sich tatsächlich starten.

Er fuhr zum Hotel und hängte unseren Bus an zum Anschleppen. Auf einem nahegelegenen Kreisverkehr fuhren wir mehrere Runden, bevor sich die Antriebsräder am Bus auf dem Eis überhaupt nur drehten. Dann gab der Motor die ersten Töne von sich. Noch eine Runde im Schlepptau des Panzers und er sprang an. Nach herzlichem Dankeschön verschwanden wir winkend in Richtung Heimat.

Es wurde eine eisige Fahrt. Auf den spiegelblanken Straßen standen Lastwagen quer. Ohne wahre Slalomfahrten ging nichts mehr. Wir hatten wassergefüllte Blechkanister, um sie auf dem Petroleumkocher zu erhitzen. Mit derartigen Wärmflaschen war das Leben erträglich in einem Fahrzeug, dessen Heizung schon lange ausgestiegen war.

Die Route führte durch das Bergland von Khorasan. Als es irgendwann gegen Abend hinter uns lag, ging die Straße stetig bergab; sie näherte sich der Tiefebene des Kaspischen Meeres. Wir waren angezogen wie die Zwiebeln – eine Schicht über die andere. Je eine Schicht konnten wir jetzt nach und nach ablegen.

Es wurde zunehmend milder, bis wir endlich in Hemdsärmeln das Meer erreichten. Die Landschaft mutete plötzlich fast an wie die Riviera – exotische Gewächse, einladende Strandabschnitte und eine in der Abendsonne funkelnde Wasserfläche. Wir hielten sogar die Zehen ins Wasser und überlegten, ob wir ein Bad nehmen sollten.

Am Tage darauf dann das Elbrus-Gebirge, um einiges höher als die Alpen, vereiste Straßen an schwindelerregenden Abgründen vorbei, sich weiter und weiter schraubend in einsame Höhen – und das mit unseren abgefahrenen Reifen! Wir hofften auf den guten Willen unserer Schutzengel.

Auf der anderen Seite die endlosen Hochebenen, Straßen, die bis an den Horizont liefen. Eines Abends erreichten wir blaugefroren einen einsamen Militärposten in der weiten Landschaft. Wir wollten nur anfragen, ob wir unser Auto in den Windschatten einer Baracke stellen dürften, damit wäre uns schon geholfen.

Der Kommandant lud uns stattdessen zum Tee ein und stellte die bekannten Kekse auf. Dann wies er uns Quartier an in den geheizten Mannschaftsunterkünften. Wir hatten unsere Schlafkojen neben dem Funkgerät. Die Nacht hindurch wisperten in unseren Ohren die geheimnisvollen Stimmen, die über das weite Land hinweg bis in die entferntesten Gebiete miteinander kommunizierten.

Nach der türkischen Grenze führte die Straße am Ararat vorbei, dem sagenhaften Berg der Arche Noah. In seiner ganzen Pracht sollte Teres ihn sehen, aber als wir ausstiegen und im Wind fröstelten, gab es nichts als eine graue Nebelwand. Als wir wieder einstiegen, fielen die ersten Flocken. Eine halbe Stunde später hatten wir Mühe, die Straße überhaupt noch zu erkennen. Als wir die nächste Stadt erreichten, ertrank alles in Schnee.

Wir übernachteten im Hotel und schaufelten Schnee am Morgen. Die ganze Stadt schaufelte. Auf dem Basar besorgten wir Schneeketten und warteten am Ortsausgang auf einen der großen Schneepflüge, die die Überlandstraßen offen hielten. Wir blieben stundenlang dicht hinter ihm und waren froh, nicht im Straßengraben zu landen, wie einige Fahrzeuge vor uns.

Der Van-See war ein grauer Ozean, der sich im Dunst verlor. Über die Wasserfläche peitschten Schnee- und Hagelschauer. Wir fuhren nach Südwesten Richtung Mittelmeer und hielten beim Einnachten bei einem kleinen türkischen Militärposten, auf dem wir die gleiche Gastfreundschaft fanden wie in Persien. Der Unteroffizier und seine fünf Soldaten luden uns ein an ihren wohlgeheizten Ofen. Am nächsten Morgen war zusätzlich mehr als ein halber Meter Schnee gefallen. Wir legten zwei Rasttage ein und plauderten mit den Soldaten, bis die Schneepflüge ihre Arbeit getan hatten.

Am Mittelmeer in der Nähe von Tarsus – nicht gerade in bester Erinnerung – legten wir ebenfalls einige

Ruhetage ein, Badeferien am Meer in der Sonne, etwas frische zwar, aber sehr erholsame. Das Landesinnere danach ließ uns wieder alle vorhandenen Pullover übereinander anziehen. Istanbul hatte, eine sehr ungewöhnliche Wetterlage, einen Schneesturm und der Verkehr war zusammengebrochen. Es ging trotzdem weiter. Von dann an kam Europa. Die Wege dorthin kannte man und war schon fast zuhause.

Endlich rollten wir vor das Elternhaus von Teres, wo sie aufgewachsen war. Mit rasselndem Motorgeräusch, verbeulter Karosse und flatternden Stoßstangen. Unsere eigene Erscheinung hatte ebenfalls gelitten, äußerlich. Materie war vergänglich.

Schwiegermutter in spe, eine herzensgute Frau, sagte: "Wo seid ihr bloß überall gewesen. Das hätte nun doch wirklich nicht alles sein müssen!" Ihre Tochter war da ganz anderer Ansicht, aber wir wollten nicht schon am ersten Tag Meinungsverschiedenheiten austragen.

Weder im Haus noch in Teres' Mädchenzimmer im Dachstock hatte sich etwas verändert – ein Bett, ein Schrank, die Bücherregale, Überbleibsel ihres Berufes ... Wir richteten uns ein für ein paar Tage und mussten uns daran gewöhnen, zuhause zu sein. Irgendwie fehlte uns der tägliche Kleinkrieg mit den Tücken des Fahrzeuges. Von Tag zu Tag war es hinfälliger geworden. Nur stetes Basteln und Schrauben hatte geholfen, dass es nicht ganz den Geist aufgab. Dass der Motor ansprang auf Anhieb, war eher die Ausnahme gewesen und lief er dann doch, hatte man gehofft, dass es so blieb.

Allgemein nahm man zur Kenntnis, dass wir zurück waren, doch sonst etwas Spezielles hatten wir nicht zu melden. Uns genügte unsere Erinnerung als eine bleibende Kostbarkeit – das Erlebnis unserer Zusammengehörigkeit. Wir konnten uns aufeinander verlassen, komme was wolle, in unserem zukünftigen gemeinsamen Leben.

10. Ländliche Idylle

Nach unserer Rückkehr wohnten wir in einem alten Bauernhaus, eine Idylle wie man sie sich erträumte auf dem Weg zurück zur Natur. Hervorragend geeignet als Alterssitz, aber in jungen Jahren war Alterssitz eigentlich noch nicht dran.

In dem Haus war sein letzter Bewohner nach langen Jahren der Einsamkeit verschieden. Mochte seine Seele in Frieden ruhen! Mit uns war wieder neues Leben eingezogen, wenn auch nicht gleich mit dem Möbelwagen. Den Grundstock des neuen Haushaltes bildete, was auf die Schnelle zu finden war, einige überzählige Töpfe und Teller aus Teres' Elternhaus und sonstige Kleinigkeiten. Die schlichte Einrichtung sagte uns vorerst zu. Die edelsten Teile waren mitgebrachte Teppiche, um die wir auf orientalischen Bazaren in wortreicher Rede gefeilscht hatten.

Mangels Sitzgelegenheiten hatten wir es uns auf ihnen bequem gemacht. Einige Fotos von der Reise umgaben uns, Bild für Bild ein ganzer Roman an Erinnerungen. Waren wir wirklich wohlbehalten zurückgekehrt von dort, mehr oder weniger? Jedenfalls war das jetzt ein richtiges Happyend. Oder nicht, Teres?

"Überaus happy", meinte sie, "aber hoffentlich nicht unser Ende. Was machen wir jetzt?"

Das war die große Frage! Wir waren so ziemlich abgebrannt. Und mir war auch nicht sehr nach arbeiten und Geld verdienen zumute; meine Leber meldete sich wieder. Teres schaute mich besorgt an. Aber keine Angst, beruhigte ich sie, irgendwann gibt sich das sicher.

"Und wenn ich erstmal selber arbeiten gehe in einer Buchhandlung in der Stadt? Es sollte langen für uns beide."

"Oh du liebe Seele!" fiel mir ein Stein vom Herzen."Willst du das wirklich, lass dich umarmen."

Doch dann holte mich die Vergangenheit ein mit einem Rückfall von Hepatitis, die wir in unwegsamen Gegenden überstanden glaubten, fernab den Möglichkeiten medizinischer Versorgung. Teres hatte es ja geschafft, aber ich war es, der immer wieder einmal flach lag.

Teres machte sich Sorgen und bat mich, einen Arzt aufzusuchen. Einverstanden, ihr zuliebe! Nachdem die Leberwerte der Laboruntersuchungen vorlagen, wurde der Arzt nicht recht schlau daraus. Sie passten nicht zum üblichen Erscheinungsbild. Er hatte die Vorgeschichte wissen wollen und sie war ihm reichlich ungewöhnlich, um nicht zu sagen verworren, erschienen. Er fragte, ob ich an Phasen seelischer Unausgewogenheit gelitten hätte.

Danach verzichtete ich auf weitere Konsultationen. Mein bevorzugter Aufenthaltsort wurde, bei schönem Wetter, eine Liege auf der Terrasse.

Während Teres Bücher verkaufte, war es an mir, nützliche Dinge für den Haushalt zu basteln, soweit ich mochte, und zu kochen, damit etwas Gutes auf dem Tisch stand, wenn sie am Abend vom Bus abgeholt werden durfte.

Einmal, als ich mich fit genug fühlte, besuchte ich sie in der Stadt. Ihre Buchhandlung befand sich in bester Lage beim Bahnhof, im Untergeschoss eines Einkaufskomplexes. Von der Treppe aus, die hinunter führte, war auf halber Höhe die Räumlichkeit zu überblicken.

Da war sie! In einem schlichten hellen Kleid bewegte sie sich souverän zwischen den Kunden. Mit einem gewinnenden Lächeln fragte sie nach den Wünschen, anderen zeigte sie den Weg zu den Sachgebieten in den Regalen, wenn sie etwas suchten. Sie nahm Bestellungen auf und legte den noch Unentschlossenen eine Auswahl an Titeln vor. Diese schöne, anmutige Frau – war sie das gleiche Wesen, das sich fast ein Jahr in der Fremde mit mir durchs Leben geschlagen hatte am Rande der

Zivilisation? Es war kaum zu glauben.

Nach einer Weile entdeckte sie mich. Schnell kam sie auf mich zu und strahlte mich an. "Zeit habe ich aber erst heute Abend für dich", sagte sie, "gibt's etwas Gutes?"

Die Sache mit meiner Leber gab sich doch nicht so schnell. Sie schmerzte und die Schmerzen zogen mich krumm, als wäre man immer ein wenig vornüber gebeugt. Am besten ging es im Liegen, da hörten die Schmerzen auf. Schonung war nicht gewesen, unterwegs auf der Rückfahrt, fast zehntausend Kilometer unter erschwerten Bedingungen, und sie wollte jetzt geduldig nachgeholt werden.

Man gewöhnte sich fast an den leicht gekrümmten Gang und auch an den leidenden Gesichtsausdruck. Es war nicht erst der Blick in den Spiegel nötig um zu wissen, dass er sich auch bei mir zeigte. Wir hatten ihn gesehen in Afghanistan bei anderen Reisenden: Diese typische Haltung und diesen Zug um die Mundwinkel. Man hatte lernen müssen mit den Folgen der Hepatitis zu leben – auf tieferem Niveau. Wie tief aber das Niveau sinken konnte, war später bei einer Wiederbegegnung mit einem von unseren Reisebekannten zu erleben.

Er war ein blonder Recke gewesen, der als Entwicklungshelfer in den Orient geschickt worden war, ziemlich sicher mit allen vorgeschriebenen Impfungen. Damit war sein Schicksal vorgezeichnet. Er war ein lieber Kerl und hatte vor Selbstbewusstsein gestrotzt. Bei unserer Wiederbegegnung war davon kaum noch etwas übrig. Er erzählte seine Geschichte: Hepatitis während seines Einsatzes. Er kam nicht mehr auf die Beine, wurde repatriiert und lange Zeit in einer Spezialklinik behandelt mit allem, was die moderne Medizin zu bieten hatte.

Als man es aufgab mit ihm, erhielt er den Status: 100% invalid. Ein Kerl wie ein Baum, 25 Jahre jung und schon Vollrentner! Er sagte das mit einem schmerzlichen Lächeln um die Mundwinkel und ging wieder davon, mit seinem etwas gekrümmten Gang.

Die Schwiegereltern waren erleichtert gewesen über unsere Rückkehr, fanden aber, für uns Habenichtse würde es höchste Zeit, die berufliche Zukunft anzupacken. Wie sonst kämen wir zu einer gesicherten Existenz, zu einem Leben in gediegenen Verhältnissen? Das gehörte sich doch so! Das Argument kannte man schon von früher.

Aber dickes Bankkonto und Auto, Haus oder Villa und was nicht sonst – war das alles, wofür man leben sollte? Mir kamen meine Fragen nach Gott wieder in den Sinn in meiner Jugend. Sehr viel weitergegangen war es noch nicht, doch materielle Sicherheit allein war wohl auch nicht das Wahre. Teres sah es ebenso: Wir würden weiter suchen! Wir mussten uns aufs Neue auf den Weg machen, auch ohne die Gewissheit, immer festen Boden unter den Füßen zu haben. Im Osten waren wir lange auf Strassen unterwegs gewesen, die keine waren, sondern bestenfalls Sandpisten; wir hatten also schon einige Erfahrung.

In ihrer Buchhandlung kassierte Teres eines Tages einen Rüffel von ihrer Chefin. Sie hatte einen freien Tag nehmen wollen und das auch noch zur besten Verkaufszeit. Nein, so etwas ging nun also wirklich nicht! Als sie aber darauf beharrte und auch den Grund angab, ging es dann doch: Sie wollte heiraten!

An der Angelegenheit war ich nicht ganz unschuldig. Aber Träume von einem großen Fest hatten wir uns endgültig abgeschminkt. Unser Lebensstil war für andere zu gewöhnungsbedürftig. Wir hätten ja nicht einmal einen Stuhl anbieten können! Außerdem, hatten wir nicht Hochzeiten miterlebt, mit großem Pomp gefeiert und im Jahr darauf schon ein Scherbenhaufen? Heiraten sahen wir eher als den Anfang einer langen

Straße. Wenn wir die meisterten, ohne mit Achsenbruch auf der Strecke zu bleiben, gäbe es später noch genug Anlässe zu einem Fest.

Und was meine Leber betraf, hatten wir immer noch die Worte des Arztes in Afghanistan im Ohr: Vertrauen Sie auf die Selbstheilungskraft des Körpers! Mit der Zeit ging es tatsächlich aufwärts! Genug geschont! Die Lebenskräfte kehrten zurück, auch ohne Medizinbetrieb. Irgendwann war es so weit, dass wir uns wohlgemut zusammen auf die lange Straße begeben konnten, die vor uns lag.

Wir waren wieder unterwegs und suchten weiter nach dem Ort, wo wir eine Existenz aufbauen wollten. Wir hatten vier Räder und es kostete ein Lächeln, uns von den Menschen, die uns nahestanden, zu verabschieden für eine Fahrt ohne Ziel quer durch das ganze Land.

Überall waren Zeichen einer Aufbruchsstimmung. Initiativen entstanden, neue Lebensformen wurden erprobt, alte Strukturen änderten sich. Grüne Kommunen waren zu finden, die kein Jahr überdauerten, und Hofgemeinschaften, die auf die lange Tradition von Generationen zurückblickten. Wo man uns aufnahm, arbeiteten wir eine Zeit lang mit und versuchten uns den Verhältnissen anzupassen.

Es war nicht immer einfach. An manchen Orten ging das Geld aus, an anderen prallten kantige Charaktere aufeinander; da nützte alle Sehnsucht nach neuen Lebensformen nichts, wenn es knallte. Wir waren mobil und konnten jederzeit weiterziehen.

Allerdings haperte es auch bei uns mit dem schnöden Geld. Als es kaum noch langte für die nächste Tankfüllung, griff uns meine Schwester, die liebe Seele, hilfreich unter die Arme. Unsere Suche konnte fortgesetzt werden.

An einem der Orte, zu dem uns der Weg führte, arbeiteten Menschen zusammen auf den verschiedensten

Lebensgebieten. Bei einer Führung über das Gelände wurden die Ergebnisse ihrer Arbeit vorgestellt. Wir anerkannten, dass sie stolz darauf sein konnten und stellten uns auf die Weiterfahrt ein. Junge Menschen waren überall auf der Suche und nicht jeder konnte als Mitarbeiter eingeladen werden.

Doch dann wurden wir nach unseren Qualifikationen gefragt; es sollte ein Bauprojekt anlaufen. Konnte ich betonieren? Kein Problem, das Metier war nicht unbekannt. Kannte ich mich aus mit Holzarbeiten, mit Maschinen und Installationen? Eigentlich schon; die Welt brauchte nicht nur Spezialisten, sondern auch Allrounder. Kannte Teres sich aus mit Kräutern und Gartenarbeiten? Nichts, was sie lieber getan hätte!

Sie konnten uns brauchen und wir waren engagiert. Sie hatten eine Wohnung im Grünen für uns und regelten die Finanzen. Die Arbeit war herausfordernd, aber befriedigend. Auf manchen Gebieten musste man sich erst einarbeiten, doch es gab immer einen gangbaren Weg. Teres erlebte ähnliches in den Gärtnereianlagen.

Nach Feierabend gingen wir zusammen auf weite Spaziergänge. Die landwirtschaftlichen Strukturen der Gegend waren aufgelockert mit Hecken und Gebüschen, kleinen Wäldchen und Obstbäumen, die niemand mehr erntete. Wir steckten uns die Taschen voll mit reifen Zwetschgen und liefen in die blaue Dämmerung.

Womit hatte ich das nur verdient – Leben und Arbeit in dieser lieblichen Landschaft und die schöne, junge Frau an meiner Seite. Die laue Abendbrise umfächelte ihr langes weißes Kleid. Alles schien sich zum Besten gewendet zu haben.

Und dann der Tag, an dem ich auf der Baustelle über Konstruktionsplänen saß und uns die Vergangenheit einholte. Ich erblickte Teres, wie sie über das Gelände kam. Im Gegenlicht waren die Konturen ihres Körpers umflossen von den schräg einfallenden Strahlen der Abendsonne. Ich freute mich, sie zu sehen. Als sie kam – durch eine Gebäudeecke war sie die letzte Strecke den Blicken entzogen gewesen – brach eine Welt zusammen. Aufschluchzend fiel sie mir in die Arme und weinte. Es dauerte eine Zeit, bis sie sich ein wenig beruhigen konnte.

Es war eine Lungenembolie gewesen. Wie ein Blitz aus heiterem Himmel, am Mittag. Sie hatte einige Stunden auf ihrem Bett gelegen, dann ließen die Symptome – die Übelkeit, der hämmernde Puls, die vernichtenden Schmerzen im Inneren der Brust – etwas nach. Sie stand mühsam auf und kam zu mir.

Ich konnte und wollte es nicht glauben, dass etwas Ernstes vorgefallen war, zumal es ihr am nächsten Tag schon fast wieder gut ging. Fast. Und doch, wie war es gewesen, als wir das gleiche schon einmal erlebt hatten, in Kabul in Afghanistan? Mitten auf der belebten Geschäftsstrasse, wo sie zusammengebrochen war.

Wir hatten nicht die geringsten Vermutungen, warum. Dass wir vergiftet waren durch die Impfungen mit den dubiosen Inhaltsstoffen, zu denen wir gezwungen waren. Und durch das ununterbrochen freiwerdende Quecksilber aus dem Zahnamalgam.

Die Ahnung eines drohenden Unheils ließ sich nicht mehr abschütteln. Auch wenn wir die Ursachen nicht kannten damals – wir mussten damit rechnen, dass es uns wieder treffen würde. Auf was mussten wir uns gefasst machen? Was würde mit uns geschehen?

Es geschah – nichts. Oder genauer gesagt, es geschah etwas vollkommen anderes. Wir wurden schwanger und das Leben nahm eine neue Wendung.

Die wahren Zusammenhänge aber wurden mir erst Jahrzehnte später bewusst und der Bericht bliebe unverständlich, wollte man damit warten, bis die Dinge in zeitlicher Reihenfolge an entsprechender Stelle eingeordnet werden können. Was die Gifte anrichten, erfuhr ich erst dann. Sich dabei zu berufen auf das, was von den Ärzten zu erfahren war, mit denen wir zu tun hatten, würde bedeuten, der Bericht wäre zu Ende, bevor er angefangen hätte. Wir hatten nichts erfahren! Es waren ja "nur" nervöse Störungen gewesen, oder sonst etwas in der Art. Selbst heute noch ist die Antwort bei der Frage nach Schwermetallvergiftungen meistens: "Ein bisschen vergiftet sind wir ja alle." Wäre doch ganz normal, was sollte die Aufregung!

Doch die Aufregung lässt sich nicht mehr unterdrücken, wenn man den zahlreichen Publikationen zum Thema, die es heute gibt, nachgeht. Quecksilber, eines der tückischsten Gifte, blockiert die Lebensvorgänge; dringt ein in die Zellen, reduziert ihre Vitalität und verstärkt die Wirkung weiterer Umweltgifte in Wasser, Luft und Nahrung. Richtet auf diese Art Unheil an, wo es hinkommt, und ist für keine Therapie zugänglich.

Gesunde Ernährung, naturnahe Lebensweise? Alles sehr recht, aber Quecksilber bleibt, für immer! Und das gleiche wird wohl auch gelten für die Gifte, die weltweit im Einsatz sind, einschließlich die der Spritzen.

Und doch gibt es für eine Frau die Möglichkeit, einen Teil des Quecksilbers loszuwerden. Nur – ist es ein Segen oder ist es ein Fluch? In einer Schwangerschaft wird eine bedeutende Menge des Giftes weitergegeben an das werdende Leben. Und Teres sollte sieben Schwangerschaften haben. Zartes Persönchen, die sie war, Mutter von sieben Kindern! War es zu viel für sie? Definitiv das Gegenteil! Sie blühte wieder auf.

Aber welche Hypothek bekamen die Kinder dabei mit? Alle litten mehr oder weniger heftig an Neurodermitis in ihren ersten Lebensjahren – dem Versuch des Körpers, sich über die Haut von dem Gift zu befreien, mit all den schorfigen Exzemen und dem elenden Juckreiz.

Man muss sich wohl vorstellen, dass bei gehäuft auftretenden Embolien Teres' Leben schnell zu Ende gegangen wäre ohne die Schwangerschaften, bei denen sie jedesmal aufblühte. So aber hatte sie noch lange Jahre, in denen sie – ohne dass wir die Zusammenhänge auch nur andeutungsweise ahnten – verschont blieb und ihren Kindern eine liebevolle Mutter sein konnte.

Nach Abschluss der Bauarbeiten erhielten wir weitere Angebote, doch es zog uns an einen Ort, wo uns auf einem Landwirtschaftsbetrieb ähnliche Arbeits- und Wohnverhältnisse geboten wurden. Außerdem gab es dort die Nachbarin, die als ausgebildete Hebamme zu uns nach Hause kommen wollte, wenn es soweit war.

Auf mich warteten alle anstehenden Reparaturen und handwerklichen Arbeiten, Teres half in Küche, Garten und Büro. Als erstes war ein Graben auszuheben, um Abwasserrohre zu verlegen. Unser Domizil war ein großes, ziemlich verfallenes Nebengebäude, bei dem noch WC und Badezimmer eingerichtet werden mussten. Mit Schlafsack und Matratze behalfen wir uns, bis ein erstes Zimmer renoviert war und bezogen werden konnte.

Es wurde auch höchste Zeit: unser "Luxusappartement" auf Rädern, Heimat und Zufluchtstätte in den Jahren der Wanderung, unser alter Bus, war uns unter dem Hintern weggerostet. Endstation Autofriedhof.

Im Wald wurden Bäume geschlagen und ins Sägewerk geschafft. Das Gebäude wurde teilweise ausgehöhlt und abgerissen samt allem maroden Mauerwerk in den Kellern. Teres balancierte über eine Planke ins Innere und schaute von oben zu, wie wir in der Tiefe Verschalungen bauten für die neuen Fundamente. Den Beton ließen wir als Fertigbeton anfahren und sie fand, damit hätte die Menschheit echt einen Schritt vorwärts getan. "Wenn ich noch an das alte Rappelding denke von damals", sagte sie, "und an die Schaufelei ..." und bezog sich dabei auf die Betonmischmaschine, an der wir uns kennengelernt hatten. Aber romantisch wäre es trotzdem gewesen, fragte ich? Sie lächelte.

Auf den betonierten Fundamenten konnte begonnen werden, das Ständerwerk für den neuen Aufbau zu errichten. Vom Sägewerk kamen die Balken zurück und wurden am Ort zwischengelagert. Als die Zeit kam für die Hebamme, musste sie über das Baumaterial klettern. Selber Bäuerin, war sie an solche Dinge gewöhnt. Nur fand sie, wir wären etwas überbesorgt. Ab und zu eine Wehe mache noch keine Geburt. Erst wenn die Wehen zügiger kämen – erst in Tagen rechnete sie – sollten wir ihr einen Funk geben. Sie ging wieder nachhause, um ihre Familie zu bekochen.

Das Werkzeug wurde aus der Hand gelegt und die jungen Helfer, die als Praktikanten auf dem Hof waren, verrichteten andere Arbeiten. Teres hatte die Stube, in der wir wohnten, aufs Beste eingerichtet. Selbstgestrickte Babykleider und Windeln lagen parat in den Wandschränken und in der Mitte des Raumes stand die Wiege mit ihren Vorhängen aus Seide. Alles war bereit für eine glückliche Kleinfamilie.

Wir warteten und machten ab und zu einen Spaziergang, ohne uns allzu weit zu entfernen. Teres fühlte sich etwas schwerfällig, doch es hätte schlimmer sein können. Bei den Schwiegereltern hatten wir einen Besuch gemacht im siebten Monat und es war ihnen nichts aufgefallen. Wir hatten auf der Sitzbank des Kachelofens gesessen, als Teres es ihnen eröffnete. Schwiegermutter hatte vor Aufregung die Hände über dem Kopf zusammengeschlagen.

Es hatte wohl bei ihr immer einen heimlichen Groll gegen mich gegeben, ich hatte ja ihre Tochter entführt. Ein Akademiker und Teres als stadtbekannte Persönlichkeit des Buchhandels hätten ihr besser gefallen. Doch es war, wie es war und jetzt geriet sie vor Freude über das neue Leben ganz aus dem Häuschen.

Wir saßen in unserer Stube und hatten die Türe hinter uns geschlossen. "Weißt du noch, Teres, überall, wo wir gewesen waren? Und du wolltest unbedingt nach Indien. Willst du immer noch?" – "Es gibt Wichtigeres," sagte sie. Man konnte ihr nur noch wünschen, dass alles gut ginge.

Wir gaben der Hebamme Bescheid. Sie kam und meinte: "Soo! Will d's Burschi jetz cho? Luege wir emol!" und packte ihr Hebammenköfferli aus. Ich hatte schon einiges im Leben gelernt, aber hier war Neuland. Ließe sich noch Weiteres dazu lernen, wenn man ihr gut auf die Finger schaute? Doch sie fand, wenn ich Teres an der Hand hielt und bei den Wehen, die regelmäßig alle fünf Minuten kamen, ihren Rücken stützte, wäre es der Hilfe genug. Sie war jetzt die Autorität.

Gibt es etwas Innigeres als eine junge Mutter, die an der Wiege ihres Kindes sitzt? Sie konnte sich nicht satt sehen an dem rosigen Etwas, das darin lag. Sie gab ihm alle Liebe und Zuwendung und ging ganz auf in ihrer neuen Aufgabe.

Ich schaute derweilen, ihr ein solides Dach über dem Kopf zu schaffen. Noch sah alles sehr nach Baustelle aus. Auf den Fundamenten entstanden die neuen Wände. Das Dach darüber war abgerissen und alte Balken und Bauschutt waren noch nicht ganz weggeräumt. Zwischen all dem Material hatte Teres im oberen Stock auf einem von Stützen gesicherten Rest von Fußboden ein freies Plätzchen gefunden, wo sie gerne in der Sonne saß und ihr Kind stillte. "He", rief ich hinauf, "das gäbe ein gutes Bild: Junge Mutter und neues Leben in Trümmerlandschaft." Sie winkte zurück.

Bis zum Winter lief einiges. Das Fachwerk stand, das Dach war aufgerichtet und gedeckt. Die Verschalung der Wände fehlte noch, als der erste Schnee fiel. Der Wind trieb die Flocken durch das Innere des Gebäudes und machte Schneeverwehungen vor der Schlafzimmertüre. Kein Grund zur Aufregung, das Material zum Weiterbau lag schon bereit.

Am Heiligen Abend ging es mit einer Axt in den Wald, ein Tannenbäumchen zu holen, das in der Stube aufgestellt wurde. Im Ofen brannten Holzspälte. Wir begingen unser erstes Weihnachtsfest als Familie und unser kleiner Sonnenschein staunte mit großen Augen in die brennenden Kerzen.

Drei Weihnachten weiter waren es schon zwei kleine Mädchen, die in die Kerzen staunten. Sie entdeckten zwei Winzigkeiten in Geschenkpapier unter dem Baum, jede mit einer bunten Schleife versehen. Was mochte das sein? Konnte man es wohl näher anschauen? Wir lasen die Weihnachtsgeschichte, wir sangen die Lieder, die wir schon gekannt hatten, als wir selber noch Kinder waren – und immer wieder gingen verstohlene Blicke zu dem Baum, ob die kleinen Kostbarkeiten noch da waren. Was mochte es nur sein?

Die Mädchen entdeckten, dass etwas darauf geschrieben stand. Aber wer konnte schon lesen in dem Alter? Würden wir helfen? Dazu mussten die Päckli erst einmal gebracht werden! Vorsichtig krabbelten sie unter die Zweige und bargen die geheimnisvollen Schätze. Wir buchstabierten. Es waren zwei Namen und obendrein haargenau noch die von ihnen selber. Ja, dann musste es ja so sein: Die Päckli gehörten ihnen!

Vor lauter Freude rannten sie eine Runde um den Baum. Dann kauerten sie beieinander in einer Ecke und zeigten sich gegenseitig ihre Funde. Sie liefen durch das Haus, ob sie jemanden fänden, dem sie sie ebenfalls zeigen konnten. Wenn aber der Betreffende dann sagte: "Jetzt will ich aber auch wissen zum Kuckuck, was drin ist!" schauten sie ihn groß an und rannten kichernd davon. Die schöne Schleife und das glitzernde Papier einfach aufdröseln – nein!

Am nächsten Morgen waren die Päckli immer noch verschnürt, wenn auch schon etwas zerknautscht, weil sie darauf geschlafen hatten. Aber die Geschenke waren tatsächlich für sie! Sie durften sie auspacken. Als sie es taten, kamen zwei Fotobücher im Miniformat zum Vorschein. Seltsam, das waren ja lauter kleine Babys auf den Bildern! Sie wollten es kaum glauben, dass sie selber das gewesen sein sollten.

Das gab dann das Stichwort, dass zu dem kleinen Geschenk noch ein größeres gehörte: ein Geschwisterchen, funkelnagelneu! Es war nur noch nicht da, die Hebamme hatte wieder abgewiegelt: Wir sollten doch nicht so ungeduldig tun! Also gingen wir auf einen langen Spaziergang und die Mädchen machten die Runde, allen, die sie kannten, ihr kleines Geschenk zu zeigen. Das große Geschenk kam dann in der Nacht und am nächsten Morgen durften sie ihm schon ganz zart über das Köpfchen streicheln.

Wir hatten den Kindern alles an Liebe gegeben, was sie brauchten, aber keine besonderen Geschenke. Das war etwas Neues für sie. Wir hatten das so gewollt und darauf geachtet. Einmal hatten wir Schwiegermutter bei einem Besuch mit einer Tragtasche voll Süßigkeiten und Plastikspielzeug abgefangen. Es war gut gemeint gewesen, aber wir hatten unsere eigenen Ansichten. Der alte Groll hatte sich ja gegeben bei so herzigen Enkelkindern. Würde sich jetzt neuer Groll aufbauen?

Wir hatten Überzeugungsarbeit zu leisten auf ganzer Linie. Es würde den Kindern nicht gut tun, solcherart Geschenke! Konnte sie das nicht nachvollziehen?

Doch wir entwickelten auch unsere Vision eines ersprießlichen Miteinanders: Was, wenn sie die Kinder manchmal ganz für sich haben durfte, vorausgesetzt sie hielt sich an unsere Vorgaben? Wir wussten, dass wir ihr kein größeres Geschenk hätten machen können. Aber war sie bereit, den Fernseher abzuschalten, wenn die Kinder da waren? Keine kontraproduktiven Geschenke! Ja oder nein!!

Wir einigten uns: Ja! Danach aber wussten wir die

Kinder in den besten Händen, wenn wir einmal ein Wochenende für uns alleine haben wollten, um in die Berge zu fahren. Sogar Schwiegervater, der sich nach seiner Pensionierung im Garten betätigte, hatte seine heimliche Freude, wenn die Enkelkinder hinter ihm herwackelten. Fuhren wir nach einem Wochenendbesuch wieder weg, standen beide da und winkten. Hatten sie Tränen in den Augen? Fast schien es uns so.

Die Familie wuchs. Wenn wir befragt wurden dazu, hatten wir eine simple Antwort: Wenn wir schon von der Vorsehung für würdig befunden wurden, das Leben weiterzugeben, wollten wir selber auch nicht kleinlich sein, und aus der Welt der Engel, aus der unsere Kinder kamen, wenn sie zu uns wollten, würde ihnen auch die Hilfe zuteil werden, die sie beschützte.

Die abgelegene Wohnsituation auf dem Lande half, dass es auch ohne zu viele Geschenke ablief, die wir nicht wollten. Als die Kinder älter wurden, sorgten sie selber dafür. Was fanden sie nicht alles im Wald, das sie gebrauchen konnten! Und Holzreste in der Werkstatt, Hammer, Nägel, Säge und Bindfäden. Am liebsten aber plünderten sie Wollekorb und Stoffkiste von Teres. Kam man in die Kinderzimmer, zogen sich Schnüre und aufgehängte Tücher durch den Raum. In verborgenen Winkeln wohnten Puppen und Plüschtiere. Die Population wurde nach Belieben aufgestockt – ein Wollebausch und ein kleines Tuch, mit Bindfaden abgebunden, Wollefäden als Haare und schon war die neue Mitbewohnerin fertig und konnte den Platz einnehmen zwischen ihresgleichen.

Am Abend gab es für die Kleinen die Geschichte vom bösen Wolf und Rotkäppchen, das noch einmal Glück gehabt hatte, weil es sich ja hatte weglocken lassen vom richtigen Weg; von Dornröschen und Schneewittchen und wie alles am Ende doch wieder gut geworden war. Mit einem zufriedenen Seufzer lagen dann endlich alle in ihren Betten. Ein letzter Blick, ob nicht die eine oder andere Lieblingskatze eingeschmuggelt worden war, dann hatten auch wir Feierabend.

Der heruntergezogene Lampenschirm verbreitete ein gedämpftes Licht im Raum und das Pendel der Wanduhr schwang bedächtig hin und her. Es war spät und in Haus und Hof war Ruhe eingekehrt. Wir saßen uns gegenüber am Küchentisch. Waren wir zufrieden mit dem Leben?

"Wenn man bedenkt, Teres, dass du die warst, die immer noch weiter wollte bis wer weiß wohin, und jetzt bist du hier angebunden von früh bis spät ..."

Sie nickte, aber so war das nun mal mit der Familie. "Seltsam!, sagte sie, "aber jetzt möchte ich nicht mehr tauschen."

War aber da nicht doch eine Spur des Bedauerns um die aufgegebene Freiheit, ein bisschen? "Man kann nicht alles haben", meinte sie. "Ich kann mich nicht beklagen. Ich hatte gehabt, was ich vom Leben wollte."

Nach ihrer Zeit im Buchhandel hatte sie sich durchgeschlagen im Gastgewerbe in England. War lange in London und wurde von den überbordenden Wellen des Großstadtlebens mitgetragen. Hatte ebenso in Paris gelebt in noblen Kreisen und für die Kinder einer gutsituierten Familie gesorgt; und war weit herumgekommen in Frankreich.

Um selbständig zu werden, hatten wir früh das Zuhause verlassen. Was aber machten Menschen, die sich schon gebunden hatten, ohne jemals die eigene Selbstständigkeit erlebt zu haben, vor allem Frauen, wenn schon Kinder da waren? Wir kannten einige. Sie waren ausgebrochen aus ihrem Leben, irgendwann war es nicht weitergegangen.

"Ich weiß", sagte Teres, "aber ich hatte doch alles schon vorher gehabt!"

"Und deine Karriere im Buchhandel? Außerdem hättest du einen Akademiker in den besten Verhältnissen haben können."

Sie stand auf, kam um den Tisch herum und umarmte mich. "Oh du Tralliwatsch", sagte sie, "wo ich doch so lange gebraucht habe, um dich zu finden!"

Dabei hatte es auch in ihrem Leben kleinere Turbulenzen gegeben. In Paris hatte sie den Mann getroffen, der alles bot, was ein Frauenherz nur wünschen konnte. Er war ein begnadeter Orgelspieler gewesen, der die Schlüssel zu einer großen Kirche hatte und sie zu Orgelkonzerten einlud, privat, ganz allein nur für sie. Es hatte sie in innerster Seele angerührt, die mächtig flutenden Klänge in der halben Dunkelheit des Kirchenschiffs. Danach war sie ausgeführt worden in das beste Restaurant am Platz. Und der Herzensbrecher hatte einen Sportwagen, mit dem er sie auf ausgedehnte Fahrten über Land mitnahm.

"Aber was war denn falsch mit ihm, Teres?" fragte ich. "Männer, die eine schöne Frau erobern, wollen dann doch eine Belohnung. Das war auch mit mir nicht anders gewesen!"

"Ach du", sagte sie. "Der Unterschied ist, ob jemand warten kann. Ein schlechter Mensch war er nicht, aber es war zu Ende." Er hatte etwas gewollt, dass sie ihm noch nicht hatte geben können. Es war in dem Jahr gewesen, als wir uns begegneten.

Das wohl markanteste Merkmal eines alten Emmentaler Bauernhauses ist das große Dach, weit ausladend über Wohn- und Wirtschaftsteil, mit viel Platz für Kinder und alle, die bei jedem Wetter gerne auf der Terrasse sitzen. In schneereichen Wintern stoben die Dachlawinen herab, dass das Haus rund um die Terrasse umgeben war von Schneewällen.

Für Kinder der ideale Platz zum Löcher schaufeln und Schneehöhlen bauen. Aber Achtung bei der nächsten Dachlawine! Eine der jungen Katzen hatte sich einmal nur noch in letzter Sekunde mit einem verzweifelten Sprung gerettet. Waren Finger und Nasen blau gefroren, war man im Nu durch die Küchentüre im Inneren an der Wärme.

Eine Zeit lang hatten die Mädchen es lustig gefunden, vor dem Schlafengehen barfuß im tiefen Schnee eine Runde um das Haus zu rennen. Durch die Büsche des Gartens, einen Hang hinunter, am Kellereingang vorbei und wieder hoch zur Terrasse. Am Geschrei und Quietschen war hören, wo sie sich gerade befanden. Dann kamen sie hereingestürmt, kletterten auf den großen Kachelofen und saßen wie die Hühner auf der Stange, bis sie wieder warme Füße hatten.

Im Sommer erfreute sich die Terrasse ebenfalls größter Beliebtheit. Die ersten kamen schon vor Tau und Tag im Pyjama aus ihren Zimmern. Sie hätten sowieso am liebsten gleich ihre Betten auf der Terasse aufgestellt, um dort zu übernachten. Sie sammelten ihre Katzen ein und streichelten sie ausgiebig; bis die sich, wenn die Zeit kam zum Melken der Kühe, aufmachten in den Stall, um sich an dem ihnen zustehenden Schaum der Milch gütlich zu tun.

Inzwischen war dann auch Teres aufgestanden und setzte sich auf die Bank neben der Küchentüre mit Bürsten und Kämmen. Es ging eine Weile, bis alle Haare, die lang bis auf die Pobacken herabfielen, in die rechte Ordnung gebracht waren. Teres half, flocht Zöpfe und steckte Haarspangen.

Dann wurde der Tisch gedeckt, der im Sommer der Einfachheit halber gleich draußen blieb. Selbst gebackenes Brot war zu haben mit Butter oder Müsli mit frischer Milch und den Früchten der Saison. Später liefen die Kinder in den Garten, ob noch hier und da eine versteckte Erdbeere zu finden sei, schaukelten auf der Schaukel, die an dem langen Ast eines Apfelbaumes hing, kletterten an den Ästen einer Birke auf und ab, halfen Teres beim Einsammeln und Trocknen von Kräutern und schnibbelten Bohnen für das Mittagessen.

Oder machten den Abwasch. Kleine Kinder leben

noch ganz in der Nachahmung und wollen auch mal. Also gab es einen Hocker, damit die neue kleine Hausfrau überhaupt bis zur Spüle kam. Sie legte los, bis alles triefte, Umgebung einschließlich Mädchen. Schaum, Wasser und Geschirr, bis – kladderadatsch – drei Teller zu Bruch gingen am Boden. Macht nichts! War sowieso nur Flohmarkt-Qualität. Wenn alles wieder aufgeräumt war und die Kleider auf der Leine hingen, war sie jedenfalls stolz auf ihre Leistung.

Über die Terrasse führte auch die Einfahrt zur Werkstatt. Bei schönem Wetter konnte man gleich im Freien an den Maschinen arbeiten, musste sich aber den Platz teilen mit den Mädchen, die ihre Puppenstuben nach draußen schleppten. "Kommt mir nicht zu nahe, sonst werdet ihr schwarz", sagte ich und lag ölverschmiert unter einem Ladewagen. Wir werkelten einträchtig nebeneinander. Sie verpflegten ihre Puppenfamilien und ich baute ein defektes Getriebe aus. Aus ihrem Huddelkorb durfte man einen alten Lumpen haben, um sich die Finger abzuwischen, die voller Wagenschmiere waren.

War die Terrasse wieder leergeräumt, war Platz für Rollschuhe und kleine Fahrräder. Wobei der Platz schnell zu eng wurde. Dann machten sie Kinderwagen-Rennen über das Hofgelände. Ein Glück, dass keine echten Kinder in den Wägelchen lagen, wenn sie damit im vollen Schuss umkippten. Die Puppen nahmen ihnen das nicht so übel.

Das anmutigste Bild einer Nutzung der Terrasse hatte Teres geboten, als sie dort mit ihrer Kinderschar saß, die das Stricken lernen wollte. Das war ein Gestichel mit den Stricknadeln und ein Kampf mit den Wollefäden, rote Ohren und offene Münder, Finger, die sich verhedderten und Augen, die freudig aufblitzen, wenn die ersten Maschen gelungen waren. Nach einer Weile saßen sie da und strickten um die Wette wie die Weltmeister. Die Puppen konnten sich auf eine neue Textil-Ausstattung freuen.

Und was wäre es nur für ein Leben gewesen für die Kinder, wenn sie nicht jeden Tag mit den Katzen hätten spielen dürfen? Die jungen "Büsseli" wurden nicht müde, den Wollemäusen hinterher zu springen, die an Fäden vor ihren Nasen über die Terrasse gezogen wurden. Doch wir hatten auch ein paar Grundregeln aufgestellt: Wir wollten Katzen nicht unbedingt in der Wohnung, sonst hätte jedes Kind gleich zwei gehabt.

Wie viele waren es überhaupt? Am ehesten hatte man morgens im Stall einen Überblick, wenn sie beim Melken auf den Schaum und ein Schälchen Milch warteten. Alle waren versammelt, ein Dutzend vielleicht, manchmal mehr, manchmal weniger. Sie hatten ihr eigenes System von Familienplanung und ließen sich da nicht reinreden.

Sie wohnten in der großen Scheune, wo sie die allgegenwärtigen Mäuse gleich an Ort und Stelle vertilgten. Tagsüber sah man sie auf den Feldern und Wiesen, wie sie geduldig vor einem Loch die Mäuse abpassten. Nützliche Mitbewohner!

Manchmal wilderten sie auch in fremden Gefilden. Eine hatte eine Amsel erwischt und sprang davon, die Kinder schreiend hinter ihr her, um sie ihr abzujagen. Vergebens. Irgendwo fand man dann ein Häufchen Federn. So war das Leben. Hinterher kam sie wieder, auf Samtpfötchen, um sich streicheln zu lassen.

Die Kinder versuchten natürlich unser Katzen-Reglement für die Wohnung auszutricksen. Einen ihrer Lieblinge, Röteli mit Namen weil rot getigert, hatten sie längere Zeit beobachtet. Zuerst war sie fett gewesen wie ein Fass, dann wieder mager. Da steckte doch etwas dahinter! Sie sahen sie immer an der gleichen Stelle in der Scheune verschwinden, in einem hoch getürmten Lager von Heu- und Strohballen.

Sie schlichen ihr nach und arbeiteten sich vorwärts; suchten nach Gängen zwischen den Ballen, durch die sie

174

sich zwängen konnten, und erkundeten die Lage. Triumphierend kamen sie, Strohreste in Haar und Kleidern, zurück und trugen einen alten Hut vor sich her, der mit einem Taschentuch zugedeckt war. Lachend zogen sie das Tuch weg und zeigten das Ergebnis ihrer Schatzgräberei: fünf rot getigerte kleine Wolleknäuel.

"Da soll doch gleich ... ihr Rasselbande", eiferte ich mich, "Röteli wird schön muff sein, wenn sie ihre Büsseli nicht mehr findet. Die sind noch viel zu klein, die haben ja noch nicht mal die Augen offen!" Röteli hatte sich inzwischen auch eingefunden und stand miauend auf der Schwelle der Küchentür. "Seht ihr, die will ihre Jungen zurück!"

"Garnicht wahr!" riefen sie, "Röteli will bei uns bleiben!" Sie liefen zu Teres: "Dürfen wir? Bitte?" Mütter hielten zusammen, also durfte sie bleiben und bekam eine große Kartonschachtel neben der Küchentüre. Sie schien zufrieden zu sein damit, aber nicht lange. Als man sie am Kleiderschrank entlang streichen sah, konnte man schon ahnen, was kam. Röteli öffnete mit der Pfote die angelehnte Tür.

Bald danach war die Kartonschachtel leer. "Uuuuh, kuckt mal!" riefen die Töchter, "wie herzig!" Sie liefen, um alte Windeln und Kissen zu holen. Röteli war umgezogen; im Dämmerdunkel des Schrankes, im untersten Fach, lag sie wohlig schnurrend auf der Seite in ihrem neuen Zuhause, während ihr Jungvolk sich um die besten Plätze an den Zitzen balgte.

Mutterfreuden gab es auch bei den Enten, die – hochwillkommen – im Garten bei den Salatschnecken aufräumten. Wer allerdings zu wem gehörte, war nicht ganz klar. Schlussendlich war es dann eine große Ente, hinter der ein Dutzend kleine in einer Reihe her-wackelten. Es sah ganz putzig aus.

Doch Enten schienen ein spezielles Talent zu haben zu verunglücklichen. Nicht lange und das Dutzend war nicht mehr vollständig. Vielleicht ging es auch auf Konto des Fuchses, der sie geholt hatte, wie schon bei den Hühnern. Einen ausgeprägten Sinn für Gefahren zeigten die Enten jedenfalls nicht, wenn sie vor oder hinter rangierenden Traktoren herumwatschelten.

Einmal kamen die Kinder, schreiend und außer sich, in die Werkstatt. Ein Feuerwehrmann wurde gebraucht. Sie konnten sich fast nicht beruhigen: "das arme Enteli!"

Der Fall war kompliziert. An der Hausecke ging eine Röhre senkrecht in die Tiefe, bei der aus irgendeinem Grund die Abdeckung fehlte, gerade groß genug, dass eine junge Ente durchpasste. Genau das war geschehen. Die Kinder rannten nach einer Taschenlampe. In drei bis vier Metern Tiefe, wo die Röhre auf eine andere, waagerechte, stieß, saß sie, die Ente. Sie schnatterte und rief nach der Mutter, die sich zwar in der Nähe befand, aber mit der Situation überfordert war.

Die Kinder beschworen mich händeringend zu helfen. Sie versetzten sich selber in die Lage der Ente und gerieten mehr und mehr in Panik. "Tu doch was! Die kann doch da nicht bleiben, kann man die nicht ausgraben? Du hast doch einen Bagger!" Theoretisch schon, da hatten sie recht, aber es würde einiges an Erdbewegungen geben, bis man sich bis in die Tiefe vorgebaggert hatte.

Sie versuchten, dem Enteli Mut zuzusprechen, aber jedes Mal, wenn oben ein Kopf über der Röhre erschien, zog es sich unten ängstlich zurück in den waagerechten Gang. War die Luft rein, kam es wieder zum Vorschein und rief sein "ga-gag, ga-gag" nach der Mutter. Mein Ansehen stand auf dem Spiel. Ich musste helfen! Für die Kinder war ich der Fachmann, der immer Rat wusste. Aber guter Rat war hier teuer.

Mir fiel ein, dass wir auf den Reisen eine Angel dabei gehabt hatten. Wo war das Zeug jetzt nur? Endlich fand sich das Gesuchte doch: Angelhaken. Drillingshaken sogar. Alle wollten mit dem Kopf gleichzeitig über die

Röhre, als ich einen an einer Schnur herunterließ. Das Enteli versteckte sich. "Köpfe weg, zum Donnerwetter, ganz leise jetzt!"

Wir warteten, bis wieder das "ga-gag, ga-gag" zu hören war. Ich zupfte an der Schnur wie beim Angeln. Endlich: "Hah! Erwischt!" In der Tiefe erhob sich wütender Protest. Die Töchter zündeten mit der Taschenlampe hinunter. Da war sie und hing mit einem Bein am Haken! Vorsichtig wurde sie in die Höhe gezogen. Jubelnd wurde sie oben begrüßt.

Vom Haken befreit watschelte sie schnell davon ohne Danke zu sagen und reihte sich ein in die Schar ihrer Geschwister. Ente und Seelenfrieden waren gerettet. Die Röhre erhielt eine Abdeckung.

Wir erlebten mit, wie die Kinder wuchsen und gediehen, frech waren, lieb waren, ihre Erfahrungen machten und, ging etwas schief, zu ihrer Mutter liefen, die sie tröstete, Pflaster aufklebte und die gute Fee war, die alles immer wieder heil machte. Hatte es jemals ein böses Wort gegeben von ihr? Ich war schon eher jemand, der polterte; das gehörte sozusagen zur Arbeitsteilung: Auch mal den Tarif durchzugeben! Wir ergänzten uns gegenseitig und waren weiterhin ein gutes Team, in Sachen Familienleben.

Die Jahreszeiten kamen und gingen, die Orte, an denen wir lebten, wechselten, Turbulenzen der Außenwelt hielten uns in Atem, doch wir schauten, dass sie nicht die Schutzmauer durchbrachen, die wir für die Familie wollten und aufgebaut hatten. Saßen wir nach einem arbeitsreichen Tag noch zusammen, brauchten wir uns nur anzuschauen und verstanden uns. Mit einem innerlichen Lächeln ließen wir den Tag ausklingen.

Das Leben änderte sich, als ein neuer Schritt fällig war. Für die älteste Tochter, siebenjährig, war es Zeit zur Schule zu gehen. Wir hatten ein Angebot, bei der Gründung und dem Aufbau einer Schule mitzuhelfen, die sich als "Öffentliche Schule in privater Trägerschaft" verstand und im Ruhr-Revier lag, nicht weit von meiner alten Heimat. Wenn die Kinder schon eingeschult werden mussten, warum nicht auch gleich der Vater. Teres würde weiterhin der Mittelpunkt bleiben, um den sich unser aller Leben drehte und der uns zusammenhielt.

Die richtigen Leute hatten bei der Gründung effektive Lobby-Arbeit geleistet, so dass die Schule einiges an Vorschuss-Sympathien erhielt bei den Ämtern. Es wurden alte Gebäude zur Verfügung gestellt für den Schul- und Kindergartenbetrieb. Die Schüler waren schon aufgenommen, 30 bis 40 pro Klasse, junge Lehrer und Lehrerinnen standen in den Startlöchern, es fehlte nur noch jemand, der den Dreck schaufelte. Die Stadt brauchte sich nämlich nicht mehr weiter um die verfallenden Liegenschaften zu kümmern. Das hatte die Schule in Eigenregie zu tun – daher auch mein neuer Job.

Altes musste eingerissen, Neues aufgebaut, Abfallmulden mit Bauschutt gefüllt und nebenbei für uns selber eine Wohnung ausgebaut werden in einem Dachgeschoss. Als alles fertig war, konnte die Familie kommen, die schon neugierig auf ihr neues Heim wartete. Der alte Bus hatte einen Nachfolger bekommen, in den wir uns hineinquetschten und von einem Tag auf den anderen die Aussicht auf die Berge der Alpen mit der auf die Industrie des Ruhr-Reviers vertauschten.

Wir kamen ziemlich in die Nähe meiner Eltern zu wohnen. Sie hatten mich schon lange nicht mehr gesehen und wussten noch nichts von ihrem Glück. Ein

Besuch stand an und auf dem Wochenmarkt war noch ein passendes Geschenk zu besorgen. Ich fand einen Busch von einer Zimmerpflanze. Wenn man unten klingelte, schaute meine Mutter meistens oben erst aus den Fenster. So auch jetzt. Ich hielt den Busch über mich, versuchte meine Stimme zu verstellen und rief: "Ich soll dat hier abgebn. Komm' Se ma runter!" Als sie aufmachte, sah sie zuerst nur die Pflanze, doch dann mein Gesicht, das dahinter auftauchte. "Huch!" machte sie.

Doch es war eine freudige Überraschung, vor allem als sie vernahm, dass sie nach Belieben ihre Enkelkinder besuchen konnte, von denen sie noch nicht viel gesehen hatte. Mein Vater kam dazu und ließ sich die Sache erklären. "Verdienze denn da auch anständig wat?" fragte er. Na ja, dass jemand reich dabei wurde, war nicht bekannt, aber zum Leben langte es allemal.

Bauschutt war natürlich nicht unbedingt das Ziel für den Rest meiner Tage. Würde der Schulbetrieb angelaufen und die Schüler im richtigen Alter sein, stand der Aufbau von Werkstätten für den Werkunterricht an, zu dem ich ebenfalls angefragt war. Mit Zeugnissen, die ich vorlegen konnte, ließ sich eine Unterrichtsgenehmigung als Werklehrer beantragen. Gleichzeitig waren Unterrichtserfahrungen durch berufsbegleitende Seminare, Praktika und Hospitationen an befreundeten Schulen zu erwerben. Jetzt musste Teres öfter alleine bleiben, für Tage oder auch länger. "Geh nur", sagte sie, "fahr vorsichtig, b'hüet di Gott!"

Doch sie hatte ebenfalls Abwechslung. Wir wohnten auf dem Schulgelände und jederzeit schauten Leute aus dem Umfeld herein zu einem Besuch und durften sich eine Tasse Kaffee wünschen.

An den anderen Schulen gab es Werklehrer, die Wert legten auf exakte Handarbeit; da ging es fast schon zu wie bei einer Feinmechanikerausbildung. Andere handhaben es locker, Hauptsache künstlerisch. Die Pragmatiker dagegen ließen die Schüler ins Schwitzen kommen. Zupacken hieß die Devise. Das würde wohl auch meiner zukünftigen "Kundschaft" am ehesten zusagen. Das Ruhr-Revier hatte eine lange Tradition in Zupacken. Zurück in der eigenen Schule waren Werkstatt und Werkräume für den Unterricht einzurichten, mit einfachen Maschinen, Werkzeugen und Werkbänken.

Der Senior von uns, Gründungslehrer der Schule und Klassenlehrer der 5. Klasse, holte mich. Doppelt so alt wie seine Kollegen, hatte er noch ein "Andenken" vom Krieg, einen Granatsplitter in den rechten Zeigefinger, und dadurch eine etwas ungewöhnliche Haltung beim Schreiben. "Du könntest mir etwas abnehmen", sagte er. Sein Unterricht in dieser Altersstufe klang jeden Tag aus mit einer Geschichte aus der Frühzeit der Menschheit. Die überließ er mir, übungshalber, und die Aufgabe war, sie dem Alter entsprechend spannend zu machen. 41 Augenpaare warteten, was geboten wurde, und vielleicht auch darauf, wo sich Schwachstellen zeigten, bei denen sie einhaken konnten.

Ich tat mein Bestes, ihnen Parzifal nahe zubringen, den jugendlichen Draufgänger und Dummkopf, der für lange Jahre die Chance seines Lebens verspielte, weil er nicht im richtigen Moment den Mund aufmachte; den Herakles, Halbgott zwar, der sich aber seine Sporen erst verdienen musste durch übermenschliche Taten als Arbeitsknecht in den Niederungen irdischer Verhältnisse; und den großen Helden Odysseus, der auf seiner langen Irrfahrt von der Zauberin Circe eingefangen wurde. Wobei an dem Lächeln um die Mundwinkel zu erkennen war, was Mädchen und Jungens bei der Angelegenheit jeweils für sich dabei dachten.

Es war eine dankbare Sache. War doch einmal nicht die volle Aufmerksamkeit bei den Schülern zu erreichen, musste man sich wegen mangelnder Vorbereitung selber bei den Ohren nehmen. Oder man versuchte, sich durch einen Trick zu helfen. Mitten im spann – hoppla, waren da in den hinteren Bänken Privatgespräche im Gange? – also im spannendsten Moment ging's nicht mehr weiter bei mir.

Alles drehte sich um. Die Privatgespräche verstummten. "Hört doch endlich auf", wurde gezischelt von denen, die wollten, dass es doch weiterging. Das war nachhaltiger als eine Moralpredigt des Lehrers. Das Problem war nonverbal gelöst und die Ereignisse konnten weiter ihren Lauf nehmen.

Noch bevor der eigentliche Werkunterricht begann, wurde ich schon zu Vertretungen gerufen. Eine Kollegin wollte auf eine Weiterbildung, ein anderer war krank, ein Dritter musste seine Großmutter beerdigen. Den jeweils aktuellen Unterrichtsstoff fortzuführen, Grammatik oder Bruchrechnung, ließ sich nicht immer so spannend gestalten wie eine Sage der Vorzeit.

An einer Stelle des Klassenzimmers wurden Geheim-Aktivitäten betrieben unter den Pulten. Was gab es da wohl? "Jochen, was ist los? ... ? Hallo, Jochen ich rede mit dir!" Jochen, sonst durchaus nicht auf den Mund gefallen, war verstummt. "Was macht ihr eigentlich da? Das möchte ich jetzt doch gerne wissen!"

Jochen blieb stumm wie ein Fisch. Sah er nach schlechtem Gewissen aus? Sollte man der Sache auf den Grund gehen? "Zeig doch mal her, was ihr da habt!" Totale Blockade. Da nun schon vor seinem Pult stehend, tat ich kraft pädagogischer Autorität einen Griff darunter. Ach!! Das war aber interessant! "Mensch! Wo hast du die denn her? Das hat aber zu tun gegeben!" Man staunte. Es war eine Schachtel voller abgebrochener oder abgesägter Mercedes-Sterne – jetzt wahrscheinlich heißbegehrte Tauschobjekte.

Sammeln und tauschen als archaischer Ur-Instinkt war wohl schon immer eine Leidenschaft bei jungem Volk. Ganze Berufsstände hatten Brot und Arbeit, diese Zuneigung mit geeigneten Werbestrategien weiter zu entfachen und mit vielerlei Sammelgut zu bedienen. Mercedes-Sterne passten zwar nicht ganz in das Bild, da sie sich abgesägt nur schlecht kommerziell nutzen ließen, aber immerhin waren sie harmloser als die Objekte, die zu meiner Zeit in dem Alter hoch im Kurs gestanden hatten, Strandgut des letzten Krieges bei eigenen Feuerwerksversuchen.

Jochen schaute mich besorgt an, ob jetzt seine Mühe und Arbeit zunichte war? Die Angelegenheit wollte bedacht sein. Andererseits, Moralpredigten hatten bekanntlichermaßen noch nie viel genützt.

Es gab an den wöchentlichen Konferenzen der Lehrer ab und zu einen Anlass, sich Gedanken über die Schüler von heute zu machen. Einige waren erwischt worden bei Ladendiebstählen in den Supermärkten. Materielle Not war mit Sicherheit nicht der Grund, was aber sonst? "Aber seien wir doch realistisch", sagte unser Senior. "Sind das nicht die letzten Möglichkeiten für die Jungs, in der heutigen Welt noch Mutproben zu bestehen?"

Er musste es ja wissen, Fachmann sozusagen für Mutproben, der er war. Hatte zum letzten Aufgebot des "Volkssturms" gehört, als sogar Kinder zum Schluss das Vaterland verteidigen durften gegen anrückende Panzer. Sein Kommentar: "Wir wollen das auf keinen Fall schönreden, aber es hat Schlimmeres gegeben ..." Seine Jugend war geprägt gewesen von herumfliegenden Granatsplittern.

Als im neuen Schuljahr offiziell der Werkunterricht begann, hatte ein Schulvater, Landschaftsgärtner, schon eine gefällte Linde vor der Werkstatt abgeladen. Die Schüler krempelten die Ärmel hoch und legten los mit der großen Zweihandsäge. Die abgesägten Stücke wurden mit Spaltkeil und Vorschlaghammer zu handlichen Kloben gespalten und kamen zum Trocknen ins Lager. Die schon vorher getrockneten, in jeder Form und Größe, mit allen Ästen und Verwachsungen, waren dann unser Arbeitsmaterial.

Die Aufgabe hieß zum Beispiel: Ein Kerzenständer. Dem Einfallsreichtum waren keine Grenzen gesetzt, solange nur Kerzen darauf passten. Es wurden Berge von Holzspänen produziert. Die Mädchen hatten fantasievolle Vorstellungen von dem, was entstehen sollte, und entsprechend verschnörkelt waren ihre Werkstücke; die Jungens benutzten die Materie erst einmal, um sich daran mit kraftvollen Schlägen auf die Schnitzeisen abzuarbeiten.

Vielleicht wäre es interessant gewesen, einmal bei der Handarbeitslehrerin vorbeizuschauen, ob sie dort mit gleichem Einsatz dabei waren, Socken und Pullover zu stricken. Am Ende der Stunden wurden die Späne zusammengefegt und alle kamen in die Mitte, um die entstandenen Werke zu begutachten. Jeder durfte seinen Kommentar dazu abgeben.

Als Abschluss durfte der Balken nicht vergessen werden. Wir hatten ein Paket Nägel und alle zeigten, was sie konnten. Wie viele Hammerschläge bis der Nagel drin war? Die Fähigkeiten waren breit gestreut. Zuletzt kam der Lehrer an die Reihe: Zwei Schläge und der Nagel saß! Auf dem Gebiet des Nageleinschlagens war meine Autorität also anerkannt von den Schülern.

Dafür zu sorgen, dass sie auch auf anderen Gebieten anerkannt wurde, war ein Teil der täglichen Aufgabe. In dem Alter lotete man gerne die Grenzen aus; waren wir früher anders gewesen? Einmal kletterten sie im Holzlager herum, was sie nicht gedurft hätten; doch man konnte seine Augen nicht überall haben. Ein Stapel Holz fiel krachend um. Sie hatten die Gefahr nicht einschätzen können; glücklicherweise war nichts passiert.

Aber man konnte nicht genug wachsam sein. Ich hatte zwar keine Schiffsglocke, wie ein ehemaliger Ausbilder von mir, um sie zusammenzutrommeln, aber in Bezug auf Unfallgefahren redete ich Klartext. Das Gleiche galt für den Umgang mit scharfen Werkzeugen.

Die Schüler kamen manchmal schon vorzeitig in die Unterrichtsräume, weil sie gerne noch Arbeiten auf eigene Faust machten. Doch einmal lief ein anderes Programm. Die Jungens standen in einer Ecke und die Mädchen in einer anderen und zündeten sich gegenseitig an. Gerade bei meinem Eintritt flog ein Stuhl im Bogen gegen die Mädchen, die quietschend zur Seite sprangen, aber offensichtlich ihr Gaudi dabei hatten. Aber wie lange noch? Ich packte den Täter und stellte ihn etwas unsanft zu Boden.

Die Geschichte machte die Runde durch die Elternhäuser. Die Reaktionen waren gespalten. Einige werteten mein Eingreifen als Anwendung körperlicher Gewalt gegen Kinder. Am Elternabend braute sich etwas zusammmen. Es waren eher alleinstehende Mütter von Töchtern, die sich empörten. Dabei kam ich mit den Mädchen gut aus; es wäre mir nicht in den Sinn gekommen, eines anzurühren. Doch bei Jungens war es eine Sprache, die sie verstanden – für den Notfall. Schlussendlich war das keine Kissenschlacht mehr gewesen und die Töchter waren bewahrt worden vor weiteren fliegenden Stuhlbeinen!

"Stellen Sie sich vor, was da passieren kann, Schädelbruch und was nicht alles" – auch das war ja nun ein möglicher Gesichtspunkt – "und wer ist dann schuld?" Die Gegenseite, die ein angemessenes Eingreifen befürwortete, kam ebenfalls zu Wort, die Angelegenheit wurde eine Weile besprochen, die Stimmung beruhigte sich und wir gingen friedlich auseinander. Für die Schüler selber war das Ganze schon längst kein Thema mehr.

Von einem aufgelösten Bildhauer-Atelier war eine halbe Tonne Modellierton zu haben, der in den Werkraum gekarrt wurde und die Schüler lernten ein neues Material kennen. Diesmal sollten sie eine möglichst fantasievolle Kugelbahn modellieren. Sie sahen, dass sie dabei mit der großen Kelle anrichten konnten und kamen selber auf den Gedanken, dass die Projekte, die ihnen vorschwebten, am besten in Teamarbeit anzugehen waren. Sie formierten sich zu Gruppen, etwa zu viert. Was über Wochen hinweg entstand, waren große burgähnliche Gebilde. Die Kugel rollte oben los über zinnenbewehrte Festungsmauern, verschwand in Innenhöfen, balancierte auf säulengetragenen Arkaden über Felsabgründe, ging in einen Tunnel, kam auf der anderen Seite heraus, lief in Serpentinen um Mauern und Türme, klickerte eine Treppe hinunter, machte kehrt bei einer Brücke und landete im Burggraben. Die Schüler waren mit glänzenden Augen und roten Ohren dabei und vergaßen die Zeit. Da der Werkunterricht in den letzten Stunden des Nachmittags stattfand, spielte das weiter keine Rolle. Manchmal blieben sie auch länger, um noch hier und da Verbesserungen anzubringen, bis sie sich endlich nachhause trollten.

Auf dem Gelände der Schule befand sich eine Töpferei mit Drehscheiben und Brennofen. Niemand war mehr da, der sie benutzte; Gelegenheit also, an den Abenden alleine zu üben. Das saubere Zentrieren des Tones auf der Drehscheibe und das Hochziehen zu einem Gefäß wollte nicht unbedingt von selbst gehen. Es gab einiges an missglückten Versuchen, bis das Gespür für das neue Material so langsam kam.

Ich ließ nicht locker, kriegte ebenfalls rote Ohren und vergaß die Welt um mich herum. Die Töchter kamen mich suchen mit dem Bescheid, das Abendessen wäre schon lange parat. Ich ging hinüber zur Wohnung, küsste Teres und fragte: "Was wünscht du dir? Tassen, Teller, Schüsseln, Blumenvasen – ich glaube, ich krieg's jetzt hin." Sie fand das super und stellte einen Teller Rösti auf. Lecker, aber ob sie nachher mit in die Töpferei kommen mochte?

Als wir kamen, saßen die Töchter um die Tische,

hatten sich den Ton aufgeteilt und waren dabei, nicht nur die eigenen Puppen mit Töpferwaren zu versorgen, sondern auch die ihrer Freundinnen und Bekannten. "He", mussten sie gebremst werden, "das passt ja gar nicht alles in den Brennofen, außerdem müsst ihr die Henkel besser anmachen, die fallen sonst ab."
Im Laufe der Zeit fanden an freien Tagen richtige Töpfer-Sessions statt. Teres erhielt nach und nach ein 36-teiliges Service, die Puppen wurden bis an ihr Lebensende ausgestattet mit Geschirr und alle waren begeistert und lehmverschmiert. Einige der Schülerinnen entdeckten unsere Privataktivitäten und wollten mitmachen. Hinterher konnten sie fast nicht abwarten, bis alles ordnungsgemäß getrocknet, vorgebrannt, bemalt, glasiert und fertig gebrannt war. Hochbeglückt zogen sie von dannen mit ihren Erzeugnissen.
Wir wuchsen in die Schule hinein und waren an vielerlei Aktivitäten beteiligt. Es war oft nicht einfach, das mit dem Familienleben zusammenzubringen; es gab Sitzungen bis in die Nacht, wenn man zu denen gehörte, die die Schule mittragen sollten. Es gab Weiterbildungen und Schulanlässe, die vorbereitet werden mussten. Doch wir fanden immer, wenn auch spät manchmal, Zeit für uns alleine.

Wir versuchten, unseren Beitrag zum Wohl des Ganzen zu leisten, aber die Zukunft sollte etwas anderes bringen, als wir uns vorgestellt hatten.
Was da zusammenkam und uns aus der Bahn warf, hatte mehrere Ursachen. Eine davon war das deutsche Krankenkassensystem, das, damals jedenfalls, alle Zahnbehandlungskosten übernahm. In der Schweiz war das nicht der Fall; man zahlte selber und war dadurch eher motiviert, auf seinen Lebensstil zu achten, um mit geeigneter Ernährung und Zahnhygiene seine Zähne zu erhalten.
Aber die Schäden aus den Zeiten, in denen Vorbeu-

gung und Aufklärung wenig bekannte Begriffe waren, blieben die Altlasten, mit denen wir leben mussten. Hätten wir gewusst, was auf uns zu kam, hätten wir weiter damit gelebt, bis einmal der Zahnarzt unseres Vertrauens gefunden worden wäre, und wenn die letzten zusammengekratzten Pfennige dabei draufgingen, ihn zu bezahlen.

Doch deutsche Kassenärzte dachten anders. Bei einer Konsultation schlug der Arzt vor, uns nicht mit Kleinigkeiten zufrieden zugeben, sondern großzügig das ganze Gebiss zu sanieren, bei Teres sowohl wie bei mir. Bedenkliche Mienen bei uns interpretierte er dahin, dass wir besorgt wären wegen der Kosten. Mit einer großzügigen Handbewegung wurden die Bedenken vom Tisch gewischt: "Zahlt alles die Kasse! Kein Problem!" Wir wussten nicht recht, was davon zu halten war, aber ohne jedes Bewusstsein der Folgen willigten wir ein.

Der Zahnarzt machte einen Kostenvoranschlag allein für Teres über: Zehn Tausend Deutsche Mark! Uns blieb die Luft weg. Soviel Geld auf einem Haufen hatten wir nicht einmal gesehen, geschweige denn besessen. Jovial wurde uns wieder versichert, dass da kein Problem bestünde. Alles sollte erneuert werden, einschließlich der bestehenden Füllungen und hinterher hätten wir dann eine saubere Sache.

Ungefähr in der Zeit, wenn die Erinnerung mich nicht trügt, brachte ein bekanntes Nachrichtenmagazin eine Titelgeschichte über die Praktiken der Zahnmedizin in Deutschland. Das Magazin im Originalton: "Mist raus, Mist rein!" Was das für Mist war, war dann in seinen Auswirkungen am eigenen Leib zu erleben: Amalgam.

Ich musste immer noch daran denken, was ich als Schulkind in der Schule erlebt hatte: Quecksilber. Der Lehrer hatte in Physik einen Versuch vorgeführt. Er war mit einer Flasche gekommen, die knapp einen halben

Liter fasste, und goss sie aus in eine Schale. Die Flüssigkeit war makellos silbrig und quicklebendig und schwabbelte hin und her. Er nahm eine dicke Eisenschraube, legte sie hinein und die Schraube schwamm. Tatsächlich, sie schwamm! Um es allen zu zeigen, ging er damit von Pult zu Pult. Besonders Vorwitzige stupsten die Schraube nach unten; sie kam wie ein Korken wieder hoch. Ein Schüler hatte die Schale anheben dürfen. Er verdrehte die Augen, sie war irre schwer. Richtig, Quecksilber ist elfmal schwerer als Wasser.

Dass die Menge genügte, die gesammte Schulpopulation auszurotten, wenn nicht gar ein Vielfaches davon, hatte der Lehrer damals nicht gesagt. Schon ein zu Boden gefallener Tropfen hätte Unheil anrichten können. Er wäre in silberne Kügelchen zerspritzt, die nichts lieber getan hätten als davonzurollen und in den Fußbodenritzen zu verschwinden. Auf Nimmerwiedersehen, denn Quecksilber verdampft, war dann in der Luft und damit fing die wahre Giftigkeit an.

Wie später zu erfahren war, hatte es Fälle gegeben, bei denen das Ausbohren alter Amalgamfüllungen ohne Sicherheitsmaßnahmen zu katastrophalen Vergiftungen geführt hatte; doch Teres überstand die Behandlung relativ unbeschadet, wenigstens das! Aber allein schon das sich Tag für Tag weiter im Körper anreichernde Quecksilber, das aus den neugelegten Füllungen freigesetzt wurde, musste mit der Zeit seine Folgen haben. Noch war sie geschützt davor: Sie war wieder am Beginn einer Schwangerschaft, obwohl wir es zu dem Zeitpunkt noch nicht wussten. Sie gab das Quecksilber weiter infolge der biologischen Gesetzmäßigkeiten.

Das Kind, das uns dann geboren wurde, schien gesund zu sein und eine normale Entwicklung durchzumachen. Doch Teres hatte manchmal fast schon übersinnliche Wahrnehmungen und sah Dinge voraus, die mir verschlossen blieben. Einmal, etwa drei Monate nach der Geburt, fand ich sie in Tränen aufgelöst an der

Wiege ihres Kindes.

Sie machte sich Vorwürfe, dem Kind nicht alles mitgegeben zu haben für seine Gesundheit; aber was genau es war, das fehlte, konnte sie nicht sagen. Ich tat alles, um sie zu trösten und sie vom Gegenteil zu überzeugen. War unsere Kleine nicht ein aufgewecktes und fröhliches Wesen, schon in diesem zarten Alter? Was sollte da nicht stimmen?

Die Wahrheit kam erst viele Jahre später an den Tag und sie war schlimmer als wir es uns hätten vorstellen können.

Bei mir selber ergaben sich andere Folgen und das ziemlich bald. Meine Zahnbehandlung war wesentlich weniger umfangreich, doch es langte, um mein "Fass" überlaufen zu lassen. Der Zahnarzt hatte in Zähnen und altem Amalgam herumgebohrt ohne alle Sicherheitsmaßnahmen, geschweige denn Frischluftzufuhr beim Atmen. "Spülen Sie mit Wasser und spucken Sie das mal aus", hatte er gesagt. Es war zu spüren, wie etwas knirschte; es werden wohl kleine Späne vom Ausbohren einer Füllung gewesen sein.

Es ging nicht lange bis mein Asthma zurück kam. Jahrelang waren es wenig Beschwerden gewesen, mit denen ich ohne große Probleme hatte leben können. Jetzt kam es in massivster Art und mir war, ich erstickte. Von Tag zu Tag wurde es schlimmer, unaufhaltsam rollte eine Katastrophe auf mich zu. Ich kannte mich selber nicht mehr und musste notfallmäßig in eine Arztpraxis transportiert werden.

Was sie da brachten von mir, war mehr tot als lebendig und der Praxisbetrieb geriet durcheinander, weil der Arzt sich sofort um mich kümmern musste. Er schaute mich strafend an, während er eine Euphyllin-Spritze aufzog und sagte: "So etwas muss ja nun wirklich nicht mehr sein in heutiger Zeit, wir haben doch geeignete Medikamente!" Er gab die Spritze intravenös und schon im Verlauf von Minuten war die Erleichterung zu spüren. Als er fertig war, hatte er mich wieder auf die Beine gestellt. Die Patienten im voll besetzten Wartezimmer, die gesehen hatten, in welchem Zustand ich gebracht worden war, schüttelten die Köpfe.

Natürlich hielt die Besserung nicht an. Es gab weitere Arzttermine und auf die ausgestellten Rezepte hin Plastiksäcke voll mit Medikamenten. Die Pharma-Industrie hatte den Trend nicht verpasst, Medikamente gegen die Krankheit zu entwickeln. Sie wirkten, aber sie heilten nicht. Man war abhängig von ihnen, Tag für Tag.

Doch ich wollte mehr: Was war bloß los mit mir! Die Ärzte – mehrere, der Reihe nach konsultiert – schauten mich entgeistert an wegen meiner Fragerei nach den Ursachen und ob es wirklich bis ans Lebensende ein ganzes Arsenal an Pillen, Kapseln und Aerosolen sein müsse, das zu konsumieren war. "Aber guter Mann", sagten sie, "Asthma ist inzwischen eine Volkskrankheit. Da sind Sie nicht der Einzige."

Volkskrankheit? Und die Ursachen? Fragen kochten in mir, aber es sollte noch Jahre und Jahrzehnte dauern, bis ich überhaupt erst anfing, die Ursachen zu erahnen.

Dass da etwas gärte in mir, interessierte niemanden. Für die Ärzte war ich kaum mehr als ein psychiatrischer Fall. Immerhin redeten sie noch mit mir: "Die Anderen können doch damit leben, warum nicht auch Sie? Ich schreibe Ihnen mal was Neues auf, vielleicht nützt das eher."

Doch mir langte schon, wie "gut" das Alte nützte, wenn man damit vollgepumpt war. Man stand wie unter Strom mit einem inneren Vibrieren. "Ja, die Nebenwirkungen müssen eben ertragen werden", hieß es, "wichtig ist, dass wir Sie jetzt mal richtig einstellen und Sie sich dann auch genau an den Einnahme-Modus der Medikamente halten!"

Etwas anders tönte es bei den Alternativmedizinern. "Da wirkt der Astralleib zu stark", sagten sie. Das Gleiche also, was mir schon in der Kindheit eingeblasen worden war: Seelische Schieflage! Doch was war wirklich los mit mir? Sie zuckten mit den Achseln und verschrieben Globuli und Hochpotenzen. Genützt haben sie nicht. Nie.

Es mochte ja sein, dass sie nicht unrecht hatten; jeder Mensch war gut beraten, sich um sein inneres Gleichgewicht zu bemühen. Doch was änderten die Anmerkungen der Seelenkundler schon an einer handfesten Quecksilber-Kontaminierung, wenn das Gift in die Zellen eindrang, das Immunsystem lahmlegte und die Lebensfunktionen erdrosselte!

Das Leben war nicht mehr, was es gewesen war. Die Medikamente mussten mehrmals am Tag eingenommen oder als Inhalation angewendet werden. Nachlässigkeiten hatten unerbittlich ihre Folgen. Dass man sich am Morgen vor dem offenen Fenster reckte und streckte und den neuen Tag begrüßte, indem man einen tiefen Atemzug tat – das war vorbei. Zuerst mussten die pfeifenden Lungen auf Vordermann gebracht werden mithilfe der Pharma-Industrie, die sich anbot, die stümperhafte Schöpfung des Allmächtigen nachzubessern mit ihren Produkten, stundenweise.

Vielleicht war es aber auch eine notwendige Lebensschule – die Erfahrung, dass das bis dahin Selbstverständlichste von der Welt, das Atmen, auf einmal nicht mehr zum Null-Tarif zu haben war. Man wurde bescheidener. Die Frage nach dem Sinn des Lebens kam wieder auf. Doch Teres wurde ganz krank vor Angst und Sorge, wenn sie miterlebte, wie ich mitten in der Nacht, wenn es am schlimmsten war, in Strömen von Schweiß aufschreckte mit einem Anfall und nicht gewusst hätte wie weiterleben ohne den rettenden Aerosol neben dem Kopfkissen.

Ich war gerade erst in der Lebensmitte angekommen und musste mich fragen: War es das jetzt schon? Natürlich war es nicht im Ernst vorstellbar, dass es "das" wirklich schon gewesen sein sollte. Und doch war es der Wendepunkt unseres Lebens.

Man musste sich in die neuen Bedingungen – Tag für Tag die Medikamente – hineinfinden um zu funktionieren und den Unterricht pünktlich zu erteilen. Die Besonderheiten des Faches halfen, dass es einigermaßen rund lief. Die Schüler hatten in der Werkstatt eigentlich nur die Frage: Kannst du was? aber waren nicht unbedingt in dem Alter, in dem sie großartige theoretische Erörterungen hören wollten. Konnte man es vormachen, den sauberen Umgang mit Holz und anderen Werkstoffen, und bereitete das Material vor für sie, summte die Werkstatt ganz alleine vor Betriebsamkeit, ohne dass viel nachgeholfen werden musste. Das Leben ging weiter – auf tieferem Niveau.

Wir lebten noch in den glücklichen Zeiten, in denen Kinderkrankheiten durchgemacht werden konnten ohne Impfungen. Vor allem die Masern, bei denen der Körper lernte, mit eigenen Abwehrkräften den Infekt zu überwinden und dabei das Immunsystem zu stärken. Danach war ein wesentlicher Entwicklungsschritt getan und das Kind stand um einiges gesünder im Leben.

So war es seit Adam und Eva gewesen und so stand es in den Büchern alter Kinderärzte. In meiner Kindheit war es die natürlichste Sache der Welt gewesen, dass Masern die Runde machten. Man hatte eine Auszeit und hinterher war man mit frischen Kräften wieder da. Und niemand hatte sich aufgeregt.

Eine der Töchter sagte beim Abendessen: "Die Monika hat aber ganz komisch ausgesehen im Gesicht."

Wieso, was war denn los mit ihr?

"Sie ist krank!"

Warum war sie denn dann nicht im Bett?

"Ist sie doch! Ich war bei ihr oben!"

Aha! Alles klar. Teres und ich schauten uns an mit leisem Lächeln. Eigentlich hatten wir Masern schon längst erwartet, es war einfach dran. Ein paar Tage später war es soweit. Nicht nur eine, sondern gleich alle hatten einen nassen Husten, bekamen Fieber und hatten weiße Tüpfelchen im Mund. Dann kam der Ausschlag, die roten Flecken, die sich schnell verbreiteten.

Unsere lieben Kleinen sahen aus wie die Erdbeeren und lagen still und nachdenklich in ihren Betten. Sehr ungewöhnlich, die Stille bei uns. Für Teres war es fast, als hätte sie Ferien, nur ab und zu hatte eines einen kleinen Wunsch und wollte etwas trinken. Wir waren zufrieden, dass sie alle Symptome, vor allem das Fieber, in klassisch ausgeprägter Art durchmachten und brauchten weder Medikamente noch einen Arzt. Nach drei Tagen wurde es wieder besser mit ihnen und es war tatsächlich so, wie wir erhofft hatten: Sie waren wie auf einer neuen Stufe hinterher, weniger infektanfällig, lebendiger und ausgeglichener. Dass sie die Krankheit in aller Ruhe hatten durchmachen dürfen, hatte ihnen gut getan.

Zu anderen Zeiten machten sie auch die weiteren Kinderkrankheiten durch wie Mumps und Windpocken. Nicht alle hatten alles bekommen, sondern sich nur an dem angesteckt, was sie für ihre Entwicklung brauchten. Einige waren über und über gesprenkelt gewesen mit Windpocken, während bei den anderen kaum etwas zu sehen war und sie laut protestierten, wollte man sie im Bett behalten.

Bei Mumps – das war dann viel später – war es nur unser Jüngster, der zwei Wochen mit dicken Hamster-Backen und geschwollenem Hals im Bett lag, ein Bild des Leidens, und von seinen Geschwistern bedauert wurde, die nur ein minimales Wehwehchen am Ohr verspürten und es gleich wieder vergaßen. Sie brachten ihm alle Bilderbücher ans Bett, die sie hatten. Bis es dann besser wurde

Keuchhusten allerdings war etwas gewesen, das uns Respekt gelehrt hatte. Es erwischte – ganz am Anfang –

unsere beiden ersten Kinder, als das jüngste erst ein dreiviertel Jahr alt war. Eine Nachbarstochter, schon fast erwachsen, lief herum mit einem bellenden Husten, ohne dass sie oder wir uns etwas dabei gedacht hatten. Als die Sache schon fast vergessen war, gab es Alarm, als die Kinder nächtliche Hustenattacken bekamen. Wir holten sie in unser Bett und legten sie zwischen uns, so dass jeder eines griffbereit hatte, wenn jede Stunde beide simultan loshusteten und an den Mengen an glasigem Schleim würgten, der ihnen die Atmung verlegte. Es sah zum Fürchten aus, aber mit einem tiefen pfeifenden Einatmen war der Anfall jedesmal beendet und schon schliefen sie wieder.

Diesmal nahmen wir ärztliche Hilfe in Anspruch und verabreichten fleißig die verschriebenen Medikamente. Der Kinderarzt hatte Erfahrung und empfahl vor allem, Ruhe zu bewahren und auf keinen Fall hustenunter- drückende Mittel anzuwenden, die verhindert hätten, dass aller Schleim herauskam.

Nach zwei Wochen war der Spuk vorbei und alle konnten wieder durchschlafen.

Im Stillen hatte ich meine Kinder beneidet um derart "gesunde" Krankheiten, die ihnen geholfen hatten, einen Schritt vorwärts zu tun und sich auf eine neue Art ins Leben zu stellen. Mein Leiden dagegen war hoffnungs- los; ohne Medikamente ging endgültig nichts mehr, nicht einmal für einen Tag.

Zu Zeiten ging es etwas besser, zu anderen eher nicht. Besonders bei Smoglagen. Ein feiner Dunstschleier zog sich über die Dinge, die in einiger Entfernung nur noch wie unwirkliche Schemen aussahen. Befand man sich auf den etwas höheren Hügelzügen im Süden des Reviers, waberte im Blick nach Norden ein grauer Nebel über den tiefer liegenden Städten.

Es existierten dem Vernehmen nach Alarmstufen und Notfallpläne, die, wären sie zur Anwendung gekommen,

Verkehr, Heizungen und Industrie zum Erliegen gebracht hätten. Zu erleben war das nie. Es wurde eher auf einen Wetterwechsel gewartet, der mit frischen Winden den Dunst weiterziehen ließ nach Osten. Dabei war es schon nicht mehr ganz so schlimm wie in meiner Kindheit, als die Dreckschleudern der Stahlwerke und der chemischen Industrie ihre Fracht ungefiltert in den Himmel leerten.

Es war eine Werkwelt, die Tag und Nacht in Gang gehalten werden musste, Jahr für Jahr, Jahrzehnte, ein Jahrhundert und länger – und doch kam das Ende gleichsam wie über Nacht. Menschen, die höchste Qualifikationen erworben und Verantwortung getragen hatten für den störungsfreien Ablauf der gigantischen Prozesse, eine einstige Elite der Nation, wurden arbeitslos und nicht mehr gebraucht.

Andererseits wurden ganze Stadtviertel sauberer und der Atem ging etwas leichter. Ohne Zweifel änderte sich etwas. "Wat dem ennen sin Uhl, is dem annern sin Nachtigall", sagte man auf platt. Des einen Freud ist des anderen Leid.

Seinen türkischen Mitbürgern begegnete man überall. Im Straßenbild waren sie da und hinter den Theken der Dönerbuden. In den Hochofenanlagen der Stahlindustrie waren sie unverzichtbar, die dreckigsten und mühsamsten Arbeiten für sie reserviert, die auf der sozialen Leiter ganz unten standen.

In den Räumen der Schule war eine Schreinerei entstanden und Materialbestellungen wurden prompt vom Fahrer der örtlichen Holzhandlung geliefert. Er rangierte seinen Lastwagen hinter die Werkstatt und nach dem Abladen blieb er für einen Schwatz. Er war von der Schwarzmeerküste und hatte sich längst etabliert hier. Die Nostalgie für die alte Heimat war geblieben und vielleicht ginge er an seinem Lebensabend zurück. Doch seine Kinder, voll auf dem Weg zum beruflichen Erfolg, würden hierbleiben. Wir philosophierten darüber eine Weile, auf Deutsch untermalt mit türkischen Redewendungen.

An der Schule gab es Schuleltern, die selber Lehrer waren an Staatsschulen und trotzdem ihre Kinder zu uns schickten. Warum? "Kommen Sie mich doch mal besuchen und setzen sich in meinen Unterricht", wurde ich eingeladen, "vielleicht wissen Sie dann mehr." Also machte ich mich auf nach Gelsenkirchen, Perle des Ruhrgebiets, alles ein bisschen grau und eintönig, aber die Schule war ein modernes Gebäude.

Es war zu sehen, was mein Kollege meinte, als er vor der Klasse stand und ich hinten saß und zuschaute: Schüler mit deutschen Wurzeln und Sprachkenntnissen waren weit in der Minderzahl. Aber alle zusammen waren sie in der Minderzahl, türkische Kinder ebenso wie alle anderen mit ihren verschiedenen Volkszugehörigkeiten und Sprachen, die sich auf Deutsch zurechtfinden mussten. Für den Physik-Unterricht, der gerade lief, langte es ja – da wurden Versuchsanordnungen aufgebaut, Experimente durchgeführt und Formeln an die Tafel geschrieben.

Doch wie es denn so ginge in Deutsch oder anderen Fächern, in denen komplexe Zusammenhänge sprachlich darzustellen waren, fragte ich. Der Kollege schaute etwas melancholisch drein. "Ja – ", sagte er und machte eine Pause. Nicht besonders gut. Es gäbe aber auch die Kinder, die nie zum Unterricht erschienen und nur in der Kartei geführt wurden. Bei denen spielte es dann keine Rolle.

Integration war ein Prozess, der wohl rückwärts zu verlaufen schien, wenn die Frage nicht mehr zu beantworten war: Integration in was eigentlich? Wenn das, was die Eigenart eines Landes ausmachte, sich immer mehr verdünnte, entstand eher etwas anderes: Parallelgesellschaften. Immer mehr Bevölkerungsgruppen mussten miteinander auskommen. Die größte war die türkische; die gleichen Menschen, die wir in ihrer Heimat kennen gelernt hatten, übernahmen ganze Quartiere in der Nachbarschaft.

Es waren die kleinen Backsteinbauten, alle im gleichen Stil und mit den Gärten hinter den Häusern, in denen die Industriearbeiter gelebt hatten. Besonders typisch waren die ehemaligen Bergarbeitersiedlungen, kleine Reihenhäuser rechts und links der Straße, Häuschen an Häuschen, Straße an Straße, und auch hier die Gärten nach hinten, in denen der Kumpel von der Zeche früher seine Bergmannskuh, seine Ziege, gehalten hatte, oder seine Hühner, sein Gemüsebeet und seine Stachelbeeren.

Als Kinder hatten wir dort gespielt, je nachdem mit welchen Nachbarskindern wir befreundet waren. Jetzt war das alles fest in türkischer Hand. Von der Straße aus waren die Gärten nur teilweise einsehbar, doch am Stimmengewirr war zu hören, dass die Traditionen der Großfamilien weiter gepflegt wurden. An schönen Tagen breiteten sich Köfte- und Kebabschwaden appetitanregend in der Siedlung aus und im Hintergrund tönte orientalische Musik.

Teres hatte mich ermuntert, meine brachliegenden Türkisch-Kenntnisse aufzupolieren, aber woher die Zeit nehmen für abendliche Kurse an den Volkshochschulen? Also versuchte ich es in einer türkischen Buchhandlung. Was hatten sie da an einfacher Literatur, damit man sich wieder ein wenig hinein fand in die Sprache? Doch irgendwie kam ihnen mein Anliegen suspekt vor: Türkisch lernen als Deutscher? Mir begegneten zweifelnde Blicke, wenn nicht gar Argwohn – was führte der bloß im Schilde?

Danach kam auch die Erinnerung wieder an ein früheres Erlebnis. Ich hatte mit Teres meine Eltern besucht und wir machten einen kleinen Gang durch die Stätten meiner Kindheit. Im Quartier wohnte kaum

197

noch jemand mit deutschen Wurzeln. Ein Sonntag-Nachmittag im Sommer. An einer Ecke standen Männer, die leicht zu erkennen waren als Türken.

Im Vorübergehen grüßte ich mit ein paar Floskeln und sie stutzten. Einer von ihnen war ich augenscheinlich nicht, aber wieso redete ich in ihrer Sprache? Eine Mischung von Neugierde, Argwohn und einem Ausdruck des Lauerns spiegelte sich in ihren Blicken.

Ein Mann in gesetzten Jahren trat zu mir – man hätte ihn in seiner Heimat eingeschätzt als einen biederen, gestandenen Familienvater – und fragte: "Willst du uns das Mädchen verkaufen?" Aha! Das also war es, was sie dachten: Sie hielten mich für einen Zuhälter, der seine Ware anbot! Teres stand neben mir in ihrem duftigen Sommerkleid und sah tatsächlich aus wie ein Mädchen.

Die Männer mussten sich jedoch sagen lassen, dass das nicht gut anginge: In ihrer Heimat würde auch niemand seine Frau verkaufen. Es war ihnen peinlich, denn sie wussten genau, dass die Ehre ihrer Frauen unantastbar war, außer es wollte jemand Mord und Totschlag riskieren. Doch in Deutschland schienen sie andere Erfahrungen gemacht zu haben.

Teres verstand nicht, worum es ging, aber sie ahnte es. Sie nahm die Sache gelassen und konnte nachvollziehen, was die Männer so antrieb. Später sagte sie: "Ich danke dir auch schön, dass du mich nicht verkauft hast!" Und das vor der eigenen Haustüre!

Doch die Angelegenheit war vielschichtig; man traf auch auf Menschen, die angenehm überrascht waren, wenn sie die Laute der eigenen Sprache hörten und sich freuten, dass man gut über ihr Land redete. Von Zeit zu Zeit, wenn wir die Kinder bei einer Nachbarin gut aufgehoben wussten, gönnten wir uns einen Abend in einem türkischen Esslokal.

Man kannte uns schon ein bisschen, reservierte uns den besten Platz und bediente uns mit ausgesuchter Höflichkeit. Zu Teres sagten sie, wenn sie ihr servierten,

"Buyrun Hanımefendi", und blieben manchmal noch eine Weile am Tisch, um uns auszufragen über unsere Erlebnisse in ihrer alten Heimat.

Wir hatten Pläne und Hoffnungen gehabt, aber sie ließen sich nicht verwirklichen. Woran es bei mir haperte, war offensichtlich. Doch auch Teres fühlte eine rätselhafte Mattigkeit. Immer öfter drängte sich uns der Gedanke auf, wieder in eine Welt zu ziehen, in der wir zu gesunden hofften. Sprachen wir davon, nahmen die Kinder es locker; sie würden sich überall zuhause fühlen, wo auch wir waren. Nach vier Jahren packten wir zusammen, um zurückzukehren in Teres' Heimat.

Leid tat es mir nur um die Arbeit mit den Schülern, die ihrerseits fanden, wir sollten doch bleiben. "Gefällt dat Ihnen nich mehr im Ruhrpott?" fragten sie. Doch, doch, ich war ja hier aufgewachsen, aber wir hatten unsere Gründe. Nur, was wäre dazu schon zu sagen gewesen, wenn wir selber nicht genau wussten, was los war mit uns? "Ich komme wieder mal vorbei", sagte ich, "dann wollen wir schauen, was aus euch geworden ist."

Ergaben sich in späteren Jahren wirklich Besuche in der alten Heimat, begegneten mir junge Männer und Frauen, zu denen man aufschauen musste, um sie zu begrüßen: "Tach, wie geht dat denn so?" Wie hatten sie sich verändert! Man wusste natürlich, dass man sich kannte, aber es war zuweilen doch ein inneres Rätselraten bei der Frage, wer war wer. Bis sie mir dann gutmütig auf die Sprünge halfen und mich an ihre Namen erinnerten.

12. Jahre der Vollendung

Der Bauernhof bot Arbeit und Auskommen wie zuvor. Die Kinder hatten gewechselt in ihre neue Schule und fühlten sich dort geradeso zuhause wie in der alten. Wir lebten und es ging weiter, aber die gesundheitliche Besserung trat nicht ein in dem Umfang wie erhofft. Durch Freunde hatten wir Zugang zu einem Ferienhaus in den Bergen. Bei Wanderungen und nach den ersten Anlaufschwierigkeiten wurde meine Atmung besser und das Vergangene erschien wie ein verblassender Albtraum. Im Anblick der fernen Gebirgsketten und tief durchatmend fragte ich mich, ob die Beschwerden nur Einbildung gewesen waren. Es ging mir doch gut! Doch zurück im Flachland dauerte es nur einen Tag und alles war beim Alten.

Teres erging es wiederum anders. Natürlich freute sie sich – das Leben in der freien Natur, die frische Luft, die Ruhe, die nur vom Gezwitscher der Kinder unterbrochen war – aber sie fühlte ihre Mattigkeit in der Höhe fast stärker, wie einen zu starken Reiz. Vielleicht brauchte alles seine Zeit. Oft genug hatte sie ja zu hören bekommen, dass eine gewisse Erschöpfung bei vielbeschäftigten Müttern ganz normal sei.

Trotzdem waren es noch friedliche Jahre, die wir erlebten. Die Familie war wieder gewachsen und wie jedesmal bei einer Schwangerschaft war es Teres besser gegangen. Die Hebamme, unsere Nachbarin, fand, sie wäre fast schon überflüssig. Auf jeden Fall wäre sie nicht besorgt, dass wir uns nicht zu helfen wüssten, sollte sie einmal verhindert sein, bei Weltuntergang oder ähnlichen Kalamitäten.

Für alle, die auf dem Hof lebten, bedeutete das viel Arbeit. Die Vermarktung der hofeigenen Produkte erforderte einen wachsenden Anteil an Büroarbeit. Teres meldete sich mit ihrer sanften Stimme am Telefon, um die Wünsche der Kunden entgegenzunehmen. Sie besorgte den Haushalt und einen Garten, und sie war eine liebende Mutter für ihre Kinder.

Im Sommer fing der Tag wieder an wie gehabt. Die älteren Mädchen hatten ihre Vorstellungen von Freiluftleben umgesetzt und suchten sich mit Schlafsäcken und Matten geeignete Plätze auf der Terrasse oder auf der Wiese hinter dem Haus. Schliefen sie hinten, konnten sie fast sicher sein, im ersten Morgenlicht von der schnatternden Schar der Gänse besucht zu werden. Das hatten sie sich selber eingebrockt; sie hatten sie mit Leckerbissen aus den Küchenabfällen gefüttert. So etwas vergessen Gänse nicht und beweisen Anhänglichkeit. Wer weiß, ob sie mit ihren langen Hälsen nicht selber unter Decken und Schlafsäcken nachgesucht hätten – dem Gekreische nach der Töchter fehlte nicht mehr viel. Das Gaudi wäre perfekt gewesen, hätten die Gänse nicht ab und zu einen Klecks fallen lassen. So musste eben doch eine gewisse Distanz gewahrt bleiben. Bekamen sie dann nichts, zogen sie wieder ab.

Bei den Katzen auf der Terasse gab es dergleichen Probleme nicht. Sie dienten gerne als Kopfkissen oder Halskrause und wenn sie sich schleckten, wurde manchmal Backe oder Ohr der jeweiligen Schläferin mitgewaschen. Problematisch wurde es nur, wenn sie Junge hatten. Die wollten auch dabei sein, was manchmal zu einem kleinen Gerangel führte.

Barry, der Hofhund, war weniger aufdringlich. Er nahm seinen Platz ein etwas abseits und beschaute sich die Idylle. Er war schon älter und abgeklärt. In seinen jungen Jahren wäre er wohl um jede herumgesprungen und wäre ihr als Gunstbeweis, schlapp schlapp!, mit der Zunge übers Gesicht gefahren.

Blieben noch die Kühe, die auf der Weide am Zaun standen. Sie kamen nicht an die Äpfel heran, die auf unsere Seite auf den Boden gefallen waren von den

Bäumen. Die Töchter machten eine Mutprobe daraus, wer sich getraute, ihnen einen Apfel direkt ins erwartungsvoll aufgerissene Maul zu stecken. Gutmütig waren sie ja, aber was hatten sie – oh nein! – für große Mäuler im Vergleich zu einer zarten Kinderhand.

Etwas weniger gutmütig war der Bulle, der zudem auf den sinnigen Namen "Sieger" hörte. So benahm er sich dann auch. Einmal nachts entwich er aus seiner Umzäunung und im ersten Morgengrauen war zu hören, wie er auf dem Parkplatz seine Hörner an der Karosse unseres Autos ausprobierte. Bevor ein Knüppel gefunden war, ihm Respekt beizubringen, hatte er schon eine Beule produziert.

"Chömmid Töchtere, es isch Zyt", rief Teres und fing an, der ersten zu helfen mit den langen Haaren fertigzuwerden, beim Bürsten, Kämmen und Zöpfeflechten. Die anderen packten ihre Schulsachen zusammen, in die sie noch einen Blick geworfen hatten oder deckten schnell den Frühstückstisch fertig. Eine kam aus dem Stall mit frischer Milch und die Kleinen schauten, was am großen Zwetschgenbaum heruntergefallen war an Früchten. Waren sie überreif, konnte man sie wie Konfitüre aufs Brot streichen. Aber Achtung, die Wespen!

Ringsherum saßen Katzen, schleckten die Milch von den Schnurhaaren und hofften auf mehr. Barry ließ sich sein Fell kraulen und wartete geduldig auf seinen morgendlichen Brotkanten.

Danach nahm der Alltag seinen Lauf. Die Schulkinder stiegen ins Auto und wurden zum Bahnhof gefahren. Die Kleinen hatten die Terrasse für sich und holten den Korb mit den Nüssen, um sie aufzuknacken mit einem Stein. Dass sie beim "Tätschen" auf ihre Daumen aufpassen mussten, hatten sie schnell gelernt. Sie waren vorerst beschäftigt mit ihrem harmlosen Vergnügen.

Allerdings war das Vergnügen nicht für alle so

harmlos gewesen. Eine der älteren Töchter hatte als kleines Kind nur aus der Entfernung zugesehen, wenn ihre Geschwister Walnüsse knackten, und doch fing ihre Gesichtshaut an aufzuschwellen, bis sie kaum noch aus den zugequollen Augen herausschauen konnte. Wir waren richtig erschrocken gewesen das erste Mal. Allergie! Nichts wollte helfen, außer dass sie auf Distanz blieb bei derartigen Beschäftigungen.

Schon bei der Geburt hatte sie eine starke Neurodermitis gehabt, überall war die Haut wund gewesen und alles Herumdoktern hatte nichts gebracht, Quecksilber auch das. Wieviel Zeit hatte Teres angewendet, die Haut geduldig zu pflegen und einzureiben, um den Juckreiz zu lindern! Später verloren sich die Symptome zum Teil.

Bis sie dann erwachsen war und während ihrer Ausbildung als Krankenschwester massiv unter Druck gesetzt wurde, sich vorbeugend impfen zu lassen. Unsere Ablehnung von Impfungen war damals noch vom Gefühl her gewesen, ohne dass wir die Zusammenhänge hätten begründen können. Irgendwann hatte sie sich nicht mehr wehren können gegen den Stoßtrupp der Durchimpfer an ihrem Krankenhaus.

Nach der Impfung war sie schlagartig wieder da, wo sie als Kind gewesen war: Mit der schorfigen Haut an Armen und Gesicht samt dem elenden Juckreiz rund um die Uhr, der ihr das Leben verleidete. Auch ihr "Fass" war übergelaufen. Heute, Jahrzehnte später, ist sie mir eine interessierte Gesprächspartnerin in Sachen Quecksilber-Ausleitung.

Tagsüber war ich oft auswärts beschäftigt oder hatte sonst zu tun auf dem Gelände. Zwischendurch aber ergab sich auch ein kleiner Besuch bei Teres. Wenn sie das Mittagessen vorbereitete, kam sie dazu gerne vor das Haus, um in der Sonne zu sitzen und das Gemüse zu rüsten. Ich setzte mich dazu für einen kleinen Schwatz.

"Weißt du, dass du immer noch meine Favoritin bist?" fiel mir zum Beispiel ein.

"So, so," machte sie.

"Echt! Im Grunde hättest du etwas Besseres verdient als Kartoffelschälen."

"Ach ja?" staunte sie. "Was wohl? Wie wär's mit Blumen? Hattest du mir eigentlich jemals schon Blumen geschenkt?"

Wusste ich gerade nicht auswendig, aber: "Moment! – das ließ sich nachholen – wird sofort erledigt," griff hinter mich in eine blühende Staude von Ringelblumen und steckte ihr eine der gelben Blüten ins Haar. "Damit auch jeder sieht, dass du meine Königin bist!"

"Toll! Jetzt bin ich der glücklichste Mensch von der Welt," sprach sie. "Es gibt Kartoffelpuffer zum Mittagessen."

Die Kinder kamen meist erst spät von der Schule, aber am Abend waren wir wieder zusammen und fanden uns zu gemeinsamem Tun. Teres hatte ein Talent zum Singen und manchmal hörte man sie tagsüber mit ihrer Blockflöte, wenn sie in Singbüchern nach Melodien stöberte, um sie mit uns am Abend einzuüben. Wir standen im Kreis und selbst die Kleinen krähten mit aus voller Kehle und vergriffen sich vielleicht weniger oft im Ton als ich, der aufgewachsen war in einer Umgebung, die nur Radiomusik kannte. In einem Kanon seine Stimme halten ohne zu stolpern, wollte geübt sein.

Eine andere Aktivität war das Malen. Eine der Töchter war eine wahre Künstlerin, Melanie. Wenn alle um den großen Tisch saßen inmitten von Pinseln und Papier und sich gegenseitig zu Farbexperimenten anfeuerten, saß sie still und konzentriert, und doch liefen zum Schluss alle zu ihr um zu schauen, was sie zustande gebracht hatte. Neidlos wurde ihr der erste Preis zuerkannt.

Was sie ebenfalls liebten, waren illustrierte Familienchroniken. Sie brauchten dazu einen großen Bogen festen Papiers, der über den ganzen Tisch reichte, so dass jedes einen Platz daran fand für seinen Beitrag. Das Thema ergab sich spontan, aber es war offensichtlich, dass Teres und meine Wenigkeit einen besonderen Stellenwert hatten mit Sequenzen, in denen alte Busse über Berg und Tal fuhren. Sie kannten das nur vom Hörensagen, weil sie ja nicht dabei gewesen waren, doch umso fantasievoller wurden die Dinge ausgeschmückt. War es fertig, drehte man das Kollektivgemälde auf dem Tisch im Kreis und kam zu immer anderen Impressionen.

Der Tag klang aus, indem sie die Geschichten auch noch erzählt haben wollten. Alles musste richtig "echt passiert" sein. "Wie war das damals genau gewesen? Ihr wart echt ganz oben in dem Leuchtturm?" wollten sie wissen. "Ist euch nicht schwindlich geworden? Und der Reiter, der vom Pferd gefallen war, wie groß war sein Loch im Kopf?"

Bei derart geballtem Interesse musste irgendwann der Erzählstoff ausgehen. Doch wir waren gerüstet und konnten auf weit Besseres zurückgreifen, als was wir selber zu bieten hatten – auf Bücher, die schon in der Jugend unsere Begleiter gewesen waren, zeitlose Kostbarkeiten, die weitergegeben wurden, um auch die Phantasie der nächsten Generation zu beflügeln.

War endlich die Arbeit des Tages getan, kehrte Ruhe ein. Eine Zeit, die wir alleine für uns hatten, in der wir uns trafen und in der wir manchmal nichts anderes taten, als uns anzuschauen. Es war nicht die Zeit für alltägliche Fragen, mit denen wir uns sowieso von früh bis spät zu beschäftigen hatten. Wonach wir in der stillen Stunde des vergehenden Tages suchten, war der Sinn hinter den Vorkommnissen des Lebens.

Auch Teres hatte in ihren jungen Jahren die Frage gehabt, ob das Alltagsgeschehen schon das ganze Leben ausmachte. Und sonst weiter nichts?

Sie war eine andächtige Seele und hatte im Inneren ein Gefühl und ein Wissen, von dem sie sich leiten ließ und nichts hätte sie dazu gebracht, dagegen zu handeln. Sie war in den üblichen kirchlichen Zusammenhängen aufgewachsen; sie hatten ihr nicht viel bedeutet. Für sie waren die gebotenen Weltbilder erklärungsbedürftig, aber auf die Suche nach Antworten begab sie sich selber. Als Kind war sie einmal in eine Missionsveranstaltung gelockt worden. Sie hatte wahrgenommen, wie ihre Kameradinnen glänzende Augen bekamen, wie sie mehr und mehr eingesogen wurden von dem inbrünstigen Treiben vorne auf der Bühne, Gesänge, Gebete, Weckrufe in sich steigernder Intensität – bis dann alle nach vorne kommen sollten, um dem "Herrn Jesus ihr Herz zu schenken". Vor allen Leuten! Von da an war sie für derartige Anlässe verloren.

Was sie suchte, fand nicht in äußeren Zeremonien und Lippendiensten statt, sondern wollte im eigenen Inneren gefunden werden. Mir war das nicht fremd, wir waren verwandte Seelen.

In meinen jungen Jahren war es noch so gewesen, dass man niemandem kommen durfte mit Fragen nach dem Höheren. Später dagegen wurden esoterische Themen durchaus gesellschaftsfähig. Dann konnte sich jeder etwas Passendes aussuchen. Ob sie das damals auch so erlebt hatte, fragte ich und meinte die Gurus jeglicher Schattierung, denen auf einmal alle Welt nachrannte.

Alle Welt – das waren die, die noch sagen konnten: Trau keinem über dreißig! Wir hatten dazu gehört, uns aber trotzdem nicht angesprochen gefühlt. "Es war einfach eine andere Art von Missionsveranstaltung", sagte Teres. Räucherstäbchen statt Weihrauch; wenn nicht gar noch seltsamere Rauchutensilien. Oder auch irgendwelche Pillen, Schnellaufzüge zum obersten Himmel. Der Anwender musste danach nur schauen, wie er seine Beine wieder auf den Boden kriegte.

Wie so viele, hatten auch wir unseren Weg finden müssen zwischen den Klippen der Versuchungen. Es wurden Einblicke angeboten in ein erweitertes Bewusstsein. Chakren wurden geöffnet und Auren geschaut, man musste sich nur den Gruppen anschließen, die hingebungsvoll genug ihre Mantren sangen. Oder man ging gleich auf die Pilgerfahrt zu einem Ashram nach Indien. "Indien, Teres! Weißt du noch? War das deine Intention gewesen, damals?"

"Nein," sagte sie, "das dort war jedenfalls ein handfestes Landwirtschafts-Projekt." Ihre Freunde in London hatten viel davon zu erzählen gewusst. Aber das war ja nun schon seit langem Schnee von gestern.

Wo man auch war: Überall war damals das Angebot der schnellen Wege zur Seligkeit. Doch wir hatten versucht, auf die innere Stimme zu horchen. Unsere Kultur, an deren Beginn das Ereignis stand, an das heute noch Tag für Tag der Kalender erinnert, indem begonnen wurde, seither die Jahre zu zählen – hatte sich Christus zu Beginn der Zeit ans Kreuz schlagen lassen, nur damit die Nachgeborenen sich in behaglicher Esoterik übten?

Wir bedachten die Angelegenheit, ob der Sinn unseres Daseins darin bestände, es behaglich zu haben. Wieviele Menschen gab es auf der Erde, die es definitiv nicht behaglich hatten, selbst wenn sie äußerlich im Überfluss lebten. Wäre uns gedient mit frommer Innenschau allein oder waren wir gefordert, nachzufolgen auf den holprigen Wegen der Wahrheit, die nie einfach und bequem waren?

"Vielleicht werden wir alle einmal ein Kreuz zu tragen haben wie Er", sagte sie.

In der Stille der halben Nacht zündeten wir eine Kerze an und schlugen die Evangelien auf. Die Bedeutung der Worte mochte sich durch die Jahrtausende in ihrem Sinn verändert haben, genauso wie durch die Übersetzungen aus längst verschollenen Sprachen.

Doch was wir mit dem Bewusstsein davon zu erfassen vermochten, wollten wir in unserem Inneren bewegen.

Meine Mutter wurde krank. Sie hatte Krebs, der aber nicht unbedingt einen aggressiven Verlauf genommen hätte mit schnellem Wachstum. Es wäre Zeit geblieben, abzuwarten und alles zu überdenken, doch die Zeit wurde ihr nicht gelassen. Es musste panische Reaktionen gegeben haben in ihrem Umfeld und mein Vater, robustes Urgestein und im ungebrochenen Glauben an die Wissenschaft, war keine Hilfe gewesen.

Meine Mutter wusste, dass etwas ganz anderes notwendig gewesen wäre, als was geboten wurde, aber es gab niemanden, der sie darin unterstützte und ihr wirklich beistehen konnte. Die volle Schärfe therapeutischer Maßnahmen wurde an ihr vollzogen. Als die ersten Familienfotos eintrafen, war ihr elendes und zusammengefallenes Aussehen erschütternd. Sie hatte durch ein wahres Martyrium zu gehen an Nebenwirkungen der Chemotherapie mit unerträglichen Hautreaktionen und Juckreiz.

Ich besuchte sie noch einige Male. Wenn sie nicht im Bett lag, konnte sie nur noch bewegungslos in einem Liegesessel sein. Wir saßen lange beieinander und konnten uns Dinge sagen, für die wir in vielen zurückliegenden Jahren nicht die richtige Zeit und die passende Gelegenheit gefunden hatten. Ihr Geist blieb klar, körperlich jedoch wurde es nicht mehr besser mit ihr, auch wenn sie noch ein paar Jahre lebte.

An was aber war sie schlussendlich gestorben? An Krebs? Wenn so, dann müssen die Nebenwirkungen der Therapie gewaltig nachgeholfen haben. Die Frage wird nie gestellt, ob Krebs ein Geschehen ist mit entarteten Zellen und wild gewordenen Molekülen, oder ein Aufschrei des Körpers gegen angesammelte Gifte, physische und psychische? Ein verzweifelter Versuch, sie unschädlich zu machen durch die Umstellung des Organismus auf "falsche" Stoffwechselprozesse?

Die Medizin der Zukunft wird vielleicht einmal diese Versuche sinnvoll unterstützen, statt noch mehr Gifte einzuspritzen, um missliebige Zellen auszurotten. Meine Mutter hatte ihr Leben lang versucht gesund zu leben. Aber wie die meisten hatte sie nicht überschauen können, was an Umwelt- und Seelengiften den Weg in unsere Körper findet. Und auch sie war ein Mensch gewesen, der, wenn nötig, arglos zum Zahnarzt gegangen war, ohne um die Folgen zu wissen.

Meinen Vater allerdings juckten dergleichen Überlegungen nicht. Hatte schon relativ früh ein Gebiss gekriegt, eine Vollprothese, und war fein raus ohne Amalgam. Für ihn war das alles kein Thema. Er fand auch, man mache viel zu viel Gedöns um solche Sachen, das war ja wissenschaftlich gar nicht bewiesen! Es ließ sich leben in der Welt wie sie war und damit hatte sich's.

Beruflich hatte er es bis zum Leiter einer kleinen Abteilung gebracht und sich durch den zunehmenden Stress Herzrhythmusstörungen eingehandelt. Da war es denn ein leichtes gewesen, ihm einen Herzschrittmacher einzureden und danach klopfte er sich zufrieden auf die Brust, sprach von seinem "Wecker" dadrin und wollte uralt werden.

Allerdings wäre ihm fast etwas dazwischen gekommen. In größeren Zeitabständen musste die Batterie ersetzt werden in einer kleinen Operation. Einmal fand man bei der Untersuchung, eigentlich bringe das nichts mehr an Lebensqualität. Also keine Batterie! Seine Pulsfrequenz sackte ab auf 30 Schläge pro Minute und mit seiner leeren Batterie befand er sich im gleichen Status wie ein Murmeltier im Winterschlaf-Modus. Bewegte sich, wenn überhaupt, nur noch im Zeitlupentempo. Schlechte Karten für jemanden, der noch allein in der eigenen Wohnung lebte. Bis dann meine Schwester, ebenfalls weit weg im Ausland wohnend, von dort aus

Dampf machte. Sie kannte sich aus in solchen Sachen und gab dem zuständigen Arzt den Tarif durch am Telefon und hatte ihm einiges zu erzählen. Danach ging es dann wieder, es gab eine neue Batterie und die funktionierte tadellos.

Im Übrigen hatten wir so ziemlich null Berührungspunkte auf den meisten Lebensgebieten. Hätten wir uns über gesundheitliche Fragen unterhalten – es wäre keine fünf Minuten gut gegangen. Politik desgleichen. Er war ein strammer Wähler der herrschenden Regierungspartei, befand sich im vollen Einklang mit dem jeweiligen politischen Programm und wusste auch exakt, wer der Weltfeind Nr. 1 war. Das gab keine rechte Gesprächsgrundlage zwischen uns beiden ab.

Es gab eigentlich nur ein einziges Thema, das aber war dafür unerschöpflich. Man brauchte nur zu sagen: "Du Papa, in Russland, wie war das damals gewesen? Eine Sache ist da noch unklar ..." und wir hatten Gesprächsstoff für den ganzen Tag. Besser gesagt: Erzählstoff. Er erzählte und ich hörte zu und erfuhr dabei immer neue Varianten.

Allerdings wandelte sich das Bild vom Weltfeind Nr. 1 zu dem einer unauslotbaren Tiefe der russischen Volksseele. Versunken in seinen Erinnerungen war ihm nicht bewusst, dass seine Erzählungen von den Jahren seiner Kriegsgefangenschaft nicht unbedingt nur als Horrorgeschichten ankamen, sondern auch als menschliche Zeugnisse einer ganz anderen Kultur.

Das System in den Lagern war hart und unmenschlich, wie Systeme sind auf der ganzen Welt. Aber es traf beide Seiten. Sie mussten miteinander auskommen und Tag für Tag das Beste daraus machen – aus dem Hunger, der Kälte und dem Mangel auf allen Gebieten. "Die armen Schweine hatten ja selber nichts," brachte mein Vater es auf den Punkt und meinte seine Bewacher. Mit diesem Nichts lebten sie einträchtig Seite an Seite.

Wie hatte sich sein Schicksal schlussendlich gewendet? Als Schreiner war er einer Baugruppe zugeschlagen worden. Manchmal froren sie sich auf Baustellen ohne Material und Werkzeug untätig die Seele aus dem Leib, zusammen mit ihren Bewachern – oder hätte man sie Kollegen nennen sollen? Manchmal auch hatten sie Arbeit in Werkstätten, aber immer noch unter primitivsten Umständen.

Eine der Lagerärztinnen sah ihn dort eines Tages, wie er aus einem Nichts doch noch ein Irgendetwas fertigte. Sie fasste Vertrauen zu seinem handwerklichen Geschick und kam mit der Ruine eines undefinierbaren Möbelstücks. Wahrscheinlich wäre sie schon glücklich gewesen, wenn irgendein Scharnier wieder gegangen wäre oder ein Loch zugenagelt.

Stattdessen zweigte mein Vater hier und da dieses und jenes Material ab und baute schlussendlich daraus einen kleinen Schrank. Die Frau hätte fast der Schlag getroffen, vor Freude. Dass sie ihm nicht zum Dank um den Hals gefallen war, lag wohl nur an dem strengen Lagerreglement, das dergleichen nicht vorsah. Leider konnte sie aber ihrer Dankbarkeit auch sonst keinen Ausdruck verleihen, nicht einmal mit einer zusätzlichen Ration Brot – sie hatte selber kaum genug.

Es gab in gewissen Zeitabständen Musterungen, bei denen die Gefangenen von einer Kommission begutachtet wurden. Bevor sie nur noch Haut und Knochen waren, untauglich zur Arbeit, wurden die Kranken und am meisten Ausgemergelten ausgesondert für die Entlassung. Eines Tages war die Ärztin ebenfalls in die Kommission berufen worden. Mein Vater sah sie im Hintergrund einreden auf den Schriftführer mit der Liste. Und so kam er zu seiner Entlassung, auch wenn er vielleicht noch nicht zu den ganz Abgezehrtesten gehörte. Eine Frau, deren Land als "Weltfeind" gebrandmarkt wurde, hatte ihren Dank abgestattet. Ohne sie hätte ich meinen Vater vielleicht nie kennen gelernt. Mit einem

Gefangenentransport und Zwischenstationen in mehreren Auffanglagern kam er endlich nach Hause.

An einem Sonntagmorgen, als schon die ersten Herbstnebel durch die Büsche zogen, saß ich am Fenster meines Arbeitszimmers, das auf den Garten blickte. Über das Gras zogen sich feine Spinnweben, beperlt von kleinen Tautropfen. Der Sommer verabschiedete sich.

Hinter mir öffnete sich die Tür. Ich wusste, dass es Teres war und wartete auf die sanfte Berührung ihrer Hände auf meinen Schultern, wie es ihre Art war. Doch sie kam nicht. Nach einer Weile stand sie immer noch in der Türe und schaute mich an. Eine Hand, mit der sie ein Taschentuch hielt, war wie absichtslos erhoben an ihren Mund. Mir war, ihr Blick wäre ernst – war etwas? Sie kam zu mir, nahm die Hand vom Mund und zeigte das kleine Tuch. Es war voller Blut.

War es ein Alptraum? Der Morgen hatte so friedlich begonnen, dass wir nicht an eine drohende Katastrophe glauben konnten. Hatte sie Schmerzen, kam noch mehr Blut? Nein. Als wir später mit Freunden telefonierten, wurden uns trostreiche Antworten geboten. Auch sie waren betroffen, aber konnten nicht glauben, dass etwas Ernsthaftes vorlag. Sicher war irgendwo nur ein kleines Äderchen geplatzt. Das konnte doch sein! So etwas kam vor zum Beispiel bei Nasenbluten und ehe man sich versah, war es wieder vorbei. Eine Beschwichtigung, wie man im Notfall ja auch nach einem Strohhalm greift, um sich festzuhalten. Es wurde ein sehr stiller und nachdenklicher Tag. Die Kinder merkten, in welcher Stimmung wir waren und ließen uns allein. Sie konnten sich selber beschäftigen.

"Warum", sagte Teres, "warum passiert mir das nur, ... ich bin doch sonst von Unheil verschont worden." Lungenembolien, das lag schon so lange zurück, dass es kaum noch im Gedächtnis war.

Bei mir hätte es schon eher mehr als einmal ins Auge

gehen können. Immer, wenn man an nichts Böses dachte und schnell etwas nebenbei erledigte, ohne richtig mit seinen fünf Sinnen bei der Sache zu sein, dann passierte es. Doch bis jetzt war es gut gegangen, auf Baustellen zum Beispiel.

Teres hatte es einmal mit ansehen müssen, wie eine abstürzende Last mich knapp verfehlte, als sie gerade in der Nähe stand. Später hatten wir kaum darüber gesprochen, nur ein paar leise Worte des Dankes an die Vorsehung des Schicksals. In der Nacht war ich erwacht mit einem kalten Schauder. Dann war die Wärme des Körpers zu spüren, der neben mir lag und das Gefühl für das Leben kehrte zurück. Jemand hatte aufgepasst auf mich, wie schon des Öfteren. Würde Er auch auf Teres aufpassen?

Doch sie sagte, sie empfinde, dass etwas Dunkles auf sie zukäme. Als wir am nächsten Tag einen Arzt aufsuchten, gab es keine weiteren Symptome mehr, keine Schmerzen, kein Husten, kein Blut. Zu den theoretischen Erörterungen, was es hätte gewesen sein können, zählte auch die Möglichkeit einer Lungenembolie. Aber das hätte sich nachträglich nur in einem Szintigramm gezeigt, bei dem nach der Gabe radioaktiver Substanzen ins Blut der Durchfluss durch die Lunge in Röntgenbildern sichtbar gemacht würde. Wollten wir das? Wir entschlossen uns abzuwarten.

Ein Jahr verlief ohne weitere Auffälligkeiten. Nur dass Teres ein Gefühl von zunehmender Kraftlosigkeit hatte, ohne es direkt mit Namen benennen zu können. Sie sagte nur, dass sich in ihrem Inneren manchmal ein schmerzhafter Druck aufbaute, wie eine eiserne Klammer um ihren Brustkorb.

Auf Spaziergängen bat sie um Pausen, um Atem zu schöpfen. "Was konnte ich rennen als Kind, niemand hat mich erwischt," sagte sie und schaute ihren eigenen zu, die Fangen um sie herum spielten. Doch dann kamen wieder Tage, in denen es besser zu gehen schien und wir vergaßen die Sache.

In dieser Zeit fing es an, dass Teres Träume hatte. Auch da konnte sie zuerst nicht sagen, was es war, das sie erlebte. Nur dass etwas in ihr Leben drang, das sie innerlich erschütterte. Nachts wachte sie auf und stieß einen Schrei aus. Ich hielt sie und fast sofort beruhigte sie sich, schüttelte den Kopf, wie um etwas abzuwehren und war schon wieder eingeschlafen. Am Morgen konnte sie sich an nichts erinnern.

Später dann aber doch. "Was habe ich nur geträumt, ich habe dich die ganze Nacht gesucht. Wo warst du nur?" Hier, sagte ich, direkt neben ihr.

"Das weiß ich doch." Sie lächelte traurig. "Natürlich warst du hier; aber da, wo ich war, eben doch nicht. Überall musste ich dich suchen. Alle Menschen musste ich anschauen, aber du warst nicht dabei."

Jetzt wäre ich aber da. Und bliebe auch, Ehrenwort, war mein schwacher Versuch, sie zu trösten.

Eines Morgens wachte sie auf und hatte Tränen in den Augen. Sie wollte etwas sagen, aber wandte sich ab und ein Schluchzen schüttelte sie. Erst nach einer Weile konnte sie mich anschauen. Ihre Augen schwammen immer noch in Tränen, aber plötzlich war es gar nicht mehr sicher, waren es Tränen der Verzweiflung oder waren es Tränen des Glücks?

"Ich habe so etwas Schönes gesehen," sagte sie, "nie hätte ich gedacht, dass es das gibt. Es war eine andere Welt, in der ich auf einmal war."

Im Traum war sie in eine weiße Stadt gekommen in ein strahlendes Licht, das aber ihren Augen nicht weh tat. Sie suchte nach Worten, es auszudrücken. Nicht nur war das Licht da, es war auch eine Flut von Liebe gewesen, die sie umgab. Ein Wesen im Besonderen war bei ihr in einem weißen Gewand, beugte sich über sie und berührte ganz zart ihr Inneres. Wie es das tat, den Blick der Augen – sie wusste es nicht, obwohl sie sicher war, nie jemandem so nahe gewesen zu sein. Ein Strom der Wärme war dabei auf sie übergegangen und alles war wieder gut.

In der Stadt war es gewesen, als käme sie in etwas, das sie längst kannte. Alles stand vor ihrem inneren Auge, dass sie es jederzeit wieder erkennen würde. "Vielleicht ist es der Ort, wohin ich gehen muss. Aber du warst nicht dabei ... ich werde alleine sein dort ... wie finde ich dich wieder ...?"

Doch auch von Träumen erzählte sie, bei denen sie lange in dunklen Welten umhergeirrt war und nicht zurückgefunden hatte. "Das war für meine Sünden," sagte sie leise.

Sünden? Sie, die sie pure Sanftmut war und keiner Fliege etwas zu Leide tat? Was konnte sie schon an Sünden begangen haben? Doch sie blieb dabei. Dinge, die Jahrzehnte zurückliegen mochten, stiegen wieder auf. Eine Bitte an sie vielleicht, die sie nicht erfüllt hatte, obwohl es nicht viel gekostet hätte. Ein Mensch war berührt gewesen von der Anmut ihrer Jugend und sie war mit einem Lachen darüber hinweggegangen. An ihrer Tür war angeklopft worden und sie hatte nicht aufgetan. Wie, wenn Christus selber es gewesen wäre? All das, lange vergessen, stand wieder vor ihr und fiel ihr schwer auf die Seele als Sünde.

Und das in einer Welt, in der uns einredet wurde, dass Sünden nicht mehr existierten. Alles, wenn wir es nur selber so fühlten und wollten, war in Ordnung, auch das Abartigste, kein Problem! Die Moral war weitgehend abgeschafft – aber in den Träumen kehrte sie zurück und forderte Rechenschaft.

Dann hatte uns der Alltag zurück, die tägliche Arbeit, der Haushalt und die Familie. Trotz dunkler Schatten war unser Leben wie von einem Licht überglänzt, das uns nicht mehr verließ. Teres wurde noch einmal schwanger und es ging ihr so gut, wie es besser nicht hätte sein können.

Die älteren Töchter waren schon so groß und verständig, dass sie uns viele Arbeiten abnahmen, ohne dass wir sie besonders gebeten hätten. Auch die Geburt war leicht und Mutter und Kind waren wohlauf, bis auf die leidige Neurodermitis. Hatten wir überhaupt einen Anlass zur Sorge?

Wovon wir jedoch immer noch nicht das geringste Bewusstsein hatten, war die fortschreitende Quecksilbervergiftung. Tag für Tag, Jahr für Jahr löste sich das Gift durch den Speichel aus den Zahnfüllungen, mochte die Menge auch gering sein, sie häufte sich an, unaufhörlich; ein Prozess, der nur bei den Schwangerschaften unterbrochen war.

Es betraf nicht nur uns allein. Der Verdacht auf das Gift kam auf, wenn man von Bekannten und Nachbarn hörte, es ginge nicht mehr gut. Natürlich, man wurde älter und es fing ja auch ganz harmlos an; sie vergaßen Dinge, reagierten heftiger auf Belanglosigkeiten, als man es gewohnt war, oder äußerten Ansichten, die nur mit Mühe nachzuvollziehen waren.

Über Jahre hinweg ging es bergab mit ihnen in Richtung Alzheimer. Auch bei ihnen wird Amalgam seine unheilvolle Rolle gespielt haben, selbst wenn es noch andere Faktoren gab wie ungute Ernährungsgewohnheiten, Umweltgifte usw.

Erschütternd dann das Ende in einer Pflegeeinrichtung. Der Blick ging ohne ein Erkennen durch einen hindurch. Eine Wärterin kam mit der Mahlzeit und gab den Löffel in die Hand. Der lebenslange Automatismus des Essens funktionierte vielleicht noch schwach, manchmal erreichte der Löffel den Mund, manchmal musste nachgeholfen werden.

Beim Abschied dann, wenn man versuchte, alles Gute zu wünschen, die leblose Hand hielt, deren festen Händedruck man viele Jahre gespürt hatte – manchmal war es noch wie ein letztes Aufblitzen des Wiedererkennens; in den Augen schimmerte die Qual einer hilflosen Seele.

In den Monaten nach der Geburt war Teres wieder voll im Einsatz und sie war glücklich mit ihrer großen Familie. An einem Sommertag fuhr sie mit Kindern und Bekannten zu einem großen Feld mit Erdbeeren zum Selberpflücken. Alle kamen auf ihre Kosten. Erdbeersatt und mit vollen Bäuchen, rundherum zufrieden, kamen sie am späten Nachmittag zurück. Aus dem Fahrzeug schleppten sie die Körbe voller Früchte, die zum Einmachen bestimmt waren. Teres stand inmitten der Schar, überblickte das Ausladen durch ihre kleinen Helfer und hatte für jeden ein Scherzwort.

Auf der Terrasse vor der Werkstatt befand sich eine zerlegte Maschine. Ich schaute auf von meiner Arbeit und sie stand da in ihrem Sommerkleid, immer noch das blühende Leben. Sie kam zu mir und erzählte freude-strahlend, wie sehr die Kinder den Tag genossen hatten.

Da fiel mein Blick auf ihre Füße. Sie trug nur leichte Sandalen an diesem warmen Tag. Die Haut hatte eine rosige Farbe. Dort wo die Riemen der Sandalen waren, schienen sie die Haut etwas einzudrücken, so dass das Fleisch seitlich ein wenig aufquoll. Minimal nur, aber doch sichtbar. "Ist was mit deinen Füßen, Teres?" – "Ach", erwiderte sie, "das ist nichts. Ich lege die Füße ein wenig hoch, dann gibt sich das."

Für den Moment konnte es bei dem bleiben, aber am Abend, alleine im Zimmer, ging mir die Sache wieder durch den Kopf. Im Bücheregal stand ein medizinisches Lexikon. Es dauerte eine Weile, die Symptome einzu-ordnen. Doch was zu finden war, konnten die Anzeichen eines beginnenden Herzversagens sein.

Ärztliche Abklärungen ergaben wieder nichts Spezi-elles. Sich schonen und dazu eine Reihe von Aufbau-mitteln, um die Kräfte wiederherzustellen – das war alles. Wir gingen wie Blinde auf ein Schicksal zu, das verborgen vor uns lag.

Doch die Zeit kam, dass Teres' Zustand bedrohlicher wurde. Noch war es nicht so weit, dass wir uns ganz der Apparatemedizin überlassen hätten. Ein Lungenszintigramm, wie es in einem Gespräch angedeutet worden war, hätte wohl alles an den Tag gebracht. Aber hätte es etwas geändert?

Um das ganze Bild zu zeichnen, wie es sich uns und auch allen beteiligten Ärzten erst nach und nach ergab, muss den Dingen vorgegriffen werden. Zu einem späteren Zeitpunkt, als Theres' Zustand schon ganz und gar nicht mehr gut war, sie immer schwächer wurde und im Krankenhaus lag, war tatsächlich ein Szintigramm gemacht worden.

Sie hatte dazu in ein spezielles Institut gebracht werden müssen. Da keine Ambulanz zur Verfügung stand, war nichts übrig geblieben, als sie im eigenen Fahrzeug zu bringen. Als das Resultat vorlag, machte mir der diensthabende Arzt massive Vorwürfe, warum eine so schwerkranke Frau ohne Sicherheitsmaßnahmen transportiert wurde. Ich wusste es auch nicht. Zurück im Krankenhaus, bei der Suche nach einen Rollstuhl vor dem Eingang, damit Teres nicht zu laufen brauchte, gab es schon eine Anzeige wegen unerlaubten Parkens. Als ich auf die Station kam und sie dort den Verdacht hatten, ich wolle selber in den mitgegebenen Bericht hineinschauen, wurde er mir vom Pflegepersonal aus der Hand gerissen mit der Bemerkung: "Das ist nicht für Sie!" Als ich um Aufschluss bat beim Chefarzt, der sich zuständig erklärt hatte für den Fall, ließ er mich einfach stehen.

Doch ich hatte schon genug gesehen. Auf der Fahrt unterwegs bei einem Halt auf einem Parkplatz hatte ich den Untersuchungsbericht eben doch selber geöffnet und mir war der Atem weggeblieben. Auch mir als Laien wurde klar, was da zu sehen war. Es waren die Bilder von

Teres' Lunge, auf denen die durchbluteten Partien sich abzeichneten und überall durchsetzt waren von Löchern, den abgestorbenen Bezirken, in denen keine Durchblutung mehr stattfand – das Narbengewebe ihrer Embolien, frischen und alten, die sie im Leben gehabt hatte. Teres lag gebettet auf den Rücksitzen; sie musste mein Erschrecken bemerkt haben. Hätte sie eine Erklärung verlangt, hätte ich ihr dann auch sagen müssen: Das ist nicht für dich?

Später wurden die Symptome genauer beschrieben. Dass ein gewisser Teil der Lungenkapazität ausgefallen war, hätte der Körper verkraftet. Das Problem waren die zugrunde gegangenen Kapillaren, diese feinsten Äderchen, in denen der Sauerstoffaustausch in der Lunge stattfindet. Das Blut staute sich dort, es gab keinen freien Durchfluss mehr und das Herz hatte gegen einen stetig steigenden Druck anzupumpen. Dadurch war es immer größer, aber auch schwächer geworden, bis es in Gefahr geriet, ganz zu versagen. Cor pulmonale nannten sie das, Lungenherz.

Teres hatte Blutverdünnung erhalten und andere Medikamente, die als unverzichtbar erklärt wurden, bis man sie kommentarlos strich und durch andere ersetzte. War es nur noch ein bloßes Experimentieren an ihr? Nirgendwo eine Antwort.

Mit dem heutigen Wissen ist offensichtlich, dass es auch nie eine Antwort gegeben hätte, weil die Quecksilber-Problematik nicht im Entferntesten erkannt war oder nicht angesprochen werden durfte. Teres wurde immer kränker und das Gift häufte sich stetig weiter an in ihrem Körper.

All das vollzog sich innerhalb eines Jahres. Zum Schluss konnte sie das Bett nicht mehr verlassen. Ich sah ihre Tränen der Verzweiflung und des Schmerzes, wenn sie von dem Druck in ihrem Inneren wie von einer eisernen Klammer sprach. Doch vor den Kindern konnte sie es verborgen halten.

Es war immer noch ihr "Mueti", auch wenn sie im Bett lag. Sie war unser aller Mittelpunkt, mehr als jemals zuvor. Das Bett stand an zentraler Stelle und alle kamen mit ihren Anliegen zu ihr und jeder wurde mit einem lieben Wort oder einen guten Rat bedacht. Wir saßen um sie herum und wenn es etwas zu essen gab, hätten wir ihr das Feinste und Beste gebracht, das nur zu haben war. Nötig gehabt hätte sie es, sie wog kaum noch vierzig Kilo. Aber sie lächelte nur und schüttelte leise den Kopf.

Es gab Zeiten, da sie so elend war, dass wir sie ins Krankenhaus bringen mussten, wo sie an alle möglichen Schläuche und Apparate angeschlossen wurde. Wie waren wir froh, wenn sie dann nach ein paar Tagen wieder nach Hause durfte! Als hätten wir uns Ewigkeiten nicht gesehen. Dabei war ich jeden Tag im Krankenhaus gewesen.

Doch dann gab es noch einmal Zeiten, da ging es besser. Sie stand auf und konnte herumlaufen. Im Sommer ging es sogar so gut, dass wir eine Reise mit ihr unternahmen. Im Herbst kamen dann wieder Rückschläge. Es war ein Auf und Ab. Immer wieder schöpften wir Hoffnung um weiterzumachen, komme was wolle. Und es war auch immer so, dass wir kleine Fortschritte zu bemerken glaubten, zum Beispiel, wenn sie einen etwas herzhafteren Appetit hatte. Manchmal verlangte sie sogar eine etwas robustere Nahrung. Bei so einer Gelegenheit geschah es, dass etwas abbrach an einem Zahn und sie etwas ausspuckte. Es war eine große Amalgamplombe.

Erst zwanzig Jahre später wurde mir klar, was danach wirklich ablaufen war. Wie ich sehenden Auges und doch blind ins Verderben stolperte und selber mithalf, die Katastrophe loszutreten. Ich hatte doch nur das Beste für sie gewollt! Dass ihre Zähne in Ordnung gebracht würden und sie wieder in der Lage sein sollte, gesunde und kräftige Kost zu sich zu nehmen!

Ein Zahnarzt hatte sich nach Schilderung der Lage bereit erklärt, einen längeren Termin zu reservieren für die Zahnreparatur, zu der sie gebracht und gleich in den Behandlungsstuhl gelegt werden konnte. Nach Abschluss der Behandlung hatte der Zahnarzt fachlich eine hervorragende Arbeit geleistet. Mehrere Zähne – weil auch andere nicht mehr in Ordnung zu sein schienen – waren saniert und von Grund auf neu aufgebaut. Alles mit Amalgam.

Keine vier Wochen später war Teres tot.

16. Abschied

Welche Worte könnten ausdrücken, was wir empfanden? Wie ich zurückkehrte vom Krankenhaus und nicht wusste, wie die Nachricht meinen Lieben zu bringen? Ich ging langsam über den Hofplatz auf die Fenster der Küche zu, wo gerade alle um den Mittagstisch saßen; in meinen Händen die rote Rose, die ein lieber Mensch als letzten Gruß ans Krankenbett gestellt hatte. Meine Schritte wurden noch langsamer, bis ich stehen blieb. Man sah mich von innen und wusste auch ohne Worte, was geschehen war. Hände erhoben sich, wie um drohendes Unheil abzuwehren, aber es gab nichts mehr abzuwehren. Beim Öffnen der Türe ... das Schluchzen ... die Tränen ...

Doch das Leben ging weiter. Die Kinder fanden sich in ihr neues Dasein hinein, auch wenn etwas fehlte, das selbst nach vielen Jahren nicht zu ersetzen war. Ich selber musste mir das Vergangene immer wieder ins Gedächtnis rufen und mir war, wir hätten nie intensiver gelebt als in der letzten Zeit unseres Zusammenseins.

Hatte Teres sich mit ihrem nahenden Tod innerlich auseinandergesetzt? Es ist anzunehmen, aber wir hatten nie direkt darüber gesprochen. Tod war etwas, das nicht zu unserem Leben passen wollte, eine Familie mit sieben Kindern, das jüngste noch keine zwei Jahre und das älteste gerade erst vierzehn. Wir hatten noch so viel zu tun! Das Leben fing erst an. Immer wieder hatten wir uns gegenseitig versprochen nicht aufzugeben, trotz aller beängstigenden Symptome wie dem rätselhaften Kräfteverfall, dessen Ursache nie erkannt wurde. Im Grunde wussten wir längst, dass wir von der heutigen Medizin nicht viel zu erwarten hatten. Wir mussten unseren Weg selber finden und annehmen, was auf uns zukam.

Für Teres war es ein Geschehen, das einen anderen Menschen aus ihr machte. Sie erzählte von ihren Träumen und Ahnungen, auch wenn sie von inneren Erlebnissen oft nur schwer sprechen konnte, weil sie erst nach Worten suchen musste. Es war ein Reifungsprozess, den sie durchmachte. Zu Zeiten konnte ich sie nur ungläubig anschauen, wenn sie etwas aussprach wie aus verborgenen Quellen, nach denen ich schon so lange suchte.

Wir waren beide auf der Suche gewesen und das umso mehr, je hinfälliger ihr Körper wurde. Wir hatten so viele Fragen und oft war es, als kämen von irgendwo her Antworten und wir konnten sie in den Augen des anderen lesen, ohne dass sie ausgesprochen wurden.

Wir hatten es Teres bequem gemacht; halb aufrecht sitzend konnte sie sich im Bett anlehnen und hatte alles in erreichbarer Nähe, was sie brauchte: eine kleine Lampe, die Bücher, die ihr kostbar waren, Papier und Stifte, wenn sie etwas schreiben wollte, und die täglichen Kleinigkeiten. Gedanken reihten sich aneinander und wir wussten nicht, wo die Zeit blieb, wenn Stunde um Stunde verging, ohne dass wir es merkten.

Die Kinder hatten in solchen Zeiten die wunderbare Gabe sich unsichtbar zu machen. Sie spielten irgendwo im Haus und schauten zu sich selbst und die älteren sorgten für die jüngeren. Wir waren dankbar, dass wir ungestört bleiben durften.

Es war eine gemeinsame Suche nach Gott, auch wenn die Worte, mit denen wir uns vortasteten, ungeschickt gewesen sein mochten und hätte jemand zuhören können, wären sie ihm vielleicht wie krauses Zeug erschienen. Wir aber erlebten es als eine hohe Zeit, von der wir keinen Augenblick hätten missen wollen.

In ihrer letzten Zeit war es Teres wieder besser gegangen und sie hatte Phasen, in denen der quälenden Druck in ihrer Brust etwas nachließ und ihr Herz ruhiger schlug. Das war vor der unheilvollen Zahnbehandlung gewesen. Sie fühlte sich gestärkt genug aufzustehen und in die große Wohnküche zu kommen an den halbhohen Kachelofen mit der großen Sandsteinplatte, die zum Sitzen oder gar Liegen einlud. Es war ein chronisches Frösteln in ihr und die Wärme war ihr Lebenselement, ohne das sie nicht mehr sein konnte.

So saß sie dann stundenlang auf dem Ofen und eines der Mädchen, das zwar gerne mit den anderen schon in die Schule gegangen wäre, aber vom Alter her noch nicht durfte, saß bei ihr und strickte, häkelte und nähte mit ihr um die Wette. Geheizt wurde der Ofen mit den Reisigbündeln, die im Vorderjahr gebunden und getrocknet worden waren, um sie als Ganzes durch die große Ofentüre zu schieben. Manchmal stieg Teres von Ofen herab, setzte sich davor und schauten lange durch die offene Türe in das prasselnde Feuer.

Derweilen waren Arbeiten zu erledigen draußen auf der Terasse. Es schneite und der Wind trieb die Schneeflocken unter das Dach, wo wir mit hoch geschlagenem Kragen an den Geräten hantierten. Teres hatte Besuch gehabt und als er ging, kam sie mit hinaus, um ihn zu verabschieden. Eingehüllt in einen dicken Mantel schaute sie eine Weile unserem geschäftigen Treiben zu. Dann schüttelte sie gedankenverloren den Kopf und ging wieder hinein.

Weihnachten war nicht mehr weit. Es herrschte emsige Betriebsamkeit, Teig wurde angesetzt, ausgerollt und auf Blechen gebacken. Später saßen alle um den großen Tisch und schnitten Wände und Dächer für Lebkuchenhäuschen zurecht. Zusammengeklebt wurden sie mit Zuckerguss, verziert mit halbierten Mandeln und der Abfall wurde an Ort und Stelle entsorgt, nämlich aufgegessen. Teres auf ihrem Ofen musste alles gebührend begutachten, bis es am Ende ein ganzes Dorf ergab.

An Weihnachten konnte sie aufstehen und saß im Sessel bei uns an der geschmückten Tanne, auf der die

Lichter brannten. Wir lasen die Weihnachtsgeschichte und sangen die alten Lieder. Unter dem Baum lagen haufenweise kleine gebastelte Geschenke, geheimnisvoll eingepackt und zugebunden. Man freute sich am gegenseitigen Beschenken und packte begeistert aus, was gerade erst eingepackt worden war. Überall flatterte Geschenkpapier und häufte sich in den Ecken. Mitten darin Teres mit ihrer großen Kinderschar und alle kamen zu ihr, um ihre Geschenke bewundern zu lassen.

Am Tag nach Weihnachten hatte sie aus dem Nichts heraus eine Embolie trotz ihrer Blutverdünnung. Es war ihr urplötzlich schwarz vor Augen geworden, in Armen und Beinen hatte es angefangen zu kribbeln und in den Ohren zu rauschen. In der Lunge ein Gefühl wie ein zentnerschwerer Klotz und ein Puls der rasend schnell ging. Auf mein erschrecktes Fragen konnte sie lange Zeit nicht antworten.

Die Symptome gingen nur zögerlich zurück, doch wir sahen keinen Sinn darin, in Panik das Krankenhaus aufzusuchen, wo sie uns noch nie hatten helfen können. Eine Hausärztin, die regelmäßig vorbeischaute, teilte unsere Einschätzung der Lage und ließ Codeintropfen da, ein Morphiumderivat, gegen den sich steigernden Hustenreiz.

Tag und Nacht blieb ich bei Teres. Wir hofften auf Besserung, aber sie wurde immer schwächer. Ihr Atem ging mühsam und längere Gespräche waren nicht mehr möglich. An den Abenden wollte sie Worte hören aus den Evangelien. Eine Kerze brannte. Flüsternd versuchte sie ein Gebet mitzusprechen.

Am vierten Tag war sie stiller und stiller geworden, kaum dass sie noch lächelte, wenn ihr Blick auf mich fiel. Sie lag in ihren Kissen wie ein langsam verlöschendes Licht. Am Abend hustete sie Blut. Die älteren Töchter und ich waren bei ihr, zu helfen und sie zu stützen. Aber es kam immer mehr Blut und die Tücher, die wir hatten, wurden davon getränkt. Wir gaben ihr eine hohe Dosis Codein gegen den unbändigen Hustenreiz und bereiteten den Transport ins Krankenhaus vor. Wir waren am Ende unserer Möglichkeiten.

Ich hob sie aus dem Bett; sie war leicht wie eine Feder. Sie legte die Arme um meinen Hals und hielt sich fest. In der Küche standen die Kinder stumm mit aufgerissenen Augen unter der Lampe der Eingangstüre, als ihre Mutter an ihnen vorbeigetragen wurde. In den kurzen Augenblicken, die für den Abschied blieben, streckte sie die Hände aus, wie um sie alle noch einmal zu umarmen. Dann waren wir unterwegs. Es war dichter Nebel und stellenweise Glatteis.

Teres blickte ernst und regungslos voraus. Die Male, die wir den gleichen Weg schon vorher hatten fahren müssen, war sie in Tränen aufgelöst gewesen mit der Befürchtung, es würde eine Fahrt sein ohne Wiederkehr. Diesmal hatte sie keine Tränen. Wir hatten jemanden dabei, ihr Beistand zu leisten, aber es war nicht nötig. Auf den kurvenreichen Wegen konnten wir nur langsam fahren; erst auf den tiefer gelegenen Hauptstraßen ging es zügiger voran, bis wir vor dem Eingang der Intensivstation hielten. Gerade als die Blutung wieder anfing.

Sie hing an Kabeln und Schläuchen, umgeben von elektronischen Geräten. Auf einem Bildschirm flimmerten die Kurven ihrer Herzrhythmen. Die Blutung war zum Stillstand gebracht worden. Wir befanden uns in einer gläsernen Einzelkabine, in die auch für mich ein Stuhl gestellt worden war. Jenseits der Glasscheiben flammte das Licht der Leuchttafeln, vor denen die Ärzte standen und ihre aufgespannten Röntgenbilder diskutierten. Überall Monitore und surrende und piepsende Geräusche.

Sie war todmüde und verzweifelt, benommen durch die Medikamente und gleichzeitig wie aufgepeitscht.

Die Luft war für sie so stickig und heiß, dass sie fast nicht atmen konnte und nichts anderes wünschte als frische Luft. Doch es gab keine Fenster, die hätten geöffnet werden können. Auf ihrer Stirn Schweißperlen. Irgendwann in der Nacht verließ ich sie, um zuhause nach den Kindern zu schauen. Sie hatten die Matratzen aus ihren Betten gezogen und am Boden zusammengelegt, um ganz nahe beieinander zu sein, die Kleinen in der Mitte. So schliefen sie eng umschlungen und hielten sich gegenseitig fest. Eines erwachte und fragte schlaftrunken nach der Mutter, schlief aber wieder ein.

Mein Platz war bei ihr am Krankenbett. Kam ein Arzt und hatte Zeit für ein Gespräch, war er peinlich genau bemüht, die Ebene der Schulmedizin nicht zu verlassen. Er erklärte die Krankheit wie einen technischen Defekt und teilte mit, welche Medikamente neu verordnet und welche abgesetzt wurden. Auf etwas anderes ließ er sich nicht ein. Wie oft war er mit seiner ärztlichen Kunst wohl schon am Ende gewesen und hatte auf bange Fragen und Blicke der Menschen, die ihre Hoffnung auf ihn setzten, nichts mehr zu geben?

Sie wurde verlegt auf die Pneumologie, auf der sie auch bei früheren Aufenthalten schon gewesen war und lag in einem Einzelzimmer. Ging es ihr besser? Wenigstens konnte ihr Wunsch nach frischer Luft erfüllt werden, die Fenster ließen sich öffnen. Ich berichtete von den tausend lieben Grüßen, mit denen sie von zuhause aus bedacht wurde. In der Nacht hustete sie wieder Blut. Diesmal setzte sie sich aufrecht und hielt selber den Becher, in den sie es hineinspuckte.

Die Pneumologie war auch für mich kein unbekannter Ort mit ihrem Chefarzt, der chronischen Optimismus verbreitete. Fragen und Beobachtungen anderer interessierten ihn kaum. Es war nur er, der sprach. Es fand eine Gewichtskontrolle statt: Teres wog 43 Kilo. 43! Wo sie doch noch kurz vorher auf ihrem gewohnten

Gewicht von 40 Kilo gewesen war und seit Tagen nichts gegessen hatte!

Zuhause hatten wir versucht, ihren Flüssigkeitshaushalt ausgeglichen zu halten; dass sie genug trank, doch nicht zu viel, um das Herz nicht zusätzlich zu belasten. Hier auf der Station aber hing sie an einer Infusion, die ununterbrochen in ihren Körper rann. Der Chefarzt befand sich gerade im Zimmer. Wo kam das zusätzliche Gewicht her? Es war abzusehen, dass es Ärger gab, aber ich konnte den Mund nicht mehr halten. Die Reaktion ließ nicht lange auf sich warten: Drei Kilo hatten gar nichts zu bedeuten! Das war die Ungenauigkeit der Waage!! Es gab kein Problem!!!

Wie bitte? Eine Qualitätswaage, an der 10-Gramm-Schritte austariert werden konnten und dann eine Fehlerabweichung von drei Kilo? Doch mein Einwand wurde von der Gegenseite einfach weggewischt. Teres lag schon wieder im Bett und verfolgte die Sache mit einem kleinen ironischen Lächeln. "Was hast du nur für ein Talent, die Leute sauer zu machen!" wollte sie wohl damit sagen.

Mein Blick fiel zufälligerweise auf ihren Infusionsarm, der von ihrem Nachthemd bedeckt war. Ich trat zu ihr und streifte den Stoff zurück: der Arm war unförmig angeschwollen auf das Doppelte und Dreifache im Vergleich zu dem anderen, der spindeldürr war. Der Arzt und eine Schwester verließen wortlos und peinlich betreten den Raum. Kurze Zeit später wurde die Infusion kommentarlos entfernt. Es war unübersehbar, wie sehr sich überall Wasserpolster gebildet hatten.

Lange saßen wir stumm, weil das Sprechen für sie so sehr mühsam geworden war. Doch einmal raffte sie sich auf in einer plötzlichen Willensanstrengung, drehte sich zu mir und sagte: "Ich glaube, ich schaffe es doch nicht." Sie streichelte mir dabei über meinen Kopf, wie um mich zu trösten. Mit belegter Stimme beschwor ich sie, an uns zu denken, an die Kinder. "Ich möchte ja auch bei euch bleiben," sagte sie und nach einer Weile: "Du wirst das schon schaffen, du hattest es doch immer gekonnt ..."

Einen Tag später stand ich am Fußende ihres Bettes. Es war fast Abend und im letzten Licht des Tages saß Teres aufrecht gegen das hochgefahrene Rückenteil. Lange konnten wir die Blicke nicht voneinander abwenden. Sie flüsterte: "Komm, setz dich zu mir. Erzähl mir etwas Schönes." Es waren ungezählte Gespräche gewesen, die uns miteinander verbunden hatten. Nun da sie kaum noch Atem hatte zu sprechen, war es, als ob wir unsere Gedanken nur noch austauschten, indem wir sie in den Augen des anderen zu lesen versuchten.

Eine Schwester kam mit dem Essen, das Teres selber nicht mehr aß, aber für mich aufsparen ließ. Dabei hatte es erst am Morgen einen groben Rüffel gegeben von der Diätassistentin, die mit der Aufzählung einer Palette schmackhafter Dinge Teres zum Essen hatte verlocken wollen. Zu mir gewendet sagte sie dabei mit drohendem Unterton, dass Angehörige kein Anrecht auf das Essen der Patienten hätten, selbst wenn es ungegessen bliebe! Sie hätten sich selber zu versorgen in der Cafeteria!

Wie oft aber würden wir noch gemeinsam essen können? Es gab ein Früchtedessert. Ich fragte besorgt, ob auch sie etwas mochte und sie willigte ein. Sie nahm ganz zart den Löffel zwischen die Lippen und kostete langsam und andächtig wie ein Kind, das etwas Gutes zum ersten Mal in seinem Leben probiert.

Der Chefarzt rauschte herein. Mit einem Wortschwall stellte er fest, dass die Lage schon sehr viel positiver aussähe und redete von der letzten Lungenblutung, die er mit gerinnungsfördernden Medikamenten zum Stillstand gebracht hatte. Ich ertrug es nicht länger und wies auf die anderen alarmierenden Anzeichen hin. Zuerst verschlug es ihm die Sprache, dann rastete er aus und wetterte mit sich steigerndem Stimmaufwand gegen Angehörige, die alles besser wüssten. Türeknallend ging er ab. Vorher hatte er noch Teres ein Schlafmittel eingeredet, damit sie endlich anständig schlafen könne.

Sie schaute mich wieder an mit ihrem eigentümlichen Lächeln. "Siehst du," bedeutete es diesmal, "schon wieder bist du ins Fettnäpfchen getreten, aber, ich habe dich trotzdem gern."

Eine junge Assistenzärztin, die die Szene miterlebt hatte, wollte das Verhalten von Ärzten erklären, denen die Nerven durchgingen. "Chefärzte sind auch nur Menschen", sagte sie, "da liegen öfter mal die Nerven blank. Der Chef ist sonst nicht so. Er ist ein sehr empfindsamer Mensch." Später begegneten wir uns noch einmal draußen vor der Tür. Sie bestätigte, dass kein Anlass zu Optimismus vorliege, nicht der geringste. Sie hatte auch mit Teres gesprochen. "Ihre Frau weiß, wie ernst die Lage ist", sagte sie, "sie ist sehr tapfer." Sie zog ihren Mantel an und ging, müde wie sie war nach einem 15-stündigen Arbeitstag.

Auch Teres hatte nur noch den einen Wunsch zu schlafen. Doch das Schlafmittel bewirkte das Gegenteil. Sie versank in kurze Ohnmachten und schreckte daraus jäh wieder auf. Sie erkannte ihr Umfeld nicht mehr und irrte in einer anderen Welt umher, in der sie sich nicht mehr zurechtfand. In ihrer Verwirrung rief sie nach mir. Manchmal aber ging auch ein herzliches Lächeln des Wiedererkennens über ihr Gesicht.

Das Licht war gelöscht und durch die Fensterjalousien fielen die Lichtstreifen der Straßenlaternen. Mit der Zeit wurde Teres ruhiger. Sie war wieder bei sich und lag wach, aber ganz still, und blickte vor sich hin. Ihre Hand, die sie mir gab, war kalt. Irgendwann verschlechterte sich ihr Zustand. Die Atmung ging stoßweise und wurde immer mühsamer. Mit weit offenen Augen sah sie mich erschreckt und bittend an. Die Stunde der Wahrheit war gekommen.

Es ließ sich nichts tun, als nach der Schwester zu

läuten. Sie kam und ging wieder, den Nachtarzt zu holen. Es war ein junger Assistent, der versuchte forsch auszusehen, aber beim Kontrollieren von Blutdruck und Puls sein Erschrecken nicht verbergen konnte. Doch tat er immer noch forsch, wünschte eine gute Nacht und wollte ein Schmerzmittel bringen lassen. Einfach so, als ob weiter nichts wäre.

Wir waren alleine, aber nicht lange. Die Schwester kam zurück und machte sich ohne eine Erklärung an Teres zu schaffen mit Infusionen, Schläuchen und Medikamentenbehältern. Was war es, das sie da tat? Sie konnte keine Aufklärung geben, alleine schon, weil sie kein Deutsch sprach. Ich schickte sie hinaus.

Das Telefon schnarrte. Es war der Arzt, der nur wenige Schritte weiter entfernt in seinem Zimmer saß. Aufgeregt wollte er wissen: Wer trägt die Verantwortung? Ich wollte wissen: Was ist überhaupt los? Er redete von problematischer Gerinnung und Embolie, aber er wolle nicht diskutieren. Die Patientin solle selber entscheiden über das Weitere. Er kam noch einmal ins Zimmer und man sah den Schweiß auf seiner Stirn. Halb stotternd wollte er erklären, was er zu tun gedachte.

Doch Teres, die wach alles verfolgt hatte, sagte mit plötzlich fester Stimme: "Nein, bitte nicht ..." Sie sagte es mit einem schwachen Lächeln zu dem Arzt, als ob sie ihn um Verzeihung bäte wegen all der Umstände, die er mit uns hatte. Sie sagte es, weil sie glaubte, ich würde so entscheiden: Keine undurchsichtigen Experimente! Trotz der wahnwitzigen Hoffnung, das Schicksal doch noch aufhalten zu können, von der wir zur gleichen Zeit wussten, dass sie eine leere Illusion war, in hohler Betriebsamkeit endend, die die Qual nur verlängerte. Ich blickte zu Boden. Beim Heben des Blicks war der Arzt verschwunden. Wir waren allein, endgültig.

Langsam vergingen die Stunden. Teres wurde wieder wie ein Kind, unendlich rührend in ihrer Schwäche. Sie stieß kleine Seufzer aus und hatte eine ganz feine, hohe Stimme, als ob sie schon nicht mehr zu dieser Welt gehörte. Endlos wiederholten sich die mühsamen Atemzüge. Dazwischen versank sie in die Bewusstlosigkeit. Auf ihrer Stirn zeigten sich feine Schweißperlen. Manchmal erwachte sie und nahm mit ernsten Augen den Umkreis wahr, der in ihrem Blickfeld lag.

Einmal öffnete sie die Augen und zog, als sie mich erkannte, die Brauen mit einem verschämten Lächeln hoch, wie wenn man an unpassender Stelle eingenickt wäre und um Entschuldigung bäte. Zuzeiten erschien ein so friedevolles Lächeln auf ihrem Gesicht, als wäre sie schon mit einem Engel zusammen, der sie in ein neues Licht geleitete.

Am Morgen hing außen vor der Türe das Schild: Besucher bitte bei der Schwester melden. Eine junge Praktikantin, die das Zeichen nicht zu deuten vermochte, kam wie jeden Morgen mit Fieberthermometer und Waschschüssel. Sie wollte die Kissen aufschütteln, betten, aufräumen und erst langsam wurde ihr bewusst, was geschah. Sie wollte etwas tun, aber alles Wollen war bei ihr gleichsam wie erstickt. Zum Schluss stand sie nur noch ratlos am Bett wie hypnotisiert, mir gegenüber auf der anderen Seite.

Ich kniete am Bett und plötzlich hob Teres noch einmal ihre Hand, strich mir sanft über Gesicht und Haar und sagte leise und zart: "B'hüet di Gott, du Lieber". Die Anstrengung war fast zu viel für sie, doch dann wiederholte sie das gleiche auf der anderen Seite zu der jungen Praktikantin, die wie willenlos ganz nahe gekommen war, und streichelte auch ihre Hand. Die erschrak, als würde sie aus einem Traum auffahren und stürzte fluchtartig aus dem Zimmer.

Was zu erwarten und befürchten war, kam jetzt in einem einzigen Augenblick, ganz plötzlich. Teres schaute mich an und flüsterte: "Mir wird ganz seltsam

..." Indem ihr Kopf zur Seite fiel, versuchte sie noch einmal mich mit dem Blick festzuhalten. Es dauerte nur Sekunden, dann versank sie wie eine Ertrinkende.

Sie lag in tiefer Bewusstlosigkeit, die Augen gebrochen, der Mund leicht geöffnet. Die Atmung ging stark und stoßweise und ließ den Oberkörper jedes Mal erbeben. Jeder Atemstoß geriet zu einem tiefen Seufzer.

Aus den Augenwinkeln war zu sehen, wie jemand ins Zimmer trat. Es war der Chefarzt. Er stand am Fußende und umklammerte das Bettgestell. Er konnte nur mühsam seine Fassung bewahren und versuchte mit erstickter Stimme etwas zu sagen. Es war nur ein Wort, das zu verstehen war: Embolie. Seine Oberlippe zitterte.

Endlich kamen, in größeren Zeitabständen nur noch, drei Atemzüge, wie ein letztes Sich-Aufbäumen des Körpers. Dann ein noch schwaches Zucken des Pulses am Hals, dann nichts mehr.

Noch jemand war in der Zwischenzeit in das Zimmer getreten. Es war die Assistenzärztin vom Vorabend. Standen Tränen auch in ihren Augen?

Ausklang

Manchmal hatten wir uns im Scherz ausgemalt, wie wohl das Leben im Alter wäre. Wir würden geruhsam auf einem Bänkchen vor dem Haus gesessen haben, Hand in Hand, weißhaarig und voller Runzeln, zufrieden mit Gott und der Welt und dem Blick auf die fernen Schneeberge. Das Schicksal hatte es anders gewollt, doch der Blick auf die Berge blieb. Sehr weit entfernt waren sie, aber bei klarem Wetter zeigten sie sich in aller Pracht, ein zartes Filigranwerk weißer Spitzen, rötlich überhaucht von der Abendsonne.

Jeder einzelne Gipfel eine Welt für sich, mit einem Namen und Geschichten, die sich um ihn rankten. Lernte man die Berge auch aus der Nähe kennen, war man, abseits der Straßen, inmitten einer Felswüste und hatte immer nur einen Teil der Umgebung im Blick, nicht die Sicht auf das Ganze. Ähnlich war der Rückblick auf das eigene Dasein: Aus zeitlicher Distanz klar und übersichtlich, auch die schweren Zeiten; über der gegenwärtigen Existenz dagegen lag es noch wie ein Schleier. Man war noch zu nahe am Geschehen.

Teres' Leben aber hatte sich vollendet. Dabei war es zuweilen, als wäre sie ganz in der Nähe, wie um mich herum, in einem Lufthauch, der wehte. Ich hatte die Empfindung, ich müsse nur über die Schulter zurückschauen und sie warte auf ein Wort von mir. Manchmal war mir, als ob sie lächele. Oder war ich es, der lächelte in Erinnerung an sie? Oder sie in mir? Mochte das auch als Halluzination wegerklärt werden, ich wusste, es war real; in der ersten Zeit nach ihrem Abschied war Teres noch wie anwesend in unserem Umkreis. In späteren Jahren änderte sich das. Sie gelangte zu neuen Sphären und zu neuen Aufgaben. Sie konnte sich nicht mehr bemerkbar machen, aber sie konnte helfen, die Wege zu glätten, die noch zu gehen waren. Mehr als einmal taten